DECKER-HAUFF

Frauen im Hause Württemberg

HANSMARTIN DECKER-HAUFF

Frauen im Hause Württemberg

HERAUSGEGEBEN VON

WILFRIED SETZLER, VOLKER SCHÄFER

UND SÖNKE LORENZ

IN ZUSAMMENARBEIT MIT

ANDREAS SCHMAUDER

DRW-VERLAG

ISBN 3-87181-390-7

Nach der Fernseh-Sendereihe des Süddeutschen Rundfunks, Stuttgart, »Frauen im Hause Württemberg«.

Umschlag/Gestaltung: Berthold Gauder
Gesamtherstellung: Karl Weinbrenner & Söhne GmbH & Co.

Titelbild: Königin Pauline von Württemberg, Gemälde von Josef Stieler (um 1825); Privatbesitz
Frontispiz: Hansmartin Decker-Hauff, Foto: Privatbesitz

Bestellnummer: 390

Inhalt

Zum Geleit

A coté d'un grand homme il y a une grande femme

In der Geschichtsschreibung über das Haus Württemberg standen die Frauen lange Zeit im Schatten der Männer. Man wußte wenig über sie. Professor Hansmartin Decker-Hauff stellte die Frauen im Hause Württemberg in den Mittelpunkt einer Fernsehserie, die in Baden-Württemberg sehr erfolgreich war. Damit griff er als einer der ersten Landeshistoriker das Thema ausführlich auf. Er konnte zeigen, daß die Frauen keineswegs nur still im Hintergrund wirkten, sondern mit ihrer Persönlichkeit und ihrer Lebensleistung sehr viel zur Entwicklung des Landes Württemberg beigetragen haben. Lange bevor Frauengeschichte »modern« wurde, weckte Professor Decker-Hauff das Interesse daran bei vielen Fernsehzuschauerinnen und -zuschauern.

Zum Gedenken an Professor Hansmartin Decker-Hauff, der in diesem Jahr 80 Jahre alt geworden wäre, erscheinen seine biographischen Würdigungen der Frauen im Hause Württemberg nun als Buch. Wenn auch die landesgeschichtliche Forschung in den vergangenen Jahren neue Ansätze und Erkenntnisse gebracht hat, so wird dieses Werk als Grundlage wichtig bleiben. Es erinnert an einen Landeshistoriker, der nicht nur trockene wissenschaftliche Erkenntnisse verbreitete, sondern Zuhörerinnen und Zuhörer – sei es im Hörsaal, bei Vorträgen oder im Fernsehen – durch sein besonderes Erzähltalent und sein immenses Wissen zu fesseln wußte. Württembergische Geschichte in ihren vielen Facetten wurde lebendig. Dies ist das Vermächtnis von Professor Decker-Hauff, welches auch im vorliegenden Buch zum Ausdruck kommt.

Als Herzogin von Württemberg begrüße ich das Erscheinen dieses Buches und wünsche ihm viele Leserinnen und Leser.

Diane
Herzogin von Württemberg

Vorwort der Herausgeber

Ursprünglich sollte es eine kleine, etwa ein Dutzend Porträts umfassende Folge werden. Doch die durchweg positive Resonanz und das überaus große, anhaltende Interesse der Zuschauer führte schließlich dazu, daß im Süddeutschen Rundfunk von Januar 1983 bis November 1985 insgesamt vierunddreißig Sendungen über »Frauen im Hause Württemberg« gedreht und gezeigt wurden. Diesen Erfolg hatte die Fernsehserie allein der Erzählkunst von Professor Dr. Hansmartin Decker-Hauff zu verdanken, zeichneten die Filme doch – unter weitgehendem Verzicht auf die gestalterischen Möglichkeiten ihres Metiers – fast ausschließlich dessen jeweils etwa fünfundzwanzig Minuten dauernden Vortrag in freier Rede auf. So lebten die Filme von seiner Sprache, seinen Gesten, seinen Worten, seiner Stimme. Seine Phantasie war der Schlüssel, der dem Zuschauer die Lebensschicksale der porträtierten Frauen öffnete.

Der 1917 in Oberjettingen im Gäu geborene, 1992 in Stuttgart verstorbene Hansmartin Decker-Hauff, der von 1956 bis zu seiner Emeritierung 1984 das Institut für geschichtliche Landeskunde und historische Hilfswissenschaften an der Universität Tübingen leitete, war für diese Art Film prädestiniert wie kein anderer. Für ihn war Geschichte »kein gelehrt-abstraktes Konstrukt«, sondern ein spannendes Beziehungsgeflecht von Daten, Personen, Ereignissen, zu denen auch Geschichten und Geschichtchen, ja manches Mal auch Anekdoten gehörten. Das Interesse an der Geschichte zu wecken, zu fördern, war ihm ebenso wichtig wie die Wissensvermittlung oder die Beschäftigung mit wissenschaftlichen Theorien. »Lustmachen auf Geschichte« wollte er nicht nur seinen Studentinnen und Studenten, sondern jedem, den er – bei seinen vielen Vorträgen im Lande, bei Jubiläen, Festen und Feiern oder auf seinen unvergeßlichen Studienreisen und Exkursionen – ansprechen konnte.

In der Bildungstradition eines altwürttembergischen Pfarrhauses wurzelnd, waren seine geistigen Interessen weitgespannt: Kunst, Literatur und Musik gehörten zu seinem Lebensinhalt ebenso wie Geographie und Geologie, Landes-, Kirchen-, Bildungs- und Universitätsgeschichte. Seine besondere Leidenschaft aber galt der Genealogie, der Geschichte von Personen, der Frage nach dem familien- und milieubedingten Werdegang von Individuen, nach ihrer Abstammung und Nachkommenschaft, ihrer Familie und ihrer Versippung. Hervorragend verstand er es, an Hand einer Biographie, einer persönlichen Geschichte, verborgene Zusammenhänge von Verwandtschaft, Politik, Sozialem, Wirtschaft und Kultur zu verdeutlichen, Zeiten und Zeitumstände zu verlebendigen, zumal für ihn, dem Historiographie eine literarische Gattung war, Rhetorik zum Werkzeug des Historikers zählte. So wurde ihm die Sendereihe »Frauen im Hause Württemberg«, in der er mit menschlicher Nähe und oft leidenschaftlicher Parteinahme das Leben von Gräfinnen, Herzoginnen und Königinnen schildert, die aus dem Hause Württemberg stammen oder in diese Dynastie eingeheiratet haben, zu einem Meisterstück an historisch fundierter Erzählkunst.

Am 29. Mai 1997 wäre Hansmartin Decker-Hauff achtzig Jahre alt geworden. Dies haben wir auf Wunsch einer großen Zahl von Schülern, Freunden, Bewunderern zum Anlaß genommen, eine Auswahl seiner Frauen-Porträts zu publizieren. Wohl wissend, daß das Hören und das Lesen ein und desselben Textes ganz unterschiedlich erlebt werden und daß sich das gesprochene Wort sehr von einem geschriebenen Text unterscheidet, haben wir – um den Originalton Decker-Hauff zu erhalten – nur wenig verändert. So haben wir an einigen Stellen gekürzt, etwa Wiederholungen herausgenommen, Namen, Daten und Orte verifiziert, doch immer versucht, den sprachlichen Duktus beizubehalten. Was allerdings keine Transkription je zu leisten vermag, ist die authentische Wiedergabe von Sprechweise und Sprachmelodie, von augenzwinkerndem Zögern und sprudelndem Temperament, zumal bei einem so versierten, elegant-barocken und pietistisch-nüchternen, vor allem aber liebenswerten Redner wie Decker-Hauff.

Die Lebensbilder können und wollen keine Biographie ersetzen. Decker-Hauff skizzierte die Person, ihren Charakter, ging eher auf ihre Eigenschaften als auf ihre Lebensdaten ein: Auch hier haben wir das Original belassen, ohne viel zu ergänzen oder zu korrigieren. Wichtig schien uns, Decker-Hauff selber sprechen zu lassen, damit er bei Ihnen, liebe Leserinnen und Leser, das erreicht, was er gewollt hätte: Freude bereiten beim Lesen, geistreiche Unterhaltung bieten und Lust auf Geschichte wecken.

Zu danken haben wir vor allem Frau Ruth Decker-Hauff, die das Vorhaben in jeder Hinsicht unterstützte, Herrn Günther Widmer, dessen Tonbandabschriften eine erste Arbeitsgrundlage bildeten, dem Süddeutschen Rundfunk in Stuttgart, der den Abdruck erlaubte, und dem Verlag, der das Werk engagiert betreute.

Agnes von Schlesien-Liegnitz

nach 1242–1265

Im Reichskrieg Kaiser Heinrichs VII. gegen die Grafen von Württemberg 1312 ist die alte Familiengrablege der Württemberger in Beutelsbach stark in Mitleidenschaft gezogen worden. Die Gräber »derer Anichen« wurden daraufhin vom offenen, gefährdeten Dorf hinter die sicheren Mauern Stuttgarts verlegt, in die neuerbaute Stiftskirche. Dies geschah um die Jahre 1318 und 1321, als Graf Eberhard der Erlauchte Stuttgart recht eigentlich zu seiner Residenz machte.

Damals sind die ganzen Grabsteine, die schon in Beutelsbach standen, mit hierher überführt worden, darunter als kostbarster dieser Grabstein des Grafen Ulrich I. von Württemberg, genannt der Stifter, und seiner zweiten Gattin Agnes von Schlesien-Liegnitz, manchmal auch Agnes von Polen genannt, denn sie stammte ja aus dem polnischen Königshaus. Stolz hat deshalb auch dieser Grabstein vermeldet, daß sie eine »filia ducis Polonie«, eine Tochter des Herzogs von Polen sei, obwohl sie damals schon jenem Zweig des polnischen Hauses angehörte, der in Schlesien regierte und deutscher Muttersprache war. Agnes von Schlesien ist die erste Frau im Hause Württemberg, von der wir mehr wissen als nur den Namen und ein paar geschätzte oder bezeugte Lebensdaten, deren Schicksal wir auch schon ein wenig kennen.

Ulrich der Stifter, mit dem eigentlich die württembergische Geschichte im engeren Sinne anfängt, war zweimal verheiratet. Die erste Frau war die Tochter des Markgrafen von Baden, Mathilde oder Mechthild genannt. Sie ist gerade hier in Stuttgart besonders wichtig, weil sie die Erbin von Stuttgart war. Früher war man ja der Ansicht, Stuttgart sei ältester Hausbesitz und immer württembergisch gewesen. Wir wissen heute, daß Stuttgart tatsächlich eine Gründung der Markgrafen von Baden war und daß Mechthilds Vater die Stadt gegründet hat. Mechthild hat diesen Besitz – und zwar nicht nur Stuttgart, sondern ein weites Umland – als Heiratsgut an Württemberg gebracht. Es ist nicht uninteressant, daß die Geschichte von der badischen Gründung Stuttgarts, durch Heirat an Württemberg gebracht, vom Volksmund immer treu bewahrt wurde. Die Gelehrtenwelt hingegen war der Ansicht, Stuttgart sei alter württembergischer Besitz.

Diese erste Gattin, die Markgrafentochter Mathilde von Baden, starb um 1259/60, nach etwa zwanzigjähriger Ehe. Ulrich der Stifter war damals keinesfalls mehr ein junger Mann, nicht so jugendlich, wie er auf seinem Grabmal idealisiert dargestellt wird. Als er Witwer wurde, war er etwa vierzig Jahre alt. Er hat sich nun im Jahre 1260 oder 1261 nach Schlesien gewandt, das damals von Schwaben aus sehr weit entfernt war, und hat dort eine sehr vornehme Gattin gefunden. Sie stand dem Rang nach höher als er selbst, nicht im Sinne der Macht – er war einer der mächtigsten gefürsteten Grafen in Süddeutschland –, vielmehr war diese Herzogstochter aus dem polnischen Königshaus eine sehr viel höher geborene Frau.

Dies hängt zweifellos zusammen mit den Ambitionen, die Ulrich der Stifter hatte. Er hat ja durch seinen Abfall von der staufischen Sache den Niedergang der Staufer in Schwaben und in Süddeutschland überhaupt sehr stark mitbedingt, mitgeschaffen, und zweifellos hat er zeitweilig daran gedacht, selbst Herzog von Schwaben zu werden. Dazu brauchte er natürlich eine Frau, die entsprechend hoch geboren war. Vor allem durch ihre Familienbeziehungen war Agnes von Liegnitz ja eine sehr bemerkenswerte Frau. Die Chronisten der Zeit haben schon registriert, daß Ulrich durch diese Verwandtschaft besonders großen Einfluß nehmen konnte, und so fragt man sich, wer die Verwandten waren, die dieser Frau einen quasi königlichen Rang gegeben haben. Es war für die Württemberger immer ein stolzes Gefühl, daß die Stammutter des Hauses, die Vorfahrin aller späteren Linien Württembergs, eine so hochgeborene Frau war.

Uns interessiert vor allem, wie der Graf von Wirtemberg zu einer schlesischen Erbtochter kommt und was er mit dieser Heirat bezweckt. Damals wurden ja die Frauen nicht aus Liebe oder Neigung geheiratet, sondern sie waren ein Mittel, um Politik zu machen. Und gerade den hochfliegenden Plänen von Ulrich I. lag die Überlegung zugrunde, daß seine Frau im europäischen Spiel durch ihre Verwandtschaft etwas bedeutete. Für Ulrich von Wirtemberg war diese schlesische, piastische Frau wohl vor allem dadurch wichtig und interessant und seiner Politik förderlich, weil sie durch ihre Großmutter, Anna von Böhmen, Urenkelin eines böhmischen Königs und Verwandte aller späteren böhmischen Könige war. Agnes war eine Großnichte des böhmischen Königs Ottokar II. Přemysl, dem Sohn König Wenzels, der damals noch der übermächtige König von Böhmen und Aspirant auf das staufische Erbe war; ein Mann, der sich sehr stark für Schwaben interessiert hat und auch selbst daran dachte, Herzog von Schwaben zu werden. Der war natürlich für einen aufstrebenden Grafen von Wirtemberg ein wichtiger Verwandter, und so müssen wir die schlesisch-polnische Heirat vor allem unter dem Aspekt der böhmischen Geschichte sehen.

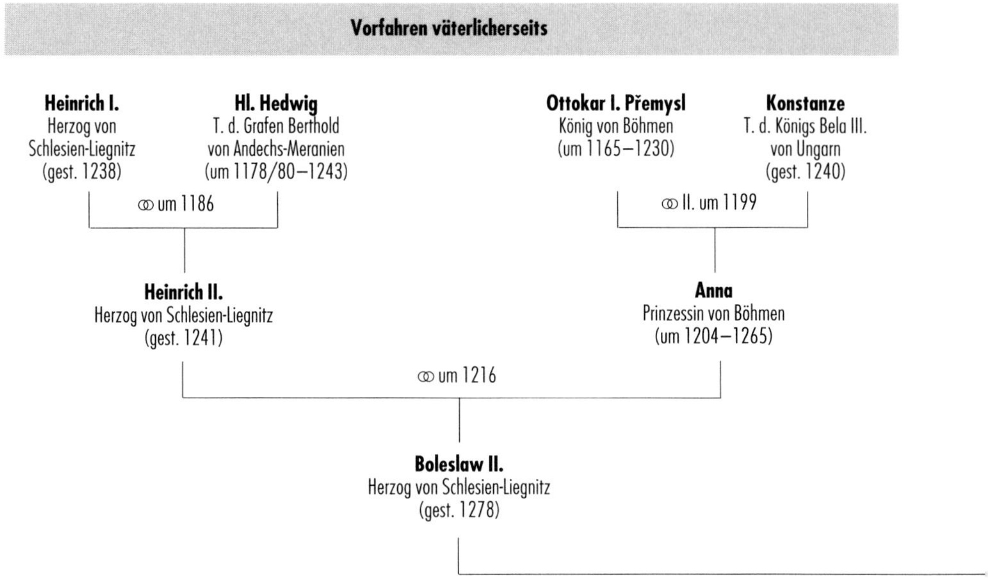

Etwas zweites ist nun aber auch, daß damit das polnische Königshaus gewissermaßen mit dem Hause Wirtemberg verbunden wird. Mit großem Stolz ist ja zu Häupten dieser Piastin der schlesisch-polnische Adler als großes Wappenschild angebracht, und die Umschrift sagt auch deutlich »filia ducis Polonie, comitissa de Wirtenberg«. Man hat sie später in der Stuttgarter Überlieferung sogar einfach »die Königin von Polen« genannt, weil man damals alle Prinzessinnen am königlichen Hof »regina« oder »Königin« nannte, was nicht bedeutete, daß sie Königin von Polen gewesen war. Aber den Stuttgartern ist sie als solche lieb geworden, und auch als man im vorigen Jahrhundert den Sarkophag vom Chor der Stiftskirche hierher in die romanische Turmkapelle überführte, hat sich die Zuneigung der Stuttgarter zu diesem schönen Grabmal und dieser schönen Frau immer weiter erhalten.

Sie ist nicht nur die Großnichte des böhmischen Königs, die Nachfahrin der polnischen Könige und die Schwester der wichtigen Herzöge von

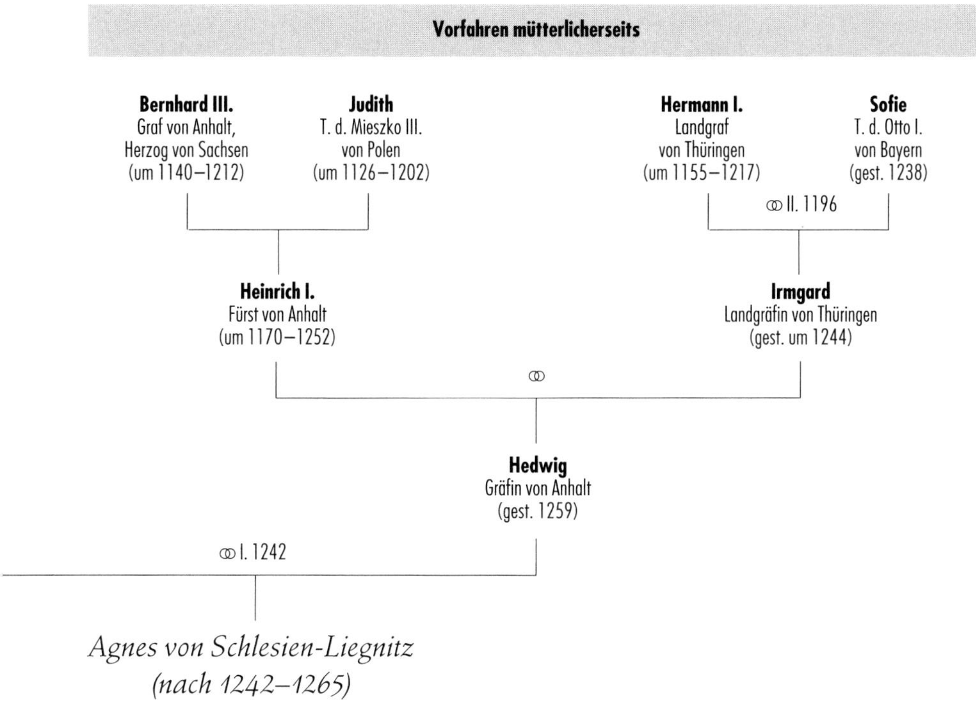

Schlesien, sondern sie ist auch die Nachfahrin einer sehr bedeutenden Frau, einer inzwischen in den Rang einer Heiligen aufgerückten Herzogin, nämlich Hedwig von Schlesien. Diese war ihre Urgroßmutter, die Stammutter aller Piasten, die Patronin Schlesiens, die heute noch in hohem Ansehen steht, eine Heilige der katholischen Kirche.

Durch die Heilige Hedwig, die ja von Geburt Bayerin war, eine Herzogin von Andechs-Meranien, ist unsere Agnes von Wirtemberg auch eine ganz nahe Verwandte der Heiligen Elisabeth. Diese ist eine Cousine ihres Vaters, das heißt Agnes hat mit Elisabeth die Großeltern gemeinsam. Von dieser Verwandtschaft der wirtembergischen Gräfin mit der Heiligen Elisabeth hat man schon zu ihren Lebzeiten gewußt. Daß man mit diesen beiden heiligen Frauen verwandt ist, ist altes Traditionsgut im Hause Württemberg: von der einen stammt man direkt ab, mit der andern ist man nahe verwandt. So ist auch zu erklären, daß der Steinmetz nicht Ulrich dem Stifter das Kirchenmodell in die Hand gab, sondern der Frau, obwohl diese selbst nur wenig an der Stiftung der Stiftskirche und des Chorherrenstifts beteiligt war. Man muß dazu sagen, daß die Hände und Teile des Gesichts an diesem Grabmal ergänzt sind. Bei einem Gewölbeeinsturz im späten Mittelalter sind Bauteile so unglücklich herabgestürzt, daß dabei Hände und Gesichter zerstört worden sind. Wir haben eine alte Zeichnung, auf der man das noch verfolgen kann.

Dabei darf man vielleicht eine kleine Anekdote einflechten, die sehr bezeichnend für Stuttgart und für das Mittelalter überhaupt ist. Ulrich hat ja nicht nur den Beinamen »der Stifter«, sondern auch den Namen »Ulrich mit dem Daumen«. Die Natur hatte ihn mit einem ungewöhnlich langen Daumen an der rechten Hand gesegnet. Das ist schon den Zeitgenossen aufgefallen. Man hat das im Beinamen festgehalten, und später war an diesem Grabmal, das bald nach 1265 geschaffen wurde, der Daumen auch entsprechend groß gestaltet. Er wurde dann das Wahrzeichen Stuttgarts, ja *das* Wahrzeichen überhaupt. Jeder Handwerksbursche, der beweisen mußte, daß er in Stuttgart gewesen war, mußte den Daumen angefaßt haben, so, wie die Handwerksburschen in Nürnberg den Ring am Schönen Brunnen drehen mußten. Das war das Zeichen und hochgeschätzt in aller Welt.

Als dann das Gewölbe heruntergestürzt war, bemerkte der Chronist mit Kummer: »Von da ward der Daumb nit mehr zu sehen.« Das muß den Stuttgartern sehr ans Herz gegangen sein. Als man dann im vorigen Jahrhundert diese schönen Wiederherstellungen ausführte, war die Streitfrage, ob man den Daumen nun natürlich oder sehr groß machen soll. Viele wollten einen großen Daumen, wie sich das gehörte und wie es früher einmal war, aber der Oberhofprediger von Gerok hat damals den schönen Satz geprägt, daß ein übergroßer Daumen dem geläuterten Geschmack des predigthörenden Publikums vielleicht abträglich sein möchte. Deshalb ist der Daumen dann ganz wohlproportioniert ausgefallen und hat leider gar nichts mehr von seiner alten Größe und Wucht. Aber der Beiname ist ja geblieben. Doch nun zu Agnes.

Das Schicksal dieser jungen Frau ist eigentlich ein sehr trauriges. Sie wird aus politischen Gründen geheiratet. Als sie selbst fast noch ein Kind ist, mit sechzehn, spätestens mit siebzehn Jahren, 1260, hat sie den vierzigjährigen Witwer Ulrich von Wirtemberg geheiratet. Diese Ehe hat im Grunde nur vier Jahre gedauert, denn im Februar 1265 stirbt Ulrich. In diesem Augenblick ist Agnes schwanger und erwartet ein Kind, das dann wenige Tage später zur Welt kommt. Vielleicht durch die Aufregungen über den Tod des Gatten, oder durch andere Komplikationen, ist es eine außerordentlich schwere Geburt. Schließlich muß man sich zu etwas entschließen, was man wegen des großen Risikos sehr selten und sehr ungern getan hat: man wagte wohl einen Kaiserschnitt. Das bedeutete damals noch das unbedingte Lebensende der Mutter. Man konnte den Eingriff nur durchführen, wenn man die Mutter opferte. Das war eine Frage, die die Theologen und Kanonisten sehr stark bewegt hat. Man war deswegen gehalten, die Mutter um ihre Einwilligung zu dieser Maßnahme, die ja eine Lebensaufgabe bedeutete, zu bitten. Die Chronisten, die Stiftsherren an der Stuttgarter Stiftskirche, haben das später aufgezeichnet.

Als man die Frau fragte, ob sie das Kind durch Opferung des eigenen Lebens am Leben erhalten wolle, soll sie gesagt haben: »Tuet hin das Kind, nehmt es von mir. Aber wenn es das Leben behält, dann wird es aller Welt zu schaffen machen mit schweren Kriegen.« Es ist nun die Frage, ob diese Äußerung nicht eine Prophezeiung aus den Ereignissen heraus ist, nachdem dieses Kind einer der bedeutendsten und gewalttätigsten Herrscher im Hause Württemberg geworden ist. Seine Regierungszeit ist gekennzeichnet durch gewaltsame Auseinandersetzungen mit dem Königtum. Es ist möglich, daß dieses Kind die Phantasie der Untertanen so sehr beschäftigt hat, daß man Agnes diese Prophezeiung in den Mund legte. Die Mutter ist an der Geburt dieses Kindes, Eberhards des Erlauchten, im März 1265 gestorben, höchstens dreiundzwanzig, wahrscheinlich aber nur zweiundzwanzig Jahre alt.

Sie ist die Stammutter nicht nur des Gesamthauses Württemberg, sondern auch einer unglaublich großen Anzahl großer europäischer Fürstenhäuser. Man kann sagen, es gibt kaum eine Dynastie, kaum einen Angehörigen des Hochadels im 15. und 16. Jahrhundert, der nicht von dieser Frau, von diesem Ehepaar, abstammt. Agnes von Liegnitz ist die Stammutter des Geschlechts, aber auch die Nachkommen aus Ulrichs erster Ehe sind sehr weit verbreitet.

Von Agnes ist noch eine Merkwürdigkeit zu erwähnen. Die Inschrift, die sie so groß herausstellt, die Wappenallianz Wirtemberg-Schlesien an der Brustspange, dies alles waren Leitlinien für die spätere Heiratspolitik des Hauses Württemberg. Diese große Ehe, die im Gefüge der damaligen Politik wirklich etwas bedeutet hat, die dem Hause Wirtemberg sehr viel Gewicht gab, war der Auftakt zu weiteren großen Ehen. Man war bisher der Ansicht, der Sohn der Agnes habe eine badische Markgrafentochter, eine Cousine, geheiratet. Das ist zwar richtig, aber diese Frau ist nicht die Stammutter des Hauses Württemberg. Neue Funde haben gezeigt, daß die Schwiegertochter der Agnes, von der wir kein Bild und keinen erhaltenen Grabstein haben, gleichfalls von allerhöchstem europäischem Rang war, mit fast allen Königshäusern Europas verwandt.

Dieses kostbare Grabmal, ein schönes Werk des 13. Jahrhunderts, stand – wie bereits eingangs erwähnt – ursprünglich in Beutelsbach und wurde Anfang des 14. Jahrhunderts nach Stuttgart verlegt, wo es ursprünglich im Chor der Stiftskirche stand. Dort haben wir heute die berühmte Grafenreihe aus der Frührenaissance, die Darstellung der württembergischen Regenten bis an die Schwelle des 16. Jahrhunderts, das Werk des großen Renaissance-Bildhauers Sem Schlör. Die Reihe wird begonnen mit Ulrich dem Stifter. Wir haben ihn in der Stuttgarter Stiftskirche also zweimal, in dem zeitgenössischen Idealportrait und dann in einem sehr viel späteren monumentalen Werk, das keinen Anspruch auf Portraittreue haben kann, das aber in dieser wuchtigen Reihe von Herrscherpersönlichkeiten den Anfang macht.

Nacheinander stehen in der Grafenreihe nun drei Personen, die mit den Frauen des Hauses Württemberg im 13. Jahrhundert sehr eng verbunden sind. Wir haben den Mann der Agnes, Ulrich den Stifter, und dann den Sohn aus Ulrichs erster, badischer Ehe, Ulrich II. Das ist ein Regent, der in der württembergischen Geschichte bisher wenig gewürdigt worden ist. Wirtemberg war unter Ulrich II. ein verläßlicher Parteigänger der habsburgischen Politik. Dieser Ulrich stirbt sehr jung 1279. Er hat zwar Kinder hinterlassen, ist aber nicht der Stammvater der Dynastie. Ab 1280 kommt der zweite Sohn Ulrichs des Stifters, der seiner Mutter Agnes von Liegnitz aus dem Leib geschnitten worden ist, der »nonnatus«, der Ungeborene, wie man damals sagte, zur Regentschaft.

Eberhard der Erlauchte ist ein unglaublich zäher Bursche, der mit allen Königen seiner Zeit, mit allen Herrschern Krieg führte, ein unversöhnlicher Gegner, aus einem sehr harten Holz geschnitzt. Man fragt sich, ob hier die mütterliche Erbmasse mit den großen Königen durchschlägt. Er hat aber doch einen kleinen Zug in seinem Wesen, den man bisher nicht beachtet hat, der aber doch erwähnt werden sollte: Er hat seine Mutter nie gekannt.

In der Grafenreihe im Chor der Stuttgarter Stiftskirche ist neben dem Gemahl von Agnes, Graf Ulrich I. von Württemberg (1238–1265) [rechts], auch der Sohn aus Ulrichs erster Ehe, Ulrich II. († 1279), dargestellt.

Er verdankt ihrem Tod sein Leben. Und es fällt nun auf, daß er ihren Namen Agnes zumindest zweien seiner Töchter gegeben hat, und zwar nicht etwa, weil die Kinder gestorben sind. Er hat zwei Töchtern nebeneinander diesen Namen gegeben, vielleicht ein feiner Zug des Dankes oder der Huldigung an die so früh verstorbene Mutter.

Antonia Visconti

nach 1350–1405

Von der Stammutter des Hauses Württemberg, Agnes von Schlesien-Liegnitz, haben wir – und das ist ein seltener Glücksfall – sowohl ein Portrait als auch ausführliche Nachrichten über ihr Leben und ihre Herkunft. In vielen anderen Fällen, gerade für die nächsten fünf, sechs Generationen des Hauses Württemberg, sind wir nicht so glücklich unterrichtet. Wir haben keine Bildzeugnisse, wir wissen nicht, wie die Frauen ausgesehen haben, die doch für die Entwicklung des Landes, des Hauses, von so entscheidender Bedeutung waren.

Jede Frau, die aus der Ferne hereinheiratet, und hier in Stuttgart, in Württemberg, nun Landesherrin, Landesmutter wird, bringt ja eine Reihe von Leuten aus ihrer Heimat mit, die nun in unsere schwäbische Kultur hineingenommen werden und auch vielfach anregend wirken. Das Leben der nächsten Frauen liegt für uns, abgesehen von ihren Namen, ihren Eltern und ihrer Herkunft, fast ganz im Dunkeln. Erst bei Sophie von Pfirt haben wir dann wieder etwas mehr Nachrichten. Sie ist eine Elsässerin, eine Frau aus dem burgundischen Raum, mit teilweise französisch sprechenden Vorfahren, die nun um 1312 den Grafen Ulrich III. geheiratet hat.

Ihr Sohn ist der große Eberhard der Greiner, der so tief in die Geschichte Süddeutschlands eingegriffen hat, und der von der Mutter her sehr stark romanischen Geblütes war und romanischer Kultur. Dessen Frau, gleichfalls eine Dame von der wir wenig wissen, war eine Hennebergerin, von der man in Stuttgart nur zu berichten wußte, daß sie eine leibliche Nachfahrin der Heiligen Elisabeth war. Diese Frau hat möglicherweise den Kult der Heiligen Elisabeth in die Stuttgarter Stiftskirche gebracht, die Elisabeth-Verehrung im Lande angeregt, und das Haus Württemberg war stolz, über diese Elisabeth von Henneberg von der Heiligen Elisabeth von Thüringen abzustammen.

In der nächsten Generation hat dann Ulrich, der in der Schlacht bei Döffingen fiel und gar nicht zur Regierung kam, der Sohn Eberhards des Greiners und der Elisabeth von Henneberg, wiederum eine italienische Heirat getan. Das lag für Württemberg, über die Alpen hinüber, ja so nahe. Es gab damals weder eine Sprach-, noch eine Konfessionsgrenze, es war eine ganz natürliche Sache. Er heiratete eine reiche Witwe, die Witwe des Cangrande della Scala aus Verona, die eine erkleckliche Mitgift mitbrachte. Außerdem war sie eine Kaisertochter, die Tochter Ludwigs des Bayern. Das hat dem Hause Württemberg sehr viel an Rang und Vorzug eingebracht.

Von ihr ist uns eine kleine Geschichte überliefert. Sie hat angeblich aus München eine Glocke als Hochzeitsgeschenk mitgebracht, die noch bis ins 17. Jahrhundert im Turm der Stiftskirche hing und »die Bayrin« hieß. Es war die größte Glocke Stuttgarts. In der Zeit des Barock wollte man sie dann nicht mehr, und da die Besigheimer einmal erklärt hatten, sie hätten »so ein ärmliches Geschell«, hat man ihnen die »Bayrin« nach Besigheim verschenkt. So wenig wurde die Erinnerung an die Kaisertochter damals in Stuttgart gepflegt. In jener Zeit, in der zweiten Hälfte des 14. Jahrhunderts, sagte der Chronist: »Da ging es mit der Herrschaft zu Wirtemberg abe.« Er benützt das schöne schwäbische Wort »abe«: da war nichts mehr drin, die Luft war raus, das Geld war weg, die großen Fäden, die politischen Konstellationen, alles war gegen Württemberg.

Und in dieser Notzeit hat sich Elisabeth von Bayern, die Mutter Eberhards des Milden, wohl daran erinnert, daß sie unten in Verona ja noch eine Schwägerin hatte mit Töchtern und Söhnen, und sie hat wohl für ihren Sohn eine berühmt gewordene italienische Heirat vermittelt. Er heiratete Antonia Visconti, die Stammutter des Hauses Württemberg in dieser Generation. Von ihr haben wir zum ersten Male wieder wenigstens in der Erinnerung noch ein Moment.

Antonia Visconti, in Mailand und Verona aufgewachsen, hat, als sie 1380 nach Württemberg kam, so etwas wie die erste Gartenkultur nach Stuttgart gebracht. Vor dem Alten Schloß, damals noch als Wasserschloß mit einem großen Graben umgeben, breitete sich hier einer der berühmtesten Gärten Süddeutschlands aus. Wenn Stuttgart eine Gartenstadt gewesen und geblieben ist und sich heute bemüht, diese Tradition zu erhalten, so geht das auf Antonia Visconti zurück. »Der Frau von Mailand Garten« hieß dieses Geviert, der heutige Karlsplatz, damals ein mit großen und seltenen Pflanzen, seltenen Bäumen, seltenen Blumen überreich besetzter Platz, der sich etwa auf der Linie Neuer Bau von Schickhardt, der heute nicht mehr steht, auf der Linie Markthalle, Innenministerium bis zum Neuen Schloß erstreckte und etwas größer als der heutige Karlsplatz war, ein Wunder seiner Zeit.

Es scheint, daß diese junge Frau in den kleinen Verhältnissen Stuttgarts sehr stark anregend gewirkt hat. Von da an ist dann immer eine Grünfläche um das Schloß gewesen. Es folgen im Laufe der nächsten Generationen weitere Gärten: auf dem Platz nach Osten, auf dem Platz des heutigen Neuen

Schlosses eine große Gartenanlage, dann vor allem nördlich der Stadt, die damals dort ja schon zu Ende war. Hinter dem Großen Wall, der heutigen Königstraße, kam die sogenannte Reiche Vorstadt, der Turnieracker, im wesentlichen Gartenplätze der reichen Stuttgarter Bürger, und der Graf und Landesherr hatte seine Parks dem Nesenbachlauf entlang hinunter fast bis Cannstatt. Ausgangspunkt war unter Antonia Visconti, 1380, dieser Raum, der später dann ganz umgestaltet worden ist.

Eine kleine kulturgeschichtliche Bemerkung, die sehr amüsant ist, sei hier erlaubt. Herzog Christoph wurde im Alter ja so schwer und massig, daß ihm das Treppensteigen ungemein schwerfiel. Er ließ sich deswegen einen Altan (Balkon) bauen, damit er die Gartenpracht, oder, wie er sagte, die Gartenlust nun genießen konnte, ohne Treppen steigen zu müssen. Man hat ihm ein paar Bäume in Kübeln und ein paar Rosensträucher aufgestellt, und so konnte er von diesem Altan aus den ganzen prachtvollen Garten sehen.

Noch im 17. Jahrhundert hat übrigens Antonias Konzeption weitergewirkt, indem man hier dieses Gelände – auf dem heute das Waisenhaus steht, das es damals ja noch nicht gab – offen in eine Garten- und Weinberglandschaft übergehen ließ bis hinauf zu den Hügeln und Wäldern der Degerlocher Höhe. Erhalten hat sich von dem ältesten Garten nur die Form, der Platz. Aber wir wissen aus einem späteren Kupferstich des 17. Jahrhunderts und aus einem noch älteren vom Ende des 16. Jahrhunderts, wie die Anlage etwa in der Renaissance ausgesehen hat, und sie hatte sich wohl nicht wesentlich verändert. Der Stuttgarter Schulmeister Jonathan Sautter hat eine ganz entzückende Redoute, eine Ansicht von Stuttgart gestochen, auf der wir die Südseite gegen das Schloß noch erkennen können, und auf der dieser alte Garten, zwar nicht in seinem allerältesten, aber doch in einem sehr frühen Zustand erhalten ist. Es ist ja sehr bezeichnend, daß Antonias Garten sich nach Süden öffnete, und daß dann, wie auf dem Stich von Jonathan Sautter deutlich zu sehen ist, die Renaissance die Gartenachse des Stuttgarter Tales nach Osten umkehrte, in der Längsachse parallel zum Nesenbach. Dort sind die ganzen späteren schönen Gärten um das Lusthaus herum entstanden.

Antonia Visconti ist auch sonst für Württemberg interessant geworden. Sie brachte eine immense Summe Geld mit, was dem damals arm gewordenen Haus wieder aufhalf. Sie leitet nun auch die fortlaufende Kette romani-

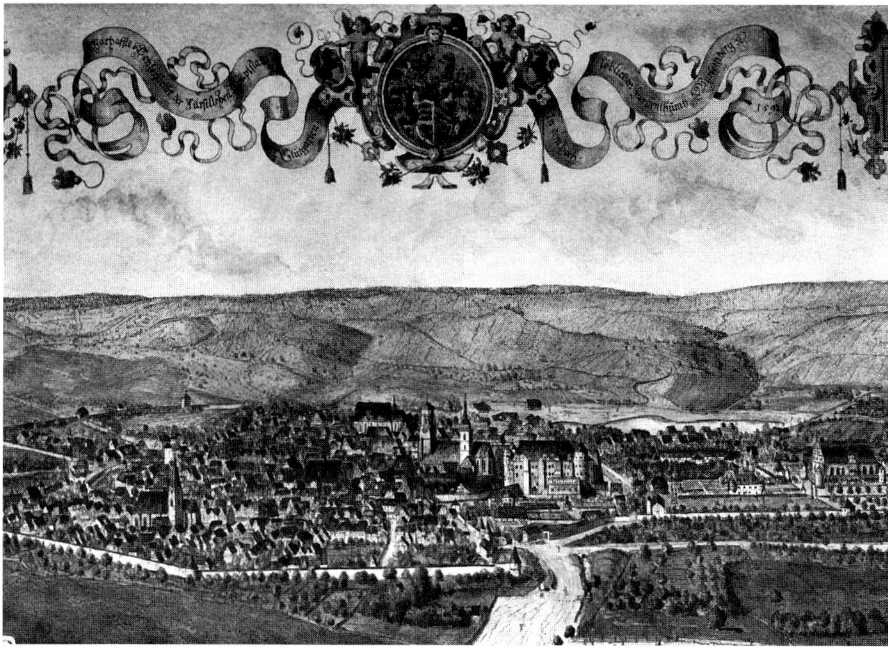

Antonia Visconti hat in Stuttgart die Anlage eines Gartens um das Alte Schloß angeregt. Kupferstich von Jonathan Sautter aus dem Jahr 1610.

scher Heiraten im Hause Württemberg ein, die so tief in die Erbmasse eingriffen. Auf Antonia Visconti folgt spätestens 1407 die Ehe ihres Sohnes, Eberhards des Jüngeren, mit Henriette von Montbéliard, der berühmten Erbtochter aus Burgund. Den Schwaben fiel es aber schwer, Mömpelgard oder gar Montbéliard auszusprechen, sie sagten einfach »Mümpelgard«. Henriette von Mömpelgard war im Gegensatz zu Antonia Visconti eine sehr schwierige Frau, außerordentlich kapriziös, launenhaft, erblich belastet. Aber sie war eine große Erbin, deren Besitz fast bis nach Besançon reichte.

Was sie an Württemberg gebracht hat, war auch deswegen wichtig, weil Württemberg von da an immer einen Landesteil hatte, der französisch sprach und französisch sprechende Untertanen hatte. Henriette hat sich allerdings in Stuttgart gar nicht wohl gefühlt. Im Gegensatz zu Antonia ist sie hier wenig glücklich gewesen. Der Gedanke, in der Stiftskirche, in der Für-

stengruft, begraben zu sein, mit all den württembergischen Vorfahren, mit ihrem Mann, den sie nicht gemocht hat, war ihr ein Greuel. So hat sie sich im Alter wieder ganz nach Mömpelgard zurückgezogen, in Saint Maimboeuf liegt sie begraben. Sie ist die einzige Württembergerin, die nicht im Lande ihre Grabstätte fand. Diese kapriziöse und sehr launische Henriette von Mömpelgard hat das Land ja auch in große politische Schwierigkeiten gestürzt. Sie war keine gütige Frau, und sie lebt auch nicht in diesem Sinne unter den Landeskindern fort.
Um so mehr sind es dann die Frauen ihrer beiden Söhne. Henriette hatte ja zwei Söhne, zwischen denen das Land dann aufgeteilt wurde in Württemberg-Stuttgart und Württemberg-Urach. Der ältere Sohn, Ludwig I., heiratete die bildschöne und hochbegabte Kurfürstentochter von der Pfalz, Mechthild, die Mutter des Grafen Eberhard im Bart. Auch diese Pfälzerin hat stark mediterrane Vorfahren gehabt. Das Haus Württemberg ist damals zu großen Teilen aus romanisch sprechenden Vorfahren zusammengesetzt, nur zu einem geringen Teil sind es Schwaben oder Württemberger.
Der jüngere Sohn war Ulrich der Vielgeliebte, der drei Frauen gehabt hat, was mit seinem Beinamen allerdings nichts zu tun hat. »Der Vielgeliebte«, »Beneamatus« hieß er, weil ihn das Volk so sehr mochte, trotz seiner roten Haare, trotz seiner unsteten Politik, seiner politischen »tumben Torheit«. Er ist in Kriege hineingestolpert. Aber er hat nacheinander drei schöne Frauen nach Stuttgart gebracht. Hier haben wir nun wieder, überraschend, zum ersten Male gute und einigermaßen verläßliche Portraits. Wir wissen, wie die drei Damen ungefähr ausgesehen haben. Im Württembergischen Landesmuseum sind zwei kleine Altarflügel erhalten, die wohl ursprünglich zu einem Mittelbild gehörten, das wohl in der Reformation vernichtet wurde. Links kniet Ulrich der Vielgeliebte und rechts, schön hintereinander aufgereiht, seine drei Frauen, als hätten sie gleichzeitig gelebt. Die erste war Margarete von Cleve, eine Herzogstochter vom Niederrhein, die er 1441 heiratete, und die sehr jung wieder starb. Die zweite Ehefrau war eine sehr vornehme bayrische Prinzessin aus dem reichen Hause Bayern-Landshut. Das ist die Stammutter der ganzen späteren Dynastie. Auch diese Elisabeth von Bayern-Landshut starb früh.
Ulrich der Vielgeliebte hat dann noch eine dritte Ehe geschlossen mit Margarethe von Savoyen. Das war eine ganz besonders aparte Frau. Vermutlich haben sich die Stuttgarter nach ihr die Augen ausgeschaut. Sie war eine

Auf einem Altarflügel sind die drei Gemahlinnen Ulrichs des Vielgeliebten (1433–1480) abgebildet: Margarete von Cleve (1416–1444), Elisabeth von Bayern-Landshut (1419–1451) und Margarethe von Savoyen (1426–1470).

Papsttochter, und zwar ganz legitim. Ihr Vater war Herzog Amadeus VIII. von Savoyen, der als Witwer, mit bereits erwachsenen Kindern, noch ein frommes Leben anfing und am Genfer See ein entzückendes kleines Kloster gründete, Ripaille. Und wegen seines gottesfürchtigen Lebens ist er vom Konzil zu Basel 1439 zum Papst Felix V. erhoben worden.
So konnte man damals also ganz legitim eine Papsttochter heiraten. Die Töchter sind weggegangen wie warme Semmeln. Eine wurde erst Königin von Neapel, dann Kurfürstin von der Pfalz, und zum Schluß, in dritter Ehe, hat sie Ulrich den Vielgeliebten geheiratet. Diese Margarethe von Savoyen war übrigens eine große Wohltäterin der Stadt Stuttgart. Sie muß auch eine sehr kunstverständige Dame gewesen sein. Von ihr wird berichtet, sie habe einen umfangreichen literarischen Briefwechsel geführt. Sie hat an der Gartenkunst Freude gehabt, hat gelehrte Bücher gelesen, war aber kein Blaustrumpf.
Die drei Damen auf dem Bild sehen sich ja nun alle furchtbar ähnlich. Das kommt daher, daß der Maler nur noch die Dritte gekannt hat, und so hat er ihr Gesicht auch den beiden andern gegeben. Deshalb sehen sie aus wie Drillingsschwestern, wie aus ein und demselben Modell geformt. Nur Margarethe von Savoyen ist wohl ein Portrait. Im übrigen ist die Erinnerung daran, daß die Ehen Ulrichs des Vielgeliebten alle so gut waren, lange in Stuttgart erhalten geblieben. Im Stil des Barock heißt es dann etwas treuherzig: »Mit allen drei hohen Gemahlinnen lebte Graf Ulrich gar vergnügt, insbesondere mit der letzteren.« Wobei wir nicht wissen, ob das heißen soll, die ersten beiden seien nicht so glücklich gewesen, oder ob das ein Kompliment an alle drei Damen ist. Jedenfalls ist dieses kleine Portrait das erste, das uns nach Agnes von Schlesien wieder eine württembergische Landesmutter im Bildnis zeigt.

Siegel der Antonia Visconti an einer Urkunde von 1397

Henriette von Mömpelgard

vor 1391–1444

Ein grüner Wiesenplan, ein Herbstwald, was soll das mit einer Gräfin von Württemberg zu tun haben? Ein Schlachtfeld auf dem eine Frau im Mittelalter Heldentaten vollbracht hat, »Heldentaten« vielleicht in Anführungszeichen, die doch damals ganz Deutschland bewegten. Und was soll die Burg Hohenzollern, wenn wir von einer Gräfin von Württemberg erzählen wollen? Henriette de Montbéliard, die Erbin eines großen Landes in Burgund, war es, die sich hier nach dem Volksmund im Jahre 1422 und 1423 als eine mutige, kühne und bewundernswürdige Heldin aufgeführt haben soll, oder war es tatsächlich so?

Der Zollern, damals noch nicht die schöne, neugotische Burg, wie wir sie heute bewundern oder fremd bestaunen, aber schon damals eine der schönsten und größten Burgen Süddeutschlands – eine »wahrhafte Krone ganz Alemaniens« wie der Reutlinger Chronist Konrad Winziecher sagt –, war heruntergekommen. Graf Fritz von Zollern, der »Öttinger« genannt, war ein unruhiger Herr, der aber bei den Damen seiner Zeit angeblich großen Anklang fand, ein schlechter Haushalter, ein kühner Reiter, der nun den Zollern angeblich zu einem Raubnest gemacht hat. So wird es schließlich den Reichsstädten zu bunt, und der Kaiser läßt die Reichsacht erklären: der Zollern soll zerstört, der Graf vertrieben werden.

In diese Fehde soll sich nun angeblich ausgerechnet die württembergische Gräfin eingemischt haben, eine Witwe, die eigentlich ihre Kinder erziehen und ihr Land regieren sollte, zusammen mit den Vormündern. Wir wissen nicht so recht, aus welchem Grund sie sich hier in diesen Krieg gemischt haben soll. Anscheinend hat es ihr wohl gefallen, kriegerische Lorbeeren einzuheimsen. Sie ließ sich eine Rüstung machen und ritt hierher, und als ab Juni 1422 der Zollern belagert wurde, angeblich von 40000 Mann, da hat die Gräfin kräftig mitgemischt. Das Hauptquartier der Belagerer war drüben im Kloster Stetten, und von dort aus ist sie mit ihren Rittern mutig in die Schlacht gezogen. So schildern es zumindest die Historienbilder des 19. Jahrhunderts.

Nun, die Wirklichkeit sah etwas anders aus. Es gab eine große Belagerung, aber die Zahl der Beteiligten war nicht so hoch. Wie der Chronist Trithemius berichtet, gab es heftige Anlässe, sehr böse Worte herüber und hinüber. Die Begründung, warum die Gräfin von Württemberg nun eingegriffen haben soll, ist nicht gerade hasenrein und erscheint schon deshalb unwahrscheinlich, weil die Belagerung und Einnahme des Hohenzollern nach ihrem Rücktritt aus der Regierung 1421 stattgefunden hat. In den späteren Geschichtsbüchern steht zwar sehr schön zu lesen, wie sie dem Zollern, der gesagt hat, dieses Weib werde ihn schon nicht fressen, erwidert hat: »Nicht nur dich, sondern dein ganzes Land werde ich verschlingen, damit du siehst, daß du ein schwaches Weib nicht nur, sondern deinen Fürsten beleidigt hast.« Der fromme Mönch Trithemius aus Hirsau schildert die Szene etwas anders: »Hat die ein so großes Loch, daß sie mich fressen kann?«, worauf die edle Fürstin sagt, da gehe sogar ganz Hohenzollern hinein. Anscheinend hat das Mittelalter solch kräftige Ausdrücke gebraucht. Sie sind nicht gerade lesebuchfähig.

Nun, das Klima war also vergiftet, die Gräfin beleidigt, der Graf irritiert, die Belagerung schreitet fort, und nun wollen wir einmal das Historienbild des 19. Jahrhunderts sprechen lassen. Hier auf dem Plan wird der gefangene Zollern in Ketten vorgeführt. Er kniet vor Henriette, die in einer goldenen Rüstung auf ihrem schönen Rappen, schwarz und gelb in den württembergischen Hausfarben, sitzt. Sie schwingt ihr Schwert, der Zollern kniet zerknirscht mit wütendem Gesicht vor ihr. Die Zollernfahne liegt zerbrochen auf der Wiese, hinten raucht die Burg. Dieses Bild war auf eine Wand im Stuttgarter Neuen Schloß gemalt, und eine Dekanswitwe sagte im vorigen Jahrhundert von ihm, als wir unter Preußen so sehr litten: »Ach, des Bild isch a rechte Herzensstärkung.«

Modell der Kirche St. Maimboeuf in Mömpelgard, in der Henriette begraben wurde.

Leider haben es Historienbilder so an sich, daß sie nicht wirklich Quelle sind. Henriette war mit an Sicherheit grenzender Wahrscheinlichkeit nicht hier, es war zwar ein munterer Krieg, aber der Zollerngraf ist nicht hier gefangengenommen worden; er soll mit seiner Geliebten aus Mössingen geflohen sein. Das ganze schöne Historienbild, mit dem Zollernschild am Boden, dem gefesselten Grafen, der Siegerin Henriette, war aus der Einbildung des 19. Jahrhunderts entstanden: so wäre es halt doch schön gewesen. Der Zollerngraf, dessen Burg nun zerstört wurde – die »Krone Alemaniens« war eine einzige Wüste und wurde viele Generationen lang nicht mehr aufgebaut –, floh ins Elsaß und wurde dort erst gefaßt. Später wurden die Ereignisse so zusammengezogen, als hätte Henriette den Grafen hier gefangengenommen, ihn dann gleich in ihre Heimat nach Burgund gebracht und dort im Schloßturm von Mömpelgard gefangengehalten. Tatsächlich ist der Graf erst ein Jahr später im Elsaß gefangengenommen worden und soll dann angeblich später in sehr harte Haft der Gräfin-Witwe von Württemberg gekommen sein.

Was war das nun für eine merkwürdige Frau, die sich da unter die Krieger mischte, geradezu eine württembergische Jeanne d'Arc, die sogar die Bewunderung ihrer Zeitgenossen errungen hat, so daß sie in Historienbildern fortlebt? Das wirkliche Leben dieser Frau war viel weniger glanzvoll und golden, viel weniger dramatisch. Aber es war sehr tragisch.

Henriette von Mömpelgard kommt aus einer sehr alten Fürstenfamilie französischer Zunge, deren große Besitzungen in der burgundischen Pforte lagen, zwischen dem Jura und den Vogesen. Bis hinunter vor die Tore von Besançon zogen sich die Güter dieses großen Hauses. Sie war die älteste von vier Schwestern, und mit ihr, bzw. ihrem Vater, war die Familie im Mannesstamm erloschen. So war sie schon als ganz kleines Kind eine reiche Erbin, und es konnte auch nicht ausbleiben, daß sie von vielen Seiten umworben wurde. Aber sie brachte nicht nur das größte Erbe, das durch Heirat an das Haus Württemberg gefallen ist, sondern sie brachte auch eine schwere erbliche Belastung mit.

Wir wissen, daß im Hause Montbéliard-Montfaucon über viele Generationen weg immer wieder Söhne und Töchter schwerstens belastet waren von einer Erbkrankheit, die sie zur Regierung unfähig machte. Und so ist dieser Erbgang, der Württemberg so groß gemacht hat und dem Land die französisch sprechenden Landesteile zugebracht hat, zugleich einer, der für die genealogische Geschichte des Hauses Württemberg am belastendsten ist. Denn mit Henriette kamen nicht nur tollkühne Überlegungen, Wagemut, Phantasie, sondern auch Maßlosigkeit und eben eine schwere, nicht heilbare erbliche Belastung mit ins Haus. Man hat sich früher einmal besonnen, ob nicht Antonia Visconti die Frau gewesen sei, die diese erbliche Belastung, die man schon früh erkannt hat, hereingebracht habe. Das hat noch Karl Weller, das hat noch Hermann Haering vertreten. Aber das wird man heute nicht mehr aufrechterhalten.

Die Visconti und die Della Scala von Verona, die Vorfahren der Antonia, waren sehr brutale, sehr reale Leute, die mit Gift und Dolch gearbeitet haben, aber sie waren nicht geisteskrank. Sie hatten alle ihre Sinne beisammen, sie waren sogar Herrscher von einem zwar wilden, aber doch auch großartigen Format. Von Antonia kommt keine erbliche Belastung. Diese kommt von Henriette, der angeblich kühnen Siegerin hier auf dem Wiesenplan. Nun wird man ihr auch zubilligen müssen, daß sie ein unglaublich schweres Leben hatte. Henriettes Vater, Heinrich von Orbe, Graf von Montbéliard-Montfaucon, war in den Kreuzzug gezogen, den der Herzog von Burgund im Jahre 1396 gegen die Türken begonnen hatte, und der so völlig mißlang. Bei Nikopolis ist ihr Vater 1396 gefallen. Henriette und ihre kleinen Schwestern waren damals schon mutterlos. Der Großvater hat sie erzogen, und der, Graf Etienne von Montbéliard, starb nun auch im Jahre 1397.

Am Vorabend seines Todes hat er ein Testament verfaßt, in dem er die kleine Henriette zur Haupterbin vor ihren Schwestern machte. Die ganzen großen Besitzungen im Jura, in den Vogesen, an der burgundischen Pforte, von Belfort bis hinunter nach Besançon, bekam diese junge Erbtochter. Es ist kein Wunder, daß zu dem Begräbnis des Grafen Etienne nun von allen Seiten die süddeutschen Dynasten eilten. Eberhard der Milde von Württemberg war anscheinend der schnellste. Er brachte gleich seinen kleinen, elfjährigen Sohn mit, und kaum war der Großvater bestattet, hat sich der württembergische Graf die reiche Erbtochter für seinen Sohn gesichert. So kam es zur Verlobung und gleich darauf zu einer Kinderheirat, die natürlich keinen Ehevollzug mit sich brachte, sondern zunächst gewissermaßen eine Saat auf Hoffnung war, eine Heirat in Montbéliard zwischen dem kleinen Buben und dem noch ganz kleinen, elternlosen Mädchen. Man hat Henriette von ihren Geschwistern weggenommen und möglicherweise nach Stuttgart gebracht, wo sie, nach einer Maxime jener Zeit, zusammen mit ihrem künftigen Mann erzogen wurde. Das, so glaubte man damals, würde die Liebe fördern.

Genau das Gegenteil hat es bewirkt. Die Kinder haben sich nicht vertragen und konnten sich wohl schon als junge Menschen, noch nicht einmal verheiratet, nicht mehr ausstehen. Die Ehe war dann auch sehr unglücklich. Nach der Art der Zeit hat sich dann Graf Eberhard der Jüngere statt der ungeliebten Frau die Tochter des Stuttgarter Bürgermeisters beigesellt, und aus dieser Verbindung hatte er viele begabte Kinder und einen großen Nachfahrenkreis im ganzen Lande Württemberg und weit darüber hinaus. Aber die Ehe selbst war sehr unglücklich. Aus ihr ging eine Tochter Anna hervor, die zur Stammutter des Hauses Katzenelnbogen wurde, wohin sie die Geisteskrankheit übertragen hat.

Es waren außerdem zwei Söhne vorhanden, der hochbegabte Ludwig I., der Vater von Eberhard im Bart, und der sehr unruhige, der Mutter sehr ähnliche jüngere Sohn Ulrich V. der Vielgeliebte. Die beiden Söhne haben dann das Land unter sich geteilt. Henriette lebte mit ihren Söhnen zeitweise in Unfrieden, und sie hat am Schluß geradezu den grotesken Gedanken gefaßt, die eigenen Söhne teilweise zu enterben, ihnen Montbéliard zu entziehen, um es etwa ihrer Schwester Anna zu geben. Das hat die Söhne, Ludwig I. und Ulrich den Vielgeliebten, natürlich sehr irritiert. Sie haben beschlossen, die Mutter politisch abzuschieben und hielten sie in Nürtingen fest. Und so ist Henriette auf diese Weise eine Zeitlang geradezu aus dem Verkehr gezogen worden, weil die Söhne Schlimmes befürchten mußten.

Henriette kam wohl durch ihre einflußreiche französische Verwandtschaft wieder frei. Sie ist dann sofort aus Württemberg weg, zurück in ihre Heimat Mömpelgard gegangen, wo sie ja einst ihre einzigen glücklichen Tage erlebt hatte. Dort ist sie dann auch im Februar 1444 gestorben. Sie hat bis zum Schluß kein glückliches Verhältnis mehr zu ihren Söhnen gefunden. Anscheinend hat sie auch bestimmt, daß sie nicht in Stuttgart, zusammen mit ihrem Mann und etwa zusammen mit ihren Söhnen, begraben sein wolle. So wurde sie in Montbéliard in der Kirche St. Maimboeuf bestattet.

In Stuttgart fand man es so peinlich, daß gerade diese Frau, die das Land durch ihr Erbe so groß gemacht hatte, nicht in der Stiftskirche lag. Man hat ihr später ein Kenotaph errichtet, also ein leeres Grab, das vortäuscht, sie

Schloß Mömpelgard

Durch Henriette kam nicht nur die Grafschaft Mömpelgard an der burgundischen Pforte zu Württemberg, seit ihrer Regentschaft 1419 wurden die mömpelgardischen Barben auch Bestandteil des württembergischen Wappens.

sei hier bestattet, mit einer schönen Inschrift und dem großen Mömpelgarder Wappen, um damit die Peinlichkeit, ausgerechnet diese Ahnfrau nicht in der Familiengruft zu haben, ein wenig zu überspielen.
Henriette hatte ein sehr wechselvolles Leben. Sie hat das Haus durch ihre Erbkrankheit schwer belastet. Sie hat aber andererseits für Württemberg insofern eine sehr große Bedeutung, als zu dem ganz ins Binnenschwäbi-

sche hineingebauten Territorium diese überrheinische, burgundische, französisch sprechende Komponente hinzukam. Mömpelgard ist mit Württemberg nie im staatsrechtlichen Sinne vereinigt worden. Was Henriette begründet hat, war eine Personalunion. Der jeweilige Graf oder Herzog von Württemberg war auch Graf von Montbéliard und von den vielen andern Herrschaften, die dort unten in der burgundischen Pforte liegen. Das bedeutete ja für Württemberg, daß von nun an ein ständiger Zustrom von französisch sprechenden Personen romanischer Kultur nach Württemberg hereinkam, bis später an die Tübinger Universität, bis ins Tübinger Stift, wo es einen Mömpelgarder Tisch gab. Das sonst vielleicht sehr in sich ruhende und fast verhockte Württemberg hat durch diesen Mömpelgarder Zuschuß sehr viel bekommen: die Weltoffenheit, die Zuwendung nach Frankreich, die Nähe zur französischen Kultur, einen Teil württembergischer Bevölkerung, der französisch sprach, vielleicht nicht besonders elegant, aber immerhin, und damit nach außen offener wurde. Ganz abgesehen davon war Mömpelgard ein reiches Land, das sehr, sehr viel zum Wohlstand des Herzogtums und des Herzogshauses beigetragen hat. So ist Henriette eben doch eine bei den Württembergern in Ehren gehaltene Frau. Das kann in Schwaben ja auch nicht anders sein. Wenn jemand so viel mitbringt, wird er natürlich respektiert, mag er sonst gewesen sein, wie er will. Immerhin hat Henriette ja auch etwas begründet, an das wir meist nicht denken. Der Verlust der Erblande in Mömpelgard durch die Französische Revolution und durch Napoleon hat ja dann zu einer »Entschädigung« geführt, die Neu-Württemberg begründet hat. Daß der erste König von Napoleon die Erlaubnis bekam, ein so großes Territorium im deutschen Südwesten zusammenzufassen, war im Grunde staatsrechtlich damit zu rechtfertigen oder zu legitimieren, daß man sagte, für die verlorenen linksrheinischen Gebiete, also für das, was Henriette zum großen Teil einst mitgebracht hatte, mußte Württemberg entschädigt werden. So kamen Hohenlohe, Ellwangen und Oberschwaben zu Württemberg, und so entstand das Königreich von 1806. Auch das ist noch eine letzte, späte Auswirkung dieser Kinderheirat von 1397 und der Henriette de Montbéliard.

Mechthild von der Pfalz

1419–1482

In jedem Fürstenhaus gibt es, wenn wir unser Augenmerk auf die Frauen richten, kluge und weniger begabte, schöne und sehr schöne, vielleicht auch einmal eine, die nicht so besonders charmant ist. Aber wenn man im Hause Württemberg das Auge auf Mechthild von der Pfalz richtet, die Mutter Eberhards im Bart, so kommt man ganz unwillkürlich ins Schwärmen, denn ein solches Wunder an Geist und Liebenswürdigkeit, an feiner Bildung und an Freundlichkeit ist wohl selten und hat sich mit Recht über die Jahrhunderte hinweg in die Erinnerung der Nachwelt eingeprägt. Mechthild ist jetzt seit über fünfhundert Jahren tot. Sie ist wohl die mittelalterliche Fürstin im Hause Württemberg, deren Leben und Wirken noch am stärksten real nachwirkt, zum Beispiel durch die Gründung der Universität Tübingen, ebenso, wie sie sich im Herzen der Württemberger einen Platz bewahrt hat und das zu Recht. Nirgends könnte man ihrer besser gedenken, als hier am Marktplatz in Rottenburg, in einer der alten Gaststätten, die schon zu Mechthilds Zeit einen berühmten Namen hatte. Hier in Rottenburg, wo sie, aus dem Nichts kann man sagen, einen Musenhof gezaubert hat, äußerlich in keiner besonders glanzvollen Umgebung, aber inwendig von einem so hellen und strahlenden, fröhlichen Licht durchschienen, wie es etwa, unter ähnlich bescheidenen Umständen, Anna Amalia im 18. Jahrhundert in Weimar erreicht hat.

Diese Mechthild von der Pfalz, die uns auf ihren Portraits als eine so strahlende Schönheit erscheint, hat es im Leben gar nicht leicht gehabt. Gewiß, ihr Start war gut: Sie wuchs in einem reizenden Geschwisterkreis, in einem hochgebildeten Elternhaus auf, in Heidelberg, im geistigen Umfeld der Universität, die ihre Vorfahren begründet, gefördert, beschützt hatten; in einem Kreis von Gelehrten, die am Hofe ihres Vaters, des Kurfürsten Ludwig III. des Gebarteten, in Heidelberg verkehrten; im Reichtum eines der großen deutschen Fürstenhäuser der Spätgotik und vor allem beeinflußt von den italienischen, französischen, griechischen Vorfahren ihrer Mutter. Man muß bei Mechthild ja immer wieder bedenken, daß sie, die als die Mutter des großen Eberhard im Bart so stark als Württembergerin gilt, eigentlich – von der Vorfahrenschaft her – mehr romanische, romanisch sprechende, mediterrane Vorfahren hatte als deutsche. Ihre Mutter, Mathilda von Savoyen-Achaia, kommt aus jenem Zweig des Hauses Savoyen, der im Mittelmeer auf den Inseln von Morea und Achaia alte Fürstentümer seit der Zeit der Kreuzfahrer hatte. An diesen kleinen Höfen, die politisch

Der Brunnen auf dem Marktplatz von Rottenburg ist eine Stiftung der Mechthild von der Pfalz aus dem Jahre 1470.

wenig bedeuteten, hat man ja im späten Mittelalter – vielleicht schon im Bewußtsein, daß diese Herrlichkeit zu Ende gehen würde – eine unglaublich reiche, elegante, feine, überfeine Kultur zelebriert. Diese Minnehöfe, die Pflege der feinen Musik in Morea, das Sammeln von Handschriften, die Lektüre gelehrter und eleganter Werke, das alles hat auf Mechthild durchgeschlagen.

Sie hat das sozusagen mit der Muttermilch eingesogen, und sie, die ja mehr Romanin als Deutsche war, hat eine ihrer Lebensaufgaben darin gesehen, dem Humanismus, oder ganz einfach der Kenntnis der schönen Literatur und der Kenntnis der Antike auch in Schwaben Heimstatt zu bereiten. Sie fing an, Dichter und Gelehrte in ihre Umgebung zu bewegen, große Werke der klassischen italienischen und französischen Literatur ins Deutsche zu übersetzen, damit durch diese Übersetzungen, dem nicht romanisch Sprechenden Zugang zu der Kultur des 14. und 15. Jahrhunderts ermöglicht würde. Mechthild war eine jener seltsamen Frauen, die es verstehen anzuregen, selbst trockene, selbst nüchterne Charaktere. Ein biederer schwäbischer Ritter hat noch als alter Mann angefangen, ein Epos auf Mechthild und ihren Hof zu dichten. Sie konnte Maler und Bildhauer, Gelehrte, Mediziner und Künstler um sich scharen, nicht eigentlich durch große finanzielle Mittel, sondern durch die Anziehung, die von dieser Frau ausgegangen ist.

Wenn jemand auf die Umwelt so faszinierend wirkt, gibt es ja keinen Zweifel, daß natürlich auch der böse Klatsch sich an sie heftet, zumal wenn man versucht, in Württemberg im 15. Jahrhundert der feinen Lebenskultur, der eleganten Lektüre, den schönen Künsten überhaupt, Platz zu schaffen. Später hätte man gesagt: »Dees brauchts au net!«, oder »Dees dient au net zum ewiga Heil.« Man suchte etwas dahinter. Künste in Württemberg fördern, ist immer und zu allen Zeiten eine ganz problematische Sache.

So hat sich also auch, etwa in der Zimmern-Chronik, der Ruf an sie geheftet, sie habe an diesem Minnehof selbst recht munter gelebt. Mechthild war bestimmt kein Kind von Traurigkeit, aber sie war eine Fürstin, die sehr wohl wußte, was sie ihrem Rang schuldig war. Und sicher ist vieles von dem, was sich so an sie geheftet hat, einfach Wandersage und Quatsch. Sie war ja nicht nur als die Tochter des ersten weltlichen Fürsten im Reich eine Dame von hohem Rang, sie war es auch durch ihre erste Ehe mit dem sehr

bedeutenden Grafen Ludwig I. von Württemberg und noch stärker aber nach Ludwigs frühem Tod, 1450, als diese schöne junge Frau, die übrigens auch sehr reich war in ihrem privaten Vermögen, nun in den großen Kreis der Weltpolitik, der europäischen Politik mindestens, einbezogen wird. Kaiser Friedrich III. wählt sie aus als Frau für seinen ungebärdigen jüngeren Bruder, den Erzherzog Albrecht VI. von Österreich. So gut nun Mechthilds erste Ehe mit dem Grafen von Württemberg gewesen war – aus dieser Ehe stammt ja, wie gesagt, Eberhard im Bart –, so unglücklich war die zweite. In bezug auf den Rang, auf das Ansehen in der Welt, war es eine sehr vornehme Ehe. Mechthild wurde dadurch die erste Frau Deutschlands nach der Kaiserin Eleonore, und als Eleonore starb, nahm sie – dem Rang und dem Zeremoniell nach – deren erste Position ein.
Aber die Ehe mit Albrecht war ausgesprochen unglücklich. Er war ein schwerlebiger und doch wieder leichtfertiger, ein ungeistiger Mensch, im Gegensatz zu seinem tief nachdenklichen Bruder, Kaiser Friedrich III. Daß Mechthild es fertiggebracht hat, aus diesem schweren, politisch intriganten, unangenehmen Menschen so etwas wie die Gründung der Universität Freiburg hervorzulocken, zu provozieren, ist eine ihrer großen Leistungen. Wir werden sagen müssen: die Frau, die im Umkreis der Universität Heidelberg aufgewachsen ist, die es fertiggebracht hat, ihrem zweiten Gatten, Albrecht von Österreich, die Universität Freiburg abzuringen, die war zweifellos in starkem Maße nun beteiligt an der Gründung der Universität Tübingen. Sie war es ja, die ihrem Sohn Eberhard die schönen Künste schmackhaft gemacht hat, und trotz des Verbotes des Grafen Ludwig, Eberhard dürfe nicht Latein lernen, an Eberhard so viel Freude am Humanismus, an der italienischen, an der französischen Kultur vermittelt hat, daß er von sich aus die Universität gründete.
Im vorigen Jahrhundert gab es Historiker, die nur auf Urkunden und das, was in den Akten steht, Wert legten, und sagten: Wo steht denn, daß Mechthild an der Gründung der Universität Tübingen so wesentlichen Anteil nahm? Wenn man natürlich glaubt, daß zwischen Mutter und Sohn, die ein enges und gutes Verhältnis zueinander hatten, auch noch schriftliche Urkunden darüber ausgestellt werden, daß sie an der Gründung beteiligt war, dann geht man fehl. Es war einfach die Umwelt. Was sie allen andern Menschen vermittelt hat, das konnte sie natürlich ihrem Sohn Eberhard in besonderer Weise nahe bringen. Seine Freude, sein Mut –

»Attempto – ich wag's« –, in einer geteilten Grafschaft mit verhältnismäßig bescheidenen Mitteln eine Universität zu gründen, ist eine, auch für heutige Verhältnisse noch, respektable, ja bewundernswerte Leistung. Hier hat die Mutter zweifellos, einfach durch ihr Dasein, durch ihre Art, so viel dazu beigetragen, daß wir gar nicht noch einer ausgesprochen urkundlichen Nennung und Bestätigung für ihre Beteiligung an der Gründung bedürfen. Übrigens steht es in der Urkunde, daß die Mutter einen wesentlichen Anteil hatte. Und in dem Sindelfinger Relief, das Mutter und Sohn gemeinsam im Zusammenhang mit der Gründung der Universität Tübingen zeigt, ist ja auf das Deutlichste künstlerisch ausgedrückt, daß Mutter und Sohn zusammen als die geistigen Eltern, wenn man es so sagen darf, der Universität Tübingen gelten dürfen.

Nun zurück zu Mechthilds Leben. Sie wurde jung nach Stuttgart verheiratet, nach sechzehnjähriger Ehe Witwe, nach zweijährigem Witwenstand dann wieder mit dem Erzherzog verheiratet. Als der stirbt, ist Mechthild frei, eine noch junge, schöne Fürstin, die dann nicht mehr geheiratet hat und nun abwechselnd in Heidelberg, in Urach und vor allem in Rottenburg lebt. Rottenburg ist durch sie damals recht eigentlich ein Zentrum europäischer Bildung geworden. Dieser Rottenburger Musenhof war, in aller Kleinheit, anziehend für sehr viele Menschen, und sie hat es ja auch nicht daran fehlen lassen, diese kleine Residenz in starkem Maße zu einem eleganten und schönen Raum zu gestalten. Der Brunnen, den sie der Stadt geschenkt hat, ist ja ein Zeichen dieser hochgemuten Haltung, ein elegantes Kunstwerk der Spätgotik, ein Kathedralturm im Kleinen, geschmückt mit Figuren, die auf den hohen Rang Mechthilds und ihrer Familie sowie der Familie ihres zweiten Gatten hinweisen: Pfälzer, Habsburger, Württemberger haben gleichermaßen für diesen Brunnen Pate gestanden. Dieser Brunnen selbst hat ja dann weitergewirkt auf Urach und auf andere süddeutsche Städte.

Mechthild war eine Frau, die, wo immer sie eingriff, als Anregerin, als Impulsgeberin wirkte, bis hin zu diesem unglaublich schönen, stillen und in sich zurückgezogenen Grabmal in der Tübinger Stiftskirche. Dieses durch die Zeiten schwer zerstörte, heute aber im Kern wohlerhaltene Grab, in dem sie als zarte und jugendliche Fürstin erscheint, so etwa, wie sie in ihren Glanzzeiten ausgesehen haben mag. Man kann sich gar nicht vorstellen, daß diese schöne Frau einmal alt geworden ist, daß ihr die Literatur nicht

Gedenktafel mit Hochrelief Herzog Eberhards im Bart (1445–1496) und seiner Mutter Mechthild von der Pfalz, der Gemahlin von Graf Ludwig I. (1412–1450), in der St. Martinskirche in Sindelfingen.

nur von ihrer eleganten, sondern auch von ihrer fromm-religiösen Seite wichtig wurde, daß sie im Alter – dem Gedenken des Todes hingegeben – sich mit frommen Übungen beschäftigt hat, mit frommer Lektüre, daß sie religiösen Gemälden Raum gab und Künstler damit beauftragt hat. Man möchte eigentlich sagen, alles, was diese Frau anfängt, ist merkwürdig rund und voll, ohne alle Attitüde, ohne diese hektische Betriebsamkeit mancher späterer Fürstinnen, sondern einfach aus innerem Antrieb leicht, locker und selbstverständlich.

Mechthild hat das große Unglück gehabt, einen geistig deformierten Sohn, Ludwig II., als Stammhalter der Dynastie zur Welt zu bringen. Dieses Kind ist trotz aller religiöser Bemühungen der Mutter dann früh gestorben. Nun war der Weg frei für den genialen Sohn Eberhard im Bart. Er hat ja keine legitimen Nachkommen hinterlassen, aber sehr viele uneheliche, von denen es im Lande bis heute eine große Anzahl von Nachkommen gibt.

Mechthild hat also das Traurige erlebt, daß ihr Zweig des Hauses Württemberg mit ihrem Sohn aussterben würde. Sie hat auch zwei sehr begabte Töchter geboren, Mechthild, die Stammutter des Hauses Hessen, und Elisabeth, die Stammutter des Hauses Nassau-Saarbrücken. Durch die nach Hessen verheiratete Tochter Mechthild, die nach der Mutter, Großmutter und Urgroßmutter benannt war, gibt es einen sehr breiten Nachkommenstrom. Und es ist eine Ironie der Genealogie, daß Mechthilds hessische Urenkelin dann wieder die Stammutter des Gesamthauses Württemberg ist, so daß also – obwohl Mechthild nicht den Mannesstamm des Hauses fortgesetzt hat – alle württembergischen Herzöge, das Gesamthaus seit Friedrich I., wieder von ihr abstammen. Das kulturelle Erbe, das sie vermittelt haben mag, das ist sozusagen auf diese Weise ins Haus Württemberg zurückgeholt worden.

Das Urteil der Zeitgenossen über Mechthild ist ein ganz ungewöhnlich positives. Erst später kommen diese schmähenden Stimmen, die schlüpfrige Anekdoten über sie erzählen. Das war wohl so ein Kamingespräch der Herren in der Renaissance gewesen. Ernsthaft ist Mechthild eigentlich nie bestritten worden, ganz im Gegenteil: ihr wurde von allen Ständen, vom Kaiser bis zu ihren Rottenburger Untertanen, gehuldigt.

Sie ist auch eine der wenigen, von der wir eine sehr gute Vorstellung ihrer Erscheinung haben: grazil, mediterran, elegant, sehr beredt, charmant, etwas, was sich ja nur im Bericht der Zeitgenossen niederschlagen kann, was

Grabmal Mechthilds von der Pfalz im Chor der Tübinger Stiftskirche

wir anders nicht messen können. Eine Frau, die zweifellos für ihre Zeit und weit darüber hinaus so viel bedeutet hat, daß sich auch in allen späteren Jahrhunderten die Frauen im Hause Württemberg an ihr haben messen lassen müssen. Immer wieder, wenn jemand zum Lob einer württembergischen Fürstin sagen will, daß sie über die Maßen gebildet, sehr klug und sehr liebenswürdig ist, kommt der Vergleich mit Mechthild.

Es hat ihr natürlich nicht an zeitgenössischen Ehrungen gefehlt. Große und bedeutende Schriftsteller haben ihr Werke gewidmet, Dichter haben sie besungen, ihre Bibliothek war eine berühmte und geschätzte, heute leider zerstreut in alle Welt. Sie hat es auch verstanden, Menschen zu motivieren, die eigentlich von Natur oder Stellung her zunächst gar nicht den neuen, jungen und schönen Wissenschaften so zugeneigt waren.

Von daher kann man sagen, wenige Frauen im Hause Württemberg haben so nachhaltig in die württembergische Geschichte und Geistesgeschichte eingegriffen wie gerade diese zarte Frau, die eben auch ein so persönliches Verhältnis zu Universitäten hatte, daß man sie in ein Universitäts-Dreieck eingliedern könnte: Heidelberg, die Gründung ihrer Vorfahren, Freiburg, die Gründung ihres zweiten Gatten, und Tübingen, die Gründung ihres Sohnes.

Man könnte sie geradezu, und das ist früher auch geschehen, die Mutter der Universitäten nennen. Der Name hat etwas Blaustrümpfiges an sich, aber sie war alles andere als ein Blaustrumpf. Sie war eine Frau des tätigen Lebens. Sie ist, wie alle ganz großen Fürstinnen, nicht wiederholbar. Ihre Wirkung ist, wenn man das einmal messen und wägen will, so stark, daß man sie noch heute – das Universitätsjubiläum in Tübingen vor einigen Jahren hat das ja deutlich gezeigt und bewiesen –, daß sie bis heute tatsächlich unter uns lebt. Es würde einen nicht wundern, wenn sie jetzt um ihren Marktbrunnen herumkäme und mit charmantem Lächeln durchs Fenster schauen würde.

Barbara Gonzaga von Mantua

1455 – 1503

Überall, wo wir in Württemberg auf das Wort »Attempto« stoßen, wissen wir, daß es in besonderer Weise der Wahlspruch des Herzogs Eberhard im Bart ist, des Stifters der Universität Tübingen. Und wo zusammen mit »Attempto«, dieser kühnen Devise: »ich wag's«, »ich hab's im Sinn«, »ich nehme es mir vor«, ein Palmbaum erscheint, sein persönliches Sinnbild, und dazu auch noch sein Familienwappen, wie hier im Palmensaal von Urach, da wissen wir, daß es sich um einen ganz besonderen Platz handelt, der für Eberhard wichtig war.

Hier im Uracher Schloß ist er ja geboren, hier hat er viele Jahre seines Lebens als Herrscher regiert, und die prachtvolle Dekoration der vielen Palmen, die hier die Wände umziehen, ist ja auf besondere Weise mit seinem Leben verbunden.

Als Eberhard im Bart sich mit 29 Jahren aus Italien seine Frau holte, die schöne Barbara Gonzaga, die Markgrafentochter von Mantua, da hat er diesen Saal für die Hochzeitsfeierlichkeiten festlich ausschmücken lassen. Er wollte ihr seine fürstliche Abstammung vor Augen stellen. Darum haben wir hier etwas, was es bis dahin in Deutschland gar nicht gab, was aber von Italien her beeinflußt war, nämlich eine Ahnenprobe, die über die Wände verteilt ist: acht Palmen und daran aufgehängt acht Familienwappen, jedesmal mit dem Wort »Attempto« versehen, so daß der Kundige – und die Leute waren damals der Heraldik kundig – sofort wußte, das ist die Ahnenprobe des Hausherrn, eine sehr stolze und zugleich ein Hinweis darauf, daß die Württemberger damals zwar Grafen, aber im Fürstenrang, und mit den höchsten Häusern Europas verschwägert waren.

Es fängt an mit Württemberg. Gegenüber steht Mailand mit der Schlange der Viscontis. Es folgt Mömpelgard, die Großmutter Henriette von Mömpelgard und deren Mutter aus dem Hause Châtillon. Es folgt dahinter gar ein König, Ruprecht von der Pfalz, mit seiner Gattin, der Tochter des Nürnberger Burggrafen. Und schließlich stehen da die mächtigen Herzöge von Savoyen und Achaia und ihnen gegenüber die Grafen von Genf, aus einer Familie, aus der sogar ein Papst gekommen war.

Eberhard war also der Verwandte von Königen und Päpsten, von Markgrafen und Herzögen, ein Graf zwar nur in der Hierarchie, aber stolz genug, um eine der vornehmsten Fürstinnen Italiens heimzuführen. Dieser Saal ist es nicht allein; andere Räume hier im Schloß haben das Leben der

Im Palmensaal des Uracher Schlosses sind die demonstrativ vorgezeigten Wappen seiner fürstlichen Vorfahren sowie das Wahrzeichen Eberhards im Bart, die Attempto-Palme, dargestellt.

jungen Eheleute ebenso umschlossen wie die anderen Residenzen im Lande.
Aber man muß daran denken, daß Eberhard damals ja nur der Graf einer halben Grafschaft war, denn das Land war geteilt. Die andere Landeshälfte, Stuttgart, war in sehr schlechten finanziellen Verhältnissen durch das Mißregiment des Grafen Ulrich des Vielgeliebten, des Onkels von Eberhard.
Doch hier in Urach hat die junge Ehe mit der sehr reichen Markgrafentochter aus Italien einen gewissen Wohlstand, ja man kann sagen, einen gewissen Glanz über die Stadt und den Landesteil Urach verbreitet. 1474, als Eberhard die Braut heimführt und eine der glanzvollsten Hochzeiten abhält, die damals in dem festfrohen 15. Jahrhundert in Deutschland

gehalten worden sind, da muß dieser Saal nun wirklich widergeklungen haben von italienischer und deutscher Musik, vom Tanzen, von Gastereien. Und auch die anderen großen Säle, unten die Dürnitz, oben der Goldene Saal, die alle haben mitgewirkt, auch die freien Plätze um das Schloß her und um die Kirche, der Marktplatz, alles war ein einziges, großes Volksfest. In allen Sälen des Uracher Schlosses hat man damals gefeiert, auch hier im Goldenen Saal, der damals noch nicht so ausgeschmückt war, wie man ihn hundert Jahre später, im Geschmack der späten Renaissance, dekoriert hat. Aber auch damals war das einer der Festräume, in denen der Landesherr Eberhard und die junge Markgräfin aus Mantua getanzt und gefestet haben.

Diese Ehe ist ja eine der wenigen glücklichen Fürstenehen des Mittelalters gewesen, auch wenn sie ganz und gar aus politischem Kalkül heraus geschlossen worden ist. Alle Pracht, die Eberhard hier aufgewendet hat, hat freilich nicht den Glanz des Gonzaga-Hofes erreichen können. Barbara war aufgewachsen in einem blühenden Kreis begabter Geschwister. Sie hat die ganzen Anregungen einer italienischen Residenz in der frühen Renaissance mitbekommen und auch innerlich mit verarbeitet. Sie war eine gebildete, vielseitig interessierte Frau, und was sie nun hier in Württemberg antraf, war vielleicht ein wenig pausbackiger und ein wenig heimelicher. Sie hat sich aber sehr schnell in diesem Milieu zurechtgefunden.

Wir kennen ja den Geschwisterkreis, die Eltern, den ganzen Hof in seinem glanzvollen Zuschnitt aus jenen berühmten Fresken, die Mantegna in die Residenz der Gonzagas hineingemalt hat, in das Haupt-Wohnappartement der Eltern Barbaras. Sie zeigen uns bis heute einen glanzvollen Fürstenhof, der sich ganz intim gibt, ganz leger, ohne alle Prätention, ohne Purpur, ohne Hermelin, einfach so, wie sich eine Familienszene gebildeter Leute in der Renaissance abspielen konnte.

Die Familie ist hier versammelt und gruppiert sich lebensgroß über die Wände weg. Es kommt gerade der Haushofmeister herein, bringt einen Brief, und dadurch entsteht ein kleiner Moment des Stutzens, ein retardierender Moment, und hier sind alle eingefangen. Wir sehen die junge, damals etwa fünfzehn- bis sechzehnjährige Barbara, bildschön. Sie ist 1455 in Mantua geboren und hat schon mit achtzehn Jahren ihre Verlobung und mit neunzehn die Heirat nach Württemberg geschlossen. In ihrer glücklichen Jugend dort unten in der Po-Ebene, da zeigt sie sich in Mantegnas Bild

Der Goldene Saal im Uracher Schloß. Zur Zeit der Hochzeit von Eberhard im Bart mit Barbara Gonzaga war der Saal noch nicht in dieser Weise dekoriert.

als ein bildschönes junges Mädchen, blond, blauäugig, mit zartem Teint, mit einer entzückenden Figur, die Schönste zweifellos im Kreise ihrer Geschwister. Es ist interessant, daß Mantegna es sich leisten konnte, seinem Auftraggeber, dem Markgrafen, gegenüber nicht zu unterdrücken, daß eines der Kinder geistig beschränkt war, aber im Familienkreis voll angenommen und voll hineingenommen ist.

Die junge Barbara steht neben ihrer Mutter, der Hohenzollerin, der Markgräfin Barbara von Brandenburg-Ansbach, die gleichfalls blond und blauäugig wie die Tochter ist. Von dort her hat ja Barbara so viel mitbekommen, was ihr dann erleichtert hat, sich in Württemberg so schnell einzuleben.

Man sagt ja herkömmlich: der Schwabe Eberhard und die Italienerin Barbara, und bedenkt dabei nicht, daß Eberhard zu großen Teilen seiner Herkunft nach, der Sprache seiner Vorfahren nach, Romane ist, mediterraner Mensch, Italiener, Franzose, und nur zu einem geringen Teil Schwabe, wenn man das so nennen will. Umgekehrt hat Barbara, die Italienerin, ja eine deutsche Mutter und deutsche Verwandte, und auch ihre Heirat mit Württemberg war ja im wesentlichen wegen ihrer Verwandtschaft mit dem Zollernhause geschlossen worden.

Auf diesem Familienbild von Mantegna sehen wir auch jemand, der im Leben der Barbara vielleicht eine große Rolle gespielt hat: die Hofzwergin, die man bei den Gonzagas hielt, und die allem Anschein nach mit Barbara nach Schwaben gekommen ist. Wir haben später in der Stuttgarter Stiftskirche einen Jahrtag, eine Seelenmesse, einen Gedächtnisgottesdienst für Anna Pitatti, »unserer Herrschaft Zwergin«. Das ist wohl die kleine Verwachsene, die so eng in den Familien- und Fürstenkreis hereingehört hat, daß man sie sogar mit ins Familienbild hereinnahm.

Die Geschwister, vor allem die Brüder, haben für Barbara viel bedeutet. In der Gonzaga-Familie war es üblich, daß in jeder Generation mindestens einer, wenn nicht zwei der Söhne hohe geistliche Würden einnahmen. Einer der Brüder Barbaras hat für sich sogar noch Höheres erwartet. Er hoffte, mit deutscher Unterstützung Papst zu werden.

Von diesem hochgebildeten und im Frühhumanismus verankerten Familienkreis hat Barbara viele Anregungen mitbekommen. Das hat sie den Neigungen und Interessen ihres Mannes so nahe gebracht. Ein unmittelbarer Anteil an der Gründung der Universität Tübingen ist für Barbara urkundlich nicht nachzuweisen, aber natürlich ist in einer guten Ehe, in der die geistigen Interessen beider Gatten konform gehen, ein solcher Einfluß vorhanden, auch wenn er sich nicht in Akten niederschlägt. Wir dürfen Barbaras Anteil an der Gründung, die dann drei Jahre nach der Hochzeit für Württemberg so entscheidend wurde, voraussetzen. Sicher können wir nachweisen, daß einer ihrer Brüder, der am römischen Hof als Kardinal sehr viel bedeutet hat, wesentlich in die Gründungsgeschichte der Universität Tübingen eingegriffen hat. Es ist also eine Verflechtung Rom, Mantua und Urach, Urach und Tübingen, Lombardei und Württemberg. Barbara war später bei der Bevölkerung hier sehr angesehen, was ja für eine Fremde in Württemberg gar nicht leicht ist. Sie verstand es, so verbindlich, wie man nur sein konnte, die Herzen der Untertanen zu gewinnen.

Wandgemälde des Andrea Mantegna in der Camera dei sposi im Schloß von Mantua (um 1474). In dem anmutigen Mädchenkopf im Hintergrund wird ein Portrait der Barbara Gonzaga vermutet.

Wie sie das im einzelnen gemacht hat, wissen wir nicht. Sie liebte Blumen und hat sich auch um die Blumenzucht bemüht. Vielleicht sind die entzückenden Blumenkörbchen an den Tübinger Stifterscheiben Eberhards und Barbaras ein solcher Hinweis. Sie hat den Kult der Heiligen Barbara gefördert. Denn sie selber trug ja diesen Namen wie auch ihre Mutter, die Hohenzollerin. Ihr Vater, Ludovico III., hatte ja in Mantua jene prunkvolle Kirche St. Barbara errichten lassen, eine Huldigung an die Heilige und zugleich eine Huldigung an Gattin und Tochter.
Barbara hat noch durch etwas anderes die Herzen der Schwaben gewonnen. Die späteren Chronisten wissen zu berichten, daß sie sich auch den Tischsitten und Eßgewohnheiten des Landes sehr angepaßt habe und daß sie ausgerechnet Spätzle sehr gemocht habe. Man weiß natürlich nicht, ob das nicht nur eine freundliche Erfindung ist, ob sie nicht so etwas wie Makkaroni schon in ihrer italienischen Heimat kannte. Man könnte sogar

fragen, ob sie das nicht vielleicht sogar mitgebracht hat. Immerhin war man in Württemberg der Ansicht, sie habe vom vielen Spätzleessen ihre gute, schlanke, elegante Figur verloren und sei dadurch im Alter recht voluminös geworden. Sehr alt ist Barbara aber gar nicht geworden. Sie ist schon mit wenig über siebenundvierzig Jahren, 1503, in Böblingen gestorben.
Aber zunächst müssen wir noch einiges von ihrem Leben berichten. Die Ehe mit Eberhard war harmonisch. Sie nahm an seinen Interessen teil. Wir wollen auch an den Kummer denken, daß diese sehr glückliche Ehe nicht mit lange lebenden Kindern gesegnet war. Zwei, vielleicht drei Kinder sind geboren, sind aber sofort wieder, oder gar gleich bei der Geburt, gestorben, vielleicht auf Grund des heute so viel besprochenen Rhesusfaktors. Jedenfalls war diese Ehe leider kinderlos.
Das muß man bei dem Zuschnitt der beiden Eltern, bei ihrer Begabung, sehr bedauern. Die Nachfolge ist ja dann an den Sohn des geisteskranken Grafen Heinrich gefallen, eben, weil Eberhard keine Söhne und überhaupt keine Kinder hatte. Dafür hat Barbara etwas getan, was auch für die Frauen der damaligen Zeit nicht eben selbstverständlich war. Eberhard hatte ja aus seiner sogenannten »wilden Zeit« eine Reihe unehelicher Kinder von verschiedenen, teilweise sehr hochehrbaren Müttern. Diese Kinder hat man nach damaliger Sitte am Hofe erzogen, aber Barbara hat sich persönlich um sie gekümmert. Diese Kinder sind ja, soweit wir sie kennen, später gut geartet, haben eingeschlagen, haben es, schwäbisch gesagt, zu »ebbes brocht«. Das ist gewiß nicht zuletzt das Verdienst ihrer Stief- und Ziehmutter, die sie in Urach um sich sammelte.
Wie hochgestellt diese Kinder waren, mag man daran ermessen, daß in den Tübinger Stifterscheiben, unmittelbar zwischen adligem Hofgesinde der Grafenfamilie und den Professoren, auch eine namenlose Scheibe mit Kindern erscheint, die sehr reich gekleidet sind, aber ohne Inschrift und Wappen, bei denen es sich zweifellos um einen Teil der illegitimen Kinderschar Eberhards im Bart handelt. Um diese Kinder hat sich Barbara in Urach angenommen. Der Vater natürlich auch. Er hat sie für damalige Verhältnisse sehr reich ausgestattet, und er hat ihnen sogar ein eigenes Haus gebaut, das heute wieder – dank den Bemühungen der Stadt Urach – geradezu zu einem Juwel mittelalterlicher Städte- und Hausbaukunst geworden ist, das Haus am Gorisbrunnen. Es war als Wohnsitz der Kinder gedacht, und sie sind dort erzogen worden.

Bildnisse der Barbara Gonzaga (rechts) und des vor dem Hl. Georg knieenden – bartlosen – Eberhard im Bart (links) in den zentralen Glasfenstern im Chor der Tübinger Stiftskirche St. Georg.

Ein Sohn ist später vom Kaiser sogar in den Herrenstand erhoben worden, ein anderer wurde Domherr in Straßburg, ein dritter war der hochbedeutende Jurist Gregor Lamparter von Greifenstein an der Tübinger Universität. Zwei Töchter haben in Schweizer und deutsche Patrizierfamilien geheiratet. Dadurch hat Eberhard eine große Nachkommenschaft, ebenso wie durch den Sohn Hans von Karpfen. Uneheliche Kinder sind im Mittelalter an den Höfen sehr hoch geschätzt worden. Sie konnten sehr hohe Stellungen erreichen, wenn sie geistig dafür vorbereitet waren.
Es ist nun merkwürdig: daß Mechthild von der Pfalz sich für ihre unehelichen Enkel, die ja ihre leiblichen Enkel sind, eingesetzt hat, ist sehr wohl verständlich. Daß man sich aber für die unehelichen Kinder seines Gatten einsetzt, die einem ja ferner stehen könnten, das ist ungewöhnlich, und das spricht sehr für den Familiensinn und auch für die persönliche Zuneigung, die Barbara für diese Kinder gehabt hat.
Barbara hat den großen Abschluß des Lebenswerkes ihres Gatten noch erlebt, die Erhebung zum Herzogtum 1495. Sehr bald darauf ist ja Eberhard

gestorben. Barbara ist nun Witwe und kinderlos. Jetzt sind die wenigen Verwandten, die sie aus Italien mitgebracht hat, ihre nächste Stütze. An den Verwandten, die nun zur Regierung kommen, hat sie wenig Hilfe. Auf Eberhard im Bart folgt ja nun der sehr unfähige Eberhard II. der Jüngere, der das Land in kurzen Jahren ruiniert hat, das hat sie noch erlebt.

Sie hat deswegen ihren Witwensitz nicht in Stuttgart genommen, wo sie diesem unruhigen Neffen und Vetter zu nahe gewesen wäre, sondern sie hat sich nach Böblingen zurückgezogen. Es möchte sein, daß hier eine Jugenderinnerung mitgespielt hat. Das Schloß in Mantua, das ihre Kindheit umschlossen hat, liegt ja inmitten von Seen. Es mag sein, daß in Böblingen die Lage an den damals noch größeren Seen für sie so etwas wie eine Kindheitserinnerung war.

Jedenfalls hat sie dort die letzten Jahre in ruhigem, wohltätigem Dasein zugebracht, ganz zurückgezogen von den Geschäften der Welt, ohne in die Krisen verwickelt zu sein, die Württemberg damals schüttelten; eine wohltätige, gebildete, eine fromme Frau, die dann am 30. Mai 1503, noch keine 48 Jahre alt, gestorben ist.

Seltsam ist, daß sie sich das Begräbnis nicht an der Seite ihres Gatten auf Einsiedel, der Stiftung Eberhards, gewählt hat, sondern daß sie in dem Frauenkloster in Kirchheim unter Teck begraben sein wollte. Das könnte ein Zeichen für ihre Gerechtigkeit und Gutherzigkeit sein. Denn dieses Frauenkloster hatte kurze Zeit vorher unter dem ewig unruhigen Eberhard dem Jüngeren furchtbar zu leiden. Die Klosterfrauen wurden in jeder Hinsicht drangsaliert und hatten schwere Schäden einzustecken. Vielleicht hat sie ihr Begräbnis deshalb dort gewählt, weil bei einer fürstlichen großen Trauerfeier und den damit verbundenen Gottesdiensten immer viel an Stiftungen für solch eine klösterliche Gründung abfiel.

Vielleicht wollte sie einfach diese Mittel dem von Eberhard dem Jüngeren so geschädigten Frauenkloster zukommen lassen. So liegt sie in diesem Kloster bestattet, und heute ist nicht einmal mehr die Stelle ihres Grabes genau auszumachen. Aber das Gedächtnis an diese Frau ist – nicht nur, weil sie die Frau und Gattin Eberhards im Bart war, nicht nur, weil sie den Humanismus mit in Schwaben gepflegt hat, sondern einfach, weil sie ein so ungewöhnlich guter Mensch war – bis heute lebendig, und wird es, hofft man, auch bleiben.

Sabine von Bayern

1492–1564

Vielleicht wundern Sie sich, daß hier München im Vordergrund steht. Aber München ist nun einmal die Heimat der Herzogin Sabine von Württemberg. Sie hat sogar nicht nur ihre Jugend, sondern die meiste Zeit ihres Lebens hier im Umkreis der alten Stadt München verbracht.

Die Alte Hofhaltung, vor der wir stehen, ist ihr Geburtsort, und auch später hat sie ja nur vier unglückliche Jahre in Stuttgart verlebt, die meiste Zeit dieses für die württembergische Geschichte so bedeutenden Lebens aber hier in ihrer bayrischen Heimat verbracht. Hier, im Innenhof der Alten Residenz, die schon Kaiser Ludwig der Bayer bewohnt hat, wohnte damals die herzogliche Familie. Der Vater Sabinens war Herzog Albrecht IV., von den Zeitgenossen »der Weise« genannt, und ihre Mutter Kunigunde, die Tochter Kaiser Friedrichs III. Das waren wahrhaft hochgeborene Eltern, und Sabine und ihre Geschwister waren sich ihres hohen Ranges innerhalb der deutschen Geschichte, innerhalb der deutschen Fürstenwelt, sehr wohl bewußt.

Wenn sie vor diesem Erker stand, konnte sie die ganze große Geschichte ihres Hauses in Wappen ablesen, nicht nur die kaiserlichen Großeltern, sondern vor allem die bayrischen Großeltern, jenen berühmten Herzog Albrecht, der uns allen geläufig ist durch seine romantische und traurige Liebesgeschichte mit Agnes Bernauer, der aber nach deren Tod sich getröstet hat mit der Herzogin Anna von Braunschweig, einer bildschönen Welfin, die die Großmutter der jungen Sabine wurde. Weiter zurück sind alle bayrischen Vorfahren hier versammelt. Die Urgroßeltern Ernst von Bayern und Elisabeth Visconti. Mit den Viscontis haben wir noch einmal die Brücke zu Württemberg. Die junge Sabine und ihr Bräutigam Ulrich waren beide, und beide mehrfach, Nachkommen der Visconti, und die Visconti-Schlange hier im Wappen ist ein Hinweis auf diese vielfachen Querverbindungen. Eine Generation davor haben wir den Herzog Johann von Bayern-München, mit der aus dem südlichen Adria-Gebiet stammenden Katharina von Görz. Noch eine Generation früher kommen Stephan II. von Landshut mit der sizilianischen Königstochter Elisabeth, und dann kommt schließlich der Kaiser, Ludwig der Bayer. Das alles waren nun Erfahrungen, die dem jungen Mädchen und ihren Geschwistern von früh an beigebracht wurden. Das Bewußtsein, von ganz besonders hohem Rang zu sein, war es ja auch, was später dazu beigetragen hat, die Ehe zwischen Sabine und ihrem Gatten unglücklich werden zu lassen.

Die Alte Residenz in München

Sabine war ja überhaupt kein Mensch, dem das Glück, trotz der hohen Geburt, irgendwann gelächelt hätte. Von früher Jugend an war sie ein Objekt der kaiserlichen Heiratspolitik ihres Oheims, Kaiser Maximilians, der selber nur eine einzige Tochter hatte, und deshalb auf die vielen schönen Töchter seiner Schwester zurückgriff, um politische Bindungen zu schließen. Ein Objekt also der europäischen Heiratspolitik ist Sabine. Früh mit dem württembergischen Herzogssohn Ulrich verlobt worden. Man hat die bestehende nahe Verwandtschaft dispensiert, und sie hat eigentlich als Kind schon gewußt, daß ihr Schicksal einmal sein würde, diesen Herzog zu heiraten. An sich waren beide im Range durchaus gleich. Aber merkwürdigerweise hat sich sowohl bei den Württembergern als auch bei den Bayern die Vorstellung durchgesetzt, als sei Sabine vornehmer. Gewiß, ihre Mutter war die Kaiser-Schwester und Kaiser-Tochter. Aber an sich sind Bayern und Württemberger damals durchaus gleichwertig. Beide stammen ja von Kaiser Ludwig dem Bayern mehrfach ab. Die Württemberger hatten ganz zweifellos eine durchaus ebenbürtige Ahnentafel, aber in der Fürstenwelt hat eben das noch junge Herzogtum Württemberg noch nicht so viel gegolten wie das bayrische, und Sabine, eine stolze Frau, hat vielleicht gelegentlich ihren jungen Bräutigam und Gatten fühlen lassen, daß sie sich noch etwas höher geboren dünkte als er.

Aber – zunächst war es noch gar nicht so weit. Ulrich hat sich furchtbar viel Zeit gelassen, die Braut heimzuholen. Er war ja ein sehr schwer zu behandelnder Mensch. Er konnte kaum ertragen, wenn er von irgendeiner Seite her gegängelt wurde, oder wenn er auch nur den Eindruck haben mußte, er werde geleitet. So hat er sich auch gegen die Braut, die ihm der Kaiser, in bester Absicht, verschafft hatte, um die Kaisernichte mit Württemberg, Württemberg mit dem Kaiserhaus zu verbinden, gestellt und sie nicht abgeholt.

Es war schon geradezu peinlich, wie lange er in Stuttgart gezögert hat, die Braut aus München abzuholen. Endlich 1511 – die Braut war schon in einem Alter, in dem Fürstentöchter damals schon längst verheiratet waren – hat der Herzog die Heimführung beschlossen. Es wurde eine riesige Doppelheirat, denn wenige Tage zuvor hatte in Heidelberg ihre Schwester Sybille den Pfalzgrafen Ludwig V. von der Pfalz geheiratet. Das war eine sehr glückliche Lösung. Die Gäste von Heidelberg konnten nämlich gleich zu der fürstlichen Hochzeit nach Stuttgart kommen. Dort aber, in Stuttgart,

Herzog Ulrich von Württemberg (1487–1550), der das Land von 1498 bis 1519 und von 1534 bis 1550 regierte. Daneben seine Gemahlin Herzogin Sabine.

wollte der junge Herzog Ulrich den Schwager Kurfürst noch übertreffen, und so kam es zu einer jener wahnsinnig aufwendigen, üppigen, ja verschwenderischen Hochzeiten, wie sie das späte Mittelalter und die frühe Neuzeit liebte.
Diese Stuttgarter Hochzeit wurde mit einem Aufwand gefeiert, der auch einem Kaiser würdig angestanden wäre. Man fragte sich, wo denn der ein bescheidenes Herzogtum verwaltende junge Ulrich überhaupt die Mittel dazu hergenommen hat. Es wurde mit einer geradezu krankhaften, übersteigerten Gastfreundschaft, mit einer ungeheuren Zur-Schau-Stellung der Macht, des Geldes, des Wohlstandes des Landes offeriert. Es wurden Ritterspiele und alles, was nun eben dazugehörte, durchgeführt, und die Zahl der Gäste macht uns heute noch schaudern. Es ist völlig unklar, wie in dem kleinen Stuttgart eine solche Zahl von Leuten überhaupt nächtigen konnte. Entweder haben sie alle die Nächte durchgetanzt oder sie haben umschichtig geschlafen. Anders konnte man in dem kleinen Stuttgart die Tausende von Gästen damals gar nicht bewältigen.

So glanzvoll der Anfang der Hochzeit war, und so glanzvoll der Anfang dieser Ehe war, so schnell ist sie dann in ihr Gegenteil verkehrt worden. Die vier Jahre, die die junge Sabine nach ihrer glücklichen Jugend in Bayern, in Württemberg verbracht hat, sind ein einziges Martyrium gewesen. Auch äußerlich paßten die beiden Gatten wenig zusammen. Ulrich war feingliedrig, grazil, Sabine war groß und stattlich. Als sie bei ihrer Hochzeit aus dem Alten Schloß herübergeführt wurde an das Brauttor der Stuttgarter Stiftskirche, da war ihr Brautführer, Graf Werdenberg, um vieles kleiner als die allzu stattliche Braut. Die Genossen haben gespottet, und einer rief ihm zu: »Streck Dich doch, Werdenberg!«, was ihn tödlich beleidigte, und was dann einen fürchterlichen Mord im deutschen Hochadel bewirkt hat.
Schon von der Hochzeit her stand der Ehebund also eigentlich unter einem unglücklichen Stern. Das hat sich auch nicht gebessert, als Sabine nach zwei Jahren dann eine Tochter Anna geboren hat, die früh starb. Später hat sich dann das Gemüt des zweifellos geistig schwer belasteten Herzogs immer mehr verdüstert, so daß er schließlich, von Wahnvorstellungen geplagt, daran dachte, seine Gattin in ein Gefängnis einzumauern. Schließlich war Sabine, die wieder schwanger war, ihres Lebens nicht mehr sicher. Der Herzog hat – und das ist nicht nur ein nachträgliches Gerede – wohl zeitweilig ernsthaft daran gedacht, sich von Sabine zu trennen. Sie fühlte sich verfolgt, sie fühlte sich ihres Lebens nicht mehr sicher, und schließlich hat sie flehentlich ihren Onkel, den Kaiser, gebeten, sie sozusagen aus ihrem Stuttgarter Unglück zu erlösen.
Der Kaiser, der auch von anderer Seite wußte, daß höchste Gefahr im Verzug war, fürchtete um das Leben seiner Nichte und wollte Sabine zunächst einmal aus Württemberg heraus auf österreichisches Gebiet, dann aber auf den sicheren bayrischen Heimatboden bringen. So hat man im letzten Augenblick, nachdem Sabine einen Sohn Christoph geboren hatte, die »Entführung«, wie man es später auf württembergischer Seite genannt hat, geplant. Sabine fand einige verläßliche Ritter, darunter den Ritter Dietrich Speth, auf den Ulrich deshalb später seinen ganzen Haß geworfen hat, der die Herzogin unter einem Vorwand aus Stuttgart heraus nach Urach führte, und dann, wohl im letzten Augenblick, bei Nacht aus dem Lande bringen konnte.
Man hat später, von württembergischer Seite und von der württembergischen Geschichtsschreibung her, Sabine immer wieder vorgeworfen, eine

Mutter verlasse doch ihre Kinder nicht, ein zweijähriges Mädchen, einen neugeborenen Sohn. Wenn man aber einmal ernst nimmt – und wir haben die Quellen, die uns das sehr ernst nehmen lassen –, daß Sabine in äußerster Lebensgefahr war, daß ihr Gatte gerade Hans von Hutten, der vorher sein bester Freund gewesen war, umgebracht hatte, sehr heimtückisch und hinterrücks, und daß er angeblich mit dem blutigen Messer in der Hand vor Sabine hingetreten sei und ihr angedroht habe, die nächste Tote werde sie sein, dann ist es doch nur zu verständlich, wenn jemand ein solches Land verläßt.

Nach kaum mehr als vier Jahren Ehe ist Sabine aus dem Land geflüchtet, um es bei Lebzeiten Herzog Ulrichs nicht wieder zu betreten, und um ihren Gatten nie mehr wiederzusehen. Das ist wahrhaft ein unglückliches Leben. Erst als sie wieder zu Hause, als sie wieder in München bei ihren Brüdern, bei ihren Verwandten, bei ihrer Mutter war, fühlte sie sich wieder einigermaßen sicher. Hier in München haben sich ja auch jene kostbaren Erinnerungen erhalten, die es uns heute noch ermöglichen, diesen ganzen Familien- und Geschwisterkreis im Bilde vorzustellen.

Hier können wir uns wirklich einmal ein Bild machen von der Umwelt dieser begabten und unglücklichen Herzogin, die für die württembergische Geschichte und für das württembergische Haus so viel bedeutet hat und bis heute bedeutet. Sabine, von der Welt zum Teil verfemt als eine Mutter, die ihre Kinder im Stich läßt, ist hier vor allem unter der Fürsorge der Brüder, wieder einigermaßen ins Gleichgewicht gekommen. Herzog Ulrich hat ihr Schmähreden und Schmähschriften nachgeschickt. Sie hat sich um das Schicksal der Kinder natürlich gesorgt, und erst als Ulrich 1519 durch den Schwäbischen Bund vertrieben wird, als endlich die Reichsacht über den Mörder exekutiert wurde, als das Land vom Schwäbischen Bund erobert worden war, da hat Sabines Bruder, Herzog Wilhelm von Bayern, sich sehr um die Kinder seiner Schwester angenommen, hat die Kinder aus Württemberg herausgebracht, und erst hier hat die Mutter dann ihre Kinder zum ersten Male wiedergesehen.

Es ist merkwürdig, daß in dem guten Gemüt von Herzog Christoph von dieser eigentlich unglücklichen ersten Kindheit scheinbar nichts zurückgeblieben ist. Das Zusammenleben mit der Mutter muß für ihn sehr glücklich gewesen sein. Trotzdem war Sabines Schicksal natürlich das einer sozusagen »heimgeschickten« Frau. Sie aß das Gnadenbrot in Bayern, auch wenn ihre Brüder ihr zweifellos eine gute Heimstatt bereitet haben. Sie hatte eben doch das Schicksal einer verlassenen jungen Frau teilen müssen, und das war damals sehr hart, und so ist es nun interessant, wie die Zeugnisse, die Aussagen, sich gleichen, daß sie dieses einsame Leben – es war ja kein Witwenstand – mit großer Würde und mit Gelassenheit getragen hat, auch mit einem gewissen Humor.

Damit sind wir bei diesem Familienkreis, der hier in der Münchner Residenz, in der Ahnengalerie, so prächtig dokumentiert ist. Diese Galerie ist ja ein Unikum in vieler Hinsicht, eine Sammelstätte kostbarster Portraits seit der Spätgotik, im Rokoko neu zusammengehängt und neu dekoriert, aber in den alten, historischen Zusammenhängen und vor allem sehr kostbar durch einzelne, wirklich eindringliche Portraits aus dem Familienkreis. Zunächst war da ihr nächstältester Bruder, Herzog Wilhelm, der ja auch vom Typus her Sabine sehr ähnlich sieht. Alle diese Fürsten im Hause Wittelsbach im 16. Jahrhundert sind ja sehr stark romanisch geprägt durch ihre italienischen, durch ihre französischen Vorfahren. Auch Herzog Wilhelm hat diese dunklen, romanischen, mediterranen Züge, wie sie auch bei Herzog Christoph vorkommen. Es ist ganz auffallend, wie stark Herzog Christoph durch seine Mutter Sabine dem Onkel Wilhelm, überhaupt den bayrischen Oheimen und Verwandten gleicht. Das geht so weit, daß hier, in der Sammlung wittelsbachischer Portraits sogar Herzog Christoph hängt, bis heute unerkannt. Er läuft hier noch als sein Oheim, Herzog Wilhelm, obwohl es ganz zweifellos ein Portrait Herzog Christophs ist.

Nun, Christoph hat ja nicht nur vom Äußeren her den Wittelsbacher Typus geerbt, sondern er hat von der Mutter und seiner Großmutter Kunigunde her eine höchst wichtige Erbmasse, eine zweifellos seine geniale Persönlichkeit stark mitprägende Erbmasse, mitbekommen. Herzog Albrecht der Weise, Christophs Großvater, Sabines Vater, galt bei seinen Zeitgenossen als einer der großen und bedeutenden Fürsten Deutschlands. Ihm ist es gelungen, das zersplitterte, in viele Linien aufgeteilte Bayern in einer Hand zu vereinen. Auch das Kriegsglück hat da mitgeholfen, ebenso die Gunst Maximilians, aber er war eben doch nicht nur einer, der einsammelte. Er hat das Land auch wirklich geprägt. Von der starken Verwaltungsfähigkeit Herzog Albrechts des Weisen hat sein Enkel, Herzog Christoph von Württemberg, zweifellos vieles geerbt.

Dazu kommt, daß ja Christoph nun seine bildsame Jugend zum großen

Herzog Wilhelm von Bayern (1493–1550), der Bruder der Herzogin Sabine. Er vertrieb an der Spitze des Schwäbischen Bundes 1519 seinen geächteten Schwager Herzog Ulrich aus Württemberg.

Teil diesen Oheimen verdankt, dem Aufenthalt am Münchner Hof, ehe er später dann von seinem Verwandten, Kaiser Karl V., an dessen Hof genommen wird. Die bayrischen Verwandten haben für Christoph sehr viel bedeutet. Sie waren seine Ansprechpartner. In Schwierigkeiten konnte er sich immer an die bayrische Politik anlehnen, ja, Christoph ist zeitweilig sogar von den anderen deutschen Fürsten als eine Art Anhängsel Bayerns betrachtet worden, vor allem, nachdem Herzog Ulrich 1534 ja durch einen Gewaltstreich mit französischem Geld, hessischem Rat und Schweizer Soldaten nach Württemberg zurückkehrte.
Da hatte man gehofft, daß nun auch Christoph und Sabine aus dem Exil wiederkommen könnten und in Württemberg mit Vater und Gatten wieder zusammenleben könnten. Aber das merkwürdige, unstete und ängstliche, auch von einer gewissen Verfolgungsangst geprägte Wesen von Herzog Ulrich hat ja einer Wiedervereinigung mit der Gattin widerstrebt. Er hat seine Frau nie wiedergesehen, und auch den Sohn Christoph, seinen einzigen Erben, hat er ja nicht ins Land gelassen, so daß Christoph in französischen Diensten, im Dienste auch des Hauses Habsburg, auch in den

württembergischen Landen in Mömpelgard sich aufhielt, vom Lande selbst aber ferngehalten wurde.
In dieser sehr schwierigen Zeit, und dann nachher noch einmal, nach dem Tode Herzog Ulrichs, als Christophs Herrschaft sehr stark gefährdet war, da haben ihn eigentlich seine bayrischen Verwandten, sein Onkel Wilhelm, und dann auch sein Vetter, Herzog Albrecht VI., ganz eigentlich politisch unterstützt. Dabei hat ihm auch sehr viel genützt, daß er durch seine Großmutter Kunigunde ja ein ganz naher Verwandter der Habsburger war, ein Urenkel Kaiser Friedrichs III., und er hat diese Habsburger Verwandtschaft natürlich – wie hätte er auch anders tun sollen – ausgespielt, ausgenützt, geschickt politisch in die Waagschale geworfen.
Damit sind wir bei Sabines Mutter, von der wir ja gleichfalls ein sehr kostbares Portrait haben. Kunigunde, die Tochter Kaiser Friedrichs III., die Schwester Kaiser Maximilians, war selber eine hochbedeutende Frau, eine höchst originelle Person sogar, die ein romantisches Jugendschicksal hatte. Ihr Vater, Kaiser Friedrich III., hat einmal den grotesken Plan gefaßt, sie mit dem Sultan in Konstantinopel zu verheiraten, in der Hoffnung, daß durch eine solche Kaiser-Kaiser-Heirat der Sultan von seinen Angriffen auf Europa abgebracht werden, womöglich zum Christen gemacht werden könne. Als Kunigunde die Schauernachricht erfuhr, sie solle in den Harem nach Konstantinopel gebracht werden, da hat sie gesagt, ein Bayer in der Nähe ist mir lieber als der Sultan am Goldenen Horn und hat sich von Herzog Albrecht von Bayern entführen lassen.
Das gab fürchterliche diplomatische Verwicklungen, beinahe einen Krieg zwischen dem verärgerten Kaiser und Herzog Albrecht. Durch diese romantische Heirat also kam die habsburgische Kaisertochter Kunigunde nach Bayern, und die Ehe war sehr glücklich. Kunigunde selber hat in Bayern ein sehr gutes Andenken hinterlassen. Sie war übrigens eine äußerst kritische Frau. Es gelang ihr, und das ist merkwürdig, vor der Reformation, eine religiöse Schwindlerin, die behauptete, stigmatisiert zu sein und nur von der Hostie leben zu können, ohne jede andere Nahrungsaufnahme, durch eine geniale List und ihre Klugheit zu überführen und zu entlarven. Sie war also eine kritische, aber auch eine sehr begabte Frau.
Aus dieser Ehe des bayrischen Verwaltungsgenies Albrecht und der charmanten Kaisertochter Kunigunde stammt ja neben Sabine ein ganzer Kreis hochbegabter und charmanter Personen. Da ist besonders ihre jüngste

Schwester, Susanne, zu nennen. Dieser Geschwisterkreis der Herzogin Sabine zeichnet sich ja durch seine Natürlichkeit aus. Die Eltern scheinen Spaß daran gehabt zu haben, den Namen aller Töchter auf den Anfangsbuchstaben »S« beginnen zu lassen. Das ist deutlich merkbar: Sydonie, Sybille, Sabine, Susanne und dann noch einmal Susanne. Eigentlich waren es vier Mädchen, die eine Susanne starb sehr jung. Diese vier schönen und sehr begabten Schwestern waren natürlich in der europäischen Politik wichtige Personen: Kaiserenkelinnen, Kaisernichten, reiche Erbinnen. So konnte es gar nicht fehlen, daß Maximilian und der eigene Vater, Albrecht der Weise von Bayern, für diese Töchter große Partien aussuchten.

Die älteste, Sydonie, muß eine ganz besonders charmante Person gewesen sein, die nun das Unglück hatte, früh als Braut zu sterben. Ihr Bräutigam war ein Vetter, der Pfalzgraf bei Rhein, Ludwig V. Da hat man einfach die nächste Schwester nachgeschoben. Sie hat den gewissermaßen verwitweten Bräutigam heiraten müssen. Die Ehe war nicht besonders glücklich, wie auch Sabines Ehe sehr unglücklich war. Dafür hat die jüngste Schwester, Susanne, die so das Lieblingskind der ganzen Familie war, ein fröhliches Geschick gehabt. Sie muß eine ganz ungewöhnlich liebenswürdige und feine Person gewesen sein. Man hat ihr nachgesagt, daß sie die schönste Fürstin Deutschlands sei. Ihr erster Gatte, der Brandenburger Kasimir, war vielleicht nicht der allerbeste Ehemann, aber dann hat sie, jung verwitwet, die große Liebe ihres Lebens geheiratet, den Pfalzgrafen Ottheinrich bei Rhein, den Pfalzgrafen von Neuburg, späteren Kurfürsten bei Rhein, diesen großen Gönner der Künste. Er hat mit Susanne zusammen, obwohl beide am Anfang sehr arm waren, die ganzen Künstler Deutschlands beschäftigt. Sie haben lieber gehungert, dafür aber Fresken und Buchmalereien, entzückende Kalksteinreliefs, und was es so gab, gesammelt. Sie waren große Mäzene. Etwas ganz Ungewöhnliches ist dabei der deutschen Kunst geschenkt worden. Susanne und Ottheinrich ließen sich als Paris und Helena, bzw. als Paris und Venus abbilden, in einem Kalksteinrelief von Hans Daucher aus Augsburg, wie der schlafende Ottheinrich von der entzückenden Susanne, seiner Gattin, geweckt wird. Im Hintergrund hat der Künstler Hans Daucher seine Frau abgebildet, als stehende Pallas. Dieses kleine, kostbare Relief war natürlich nicht etwas, was man in der Öffentlichkeit gezeigt hat. Man hat es mehr oder minder verborgen aufbewahrt.

Mit Susanne beginnt übrigens die merkwürdige Konfessionsspaltung in der Nachkommenschaft von Herzog Albrecht dem Weisen. Sabine hat durch ihre Ehe mit Württemberg lutherische Nachkommen. Ihr Lieblingsbruder Wilhelm hat mit seinen bayrischen und habsburgischen Nachkommen eine betont katholische Nachkommenschaft im 16. und 17. Jahrhundert. Die Nachkommen der Susanne im Hause Pfalz sind reformiert. Die Geschwister müssen ein ausgesprochen enges und auch gutes Verhältnis zueinander gehabt haben. Etwa hat der Herzog Ludwig, der unverheiratet blieb und in Landshut lebte, und dort eine kleine, aber kultivierte Renaissance-Residenz aufzog, sich sehr um den Neffen Christoph angenommen, wie überhaupt in diesem Kreis das gegenseitige Aneinander-Anteil-Nehmen, etwa auch in der Pflege der Musik, sehr bemerkenswert ist.
Man fragt sich natürlich, wenn man ein Portrait wie das der Sabine ansieht, was war sie denn für ein Mensch. Ein in der Länge gesehen so unglückliches Leben hat ganz am Schluß dann doch noch eine versöhnliche Note bekommen. Nach Ulrichs Tod hat Christoph die Mutter nach Württemberg zurückgeführt, und in dem sehr guten Verhältnis zwischen Mutter und Sohn ist eine gewisse Alterssonne, wenn man so will, auf Sabine gefallen. Sie ist, mit Christophs Hilfe, einigermaßen tief, wenn man ihrem Leichenredner glauben darf, in den Protestantismus eingedrungen. Der orthodoxe Theologe Jakob Andreä aus Tübingen hielt ihr die Leichenpredigt, als sie in Nürtingen gestorben war. Er hat von dem Segen gesprochen, den sie über das Land gebracht hat. Das ist sicher nicht nur eine hofpredigerartige Floskel; dem darf man Gewicht beimessen.
Im Lande ist Sabine, die ja so lange ferngewesen war, später doch zu einer Gestalt geworden, an die man sich gerne erinnert hat, gerade weil man mit dem sogenannten »Reformationsherzog« Ulrich wenig anfangen konnte. In der Romantik ist er ja dann, wie im »Lichtenstein«, dem Volke wieder nahegebracht worden. Sabine aber ist tatsächlich als die Mutter von Herzog Christoph in die Landesgeschichte eingegangen. Ihre eigenen Nachkommen sind ja schon 1593 mit dem Herzog Ludwig im Mannesstamm erloschen. Dennoch ist sie über ihre vielen Enkelinnen eine Stammutter Europas geworden, sogar auch wieder eine Vorfahrin des heutigen Hauses Württemberg, denn durch eine ihrer Urenkelinnen ist dann wieder Sabines Blut und, wenn Sie so wollen, ihr Erbe in das Haus Württemberg zurückgekommen.

Sibylla von Anhalt

1564–1614

Sibylla von Württemberg, eine fast vergessene Fürstin, aber die Brunneninschrift bewahrt ihr Gedächtnis:

Die durchleichtig und hochgeborn
Frau Sibila auserkorn zu Wirtemberg,
Ein Herzogen von Anhalt geborne Fürsten,
Hat anno sechzehen hundertnein
Disen Plaz genommen ein.
Wie wol er war von wilder Art,
War doch daraus gmacht der lustig Gart.
Solchem zu ierem Lust und Ziert
Hat man dis Wasser weit her gefiert.

Diese holprigen, recht treuherzigen Reime stehen auf der Brunnensäule in diesem einzigen manieristischen Garten Deutschlands, in diesem kleinen Juwel, das erst vor wenigen Jahren wiedergewonnen wurde. Hier in Leonberg hat eine der merkwürdigsten Herzoginnen im Hause Württemberg im Alter, nach einem sehr enttäuschten Leben, sich diesen kleinen, aber erlesenen Ruhesitz mit diesem schönen Garten für ein hartes, düsteres Leben sozusagen als späten Ersatz und Ausgleich geschaffen.
Sibylla von Württemberg, geborene Prinzessin von Anhalt-Zerbst-Bernburg ist eine Figur an der Wende der Zeiten, zwischen Renaissance und Barock, in jenem Zeitalter, das man heute gerne den Manierismus nennt. Eine Frau, in manchem sehr modern, in manchem noch ganz rückwärts dem Mittelalter zugewandt, eine Frau, die aus der Ferne kam, in Württemberg nur mühsam eingewurzelt ist, die Stammutter der späteren Herzöge, Kurfürsten und Könige von Württemberg geworden ist und selber doch heute im Bewußtsein der Bevölkerung weitgehend entschwunden ist.
Erst die Rekonstruktion dieses manieristischen Gartens – die wirklich eine gartengeschichtliche Großtat ist – hat die Erinnerung an diese vergessene Herzogin wieder etwas aufleben lassen. Sie ist geboren in Bernburg im Harz, 1564. Ihr Vater war der reiche und sehr gebildete Fürst Joachim Ernst von Anhalt, der eine Gräfin von Barby geheiratet hatte, die ihrerseits wieder mit den reichen Mansfelder Grafen verwandt war. Viel Gut und Geld, viel Geist und Bildung ist in diesem Hause zusammengekommen.
Die Töchter waren wohlerzogen, wie sich das für Fürstinnen gehört, hat-

ten etwas Latein gelernt, aber man hat eigentlich nicht daran gedacht, daß diese junge Dame einmal nach dem Süden heiraten würde. Diese merkwürdige Verbindung mit Württemberg kam durch seltsame Familienverschlingungen zustande. Der Vater der jungen Prinzessin wurde Witwer, als die kleine Sibylla von Anhalt fünf Jahre alt war, und er heiratete in zweiter Ehe eine württembergische Prinzessin, nämlich eine Tochter des Herzogs Christoph.

Herzog Christoph hatte ja viele und sehr begabte Töchter. Eine davon, Eleonore von Württemberg, wurde nun die Stiefmutter der kleinen Prinzessin von Anhalt. Zu dieser Stiefmutter hatte sie ein recht gutes Verhältnis, und diese Stiefmutter hat nun auch die Heirat mit Württemberg in die Wege geleitet. Die Linie der alten Herzöge – Ulrich, Christoph, Ludwig – starb ja 1593 aus, und schon lange vorher sah man, daß Ludwig, der ja dem Trunk im Stil der Zeit ergeben war, keine Kinder mehr zustande bringen würde. So hat sich das ganze Interesse der Fürstenwelt auf die Nachfolge der mömpelgardischen Linie konzentriert.

Dort gab es nur einen Erbprinzen, den späteren, sehr begabten, aber sehr harten Herzog Friedrich I., der in Mömpelgard schon regierte, dort früh Machiavelli und Jean Bodin gelesen hat. Er kannte die frühen Gedanken des Absolutismus. Er war der erste absolutistisch hart durchgreifende Fürst in Württemberg, der gar kein Verständnis hatte für die gewachsenen Traditionen der Landstände in Württemberg. Friedrich war in Mömpelgard in Frankreich aufgewachsen, und er hatte in jungen Jahren ein sehr schweres Kinderschicksal am Stuttgarter Hof, wo er erzogen wurde, und er hat sich an seine Stief- oder Halbcousine, an Eleonore von Württemberg, sehr angeschlossen. Er wollte sie eigentlich heiraten, obwohl sie älter war als er selber.

Als sie dann den Fürsten von Anhalt heiratete, blieb sie trotzdem seine große Neigung, und aus ihrer Hand nahm er nun deren Stieftochter. Das war von vorneweg unglücklich. Er hat ja die Mutter gemeint, sie aber nicht bekommen. Dafür bekam er deren Stieftochter, eine liebe, brave, gute, ganz junge Prinzessin, die er nun im Jahre 1581 in Stuttgart heiratete.

Die beiden haben wohl nie zusammengepaßt. Er war sowieso kein Mensch, der auf Treue, gar auf eheliche Treue hin angelegt gewesen wäre. Er war ein Genießer des Lebens, er glaubte an kein Jenseits, oder nur so weit, als seine Hofprediger das für unumgänglich nötig hielten. Er war zwar der Chef der württembergischen Landeskirche als ›Summus Episcopus‹, strenger Protestant, in Gedanken eigentlich eher Calvinist, aber mit anderen moralischen Forderungen nahm er es nicht so genau. Er hat seine Frau von Anfang an kräftig betrogen. Sie hat geschwiegen, wie damals alle Fürstinnen schweigen mußten, und das arme Kind, das mit sechzehn Jahren heiratete, hat dann in den darauf folgenden fünfzehn Jahren fünfzehn Kinder geboren.

Die Frau war ununterbrochen schwanger oder im Wochenbett, etwas anderes gab es für sie nicht, und das in einer Ehe, die eigentlich nicht gut war, oder jedenfalls von der Seite des Mannes nicht gut geführt wurde. Als sie einunddreißig, zweiunddreißig Jahre alt war, ging das Zerwürfnis zwischen den Gatten so tief, daß der Riß nicht mehr gekittet wurde. Die Ehe wurde förmlich getrennt, wenn sie auch natürlich nicht geschieden werden konnte. Die Herzogin lebte vereinsamt für sich, sie wurde nicht mehr beigezogen. Der Herzog machte seine großen, damals weltberühmten Reisen. Er fährt, was damals ein ungeheures Wagnis war, zu Schiff nach England. Er reist nach Frankreich, er reist zum Jubeljahr nach Rom, um auch das einmal mitanzusehen. Er reist auch sonst in Europa. Nie durfte die Herzogin mit, obwohl sie nach ihrer Bildung von solchen Reisen viel hätte haben können.

Sie sitzt einsam auf irgendeinem Schloß und erzieht ihre Kinder. Sie hat kaum mehr Gemeinschaft mit dem Gatten. Sie wird noch nicht einmal in den illustrierten Stammtafeln mit den großen Portraits, wie sie etwa Domenico Custode in Florenz hat erscheinen lassen, erwähnt. Da gibt es den Herzog und eine ganze Reihe von männlichen Mitgliedern, die Herzogin aber gibt es nicht. Als der langerbetene Hosenbandorden endlich aus London kommt und in Stuttgart riesige Feiern deswegen durchgeführt werden, wird die Herzogin nirgends erwähnt.

Sie hat sich mit Treue und Geduld in diese Trennung gefügt. Sie war auch politisch mit dem Kurs ihres Gatten nicht einig. Der ebenso energische wie sich ununterbrochen bereichernde Kanzler Enzlin, aus der bekannten und schwerreichen Familie Enzlin, dieser Politiker ohne Gewissen, aber doch mit viel Erfolg, der hat der Herzogin nicht gefallen. Sie hatte ein feines moralisches Gefühl. Sie hat überhaupt die antiständische Politik ihres Gatten nicht mitgetragen. Das sehen wir dann auch nach seinem Tod.

Zunächst aber ist es noch nicht so weit. Sie stand eigentlich im Abseits. Ihr

Herzog Friedrich von Württemberg (1557–1608), der Gemahl Sibyllas, regierte von 1593 bis 1608 in Württemberg. Er war der Wegbereiter des Frühabsolutismus am württembergischen Hof.

einziger Trost waren die Blumen. Sie hat sich schon sehr ernst mit Botanik beschäftigt, ein Erbe ihrer Anhalter Jugend. Sie besaß Kräuterbücher, sie hat gemalt und Blumen gestickt, sie hat sich mit den Blumen wohl auch getröstet. Sie hat sich außerdem eine zweite, ganz merkwürdige Bastion gebaut: sie hat sich mit den Wissenschaften beschäftigt. Chemie ist damals ja eine sehr merkwürdige und dubiose Wissenschaft auf dem schwierigen Weg aus der Hexenküche ins wissenschaftliche Labor. Die Chemie ist angefochten, sie wird mißtrauisch beäugt, ist als Goldmacherei natürlich eine

suspekte Sache, kirchlich verboten, aber trotzdem sehr viel geübt. Der eigene Gatte, Herzog Friedrich I., hat riesige Summen an Goldmacher verschleudert, den Kern dann aber doch immer wieder richtig erfaßt, die Umwandelbarkeit der Metalle vorausgeahnt, wie viele Chemiker seiner Zeit, und an dieser Idee festgehalten.
Er hat sich dazu einen berühmten Prälaten beigezogen, Johann Andreä, den Vater des berühmten Johann Valentin Andreä. Der hat für ihn mit der Chemie der Zeit experimentiert. Aber auch die Herzogin wollte Versuche machen. Sie hatte anscheinend recht gute chemische Kenntnisse. Bei dem Zerwürfnis der Gatten war es aber natürlich nicht möglich, noch einmal eine Alchimistenküche in Stuttgart aufzumachen. Der Landtag, die Prälaten, die Kirche haben schon genügend über eine Geld fressende Goldküche des Herzogs gelästert und sich dagegen gewehrt.
Die Herzogin kommt mit einer weiblichen List auf eine sehr kluge Lösung. Chemisch untersuchen, destillieren, das darf sie nicht. Also sagt sie, ich sammle Kräuter – Pflanzen kennt sie ja viele –, und sie will für die armen Leute Arzneien bereiten. Dazu hat sie sich eine Lehrmeisterin und Freundin geholt, an die sie sich in ihren traurigen Ehejahren immer mehr anschloß, die Tochter eines weltberühmten Arztes, Helena Magenbuch aus Wittenberg. Ihr Vater, Johann Magenbuch, war ein Württemberger Kind, war in Blaubeuren geboren, studierte in Tübingen und Wittenberg, ist Leh-

Portrait des Johann Magenbuch, des berühmten Leibarztes Kaiser Karls V., mit dessen Tochter Helena die Herzogin Sibylla Alchimie betrieb.

rer des Griechischen in Ulm, dann Arzt in Wittenberg, Professor, Leibarzt Luthers, aber so berühmt, daß er auch der Leibarzt Kaiser Karls V. wurde und in dessen Diensten 1546 starb.

Seine einzige Tochter Helena hat vom Vater viele medizinische, chemische, botanische Kenntnisse aufgenommen. In ihrer ersten Ehe war sie die Frau des berühmten Theologen Andreas Osiander in Nürnberg und Königsberg, in ihrer zweiten Ehe die des württembergischen Propstes Rucker, und sie ist die Stammutter sehr, sehr vieler Württemberger. Diese gelehrte Frau hat nun mit der Herzogin zusammen im Grunde wirklich Alchimie getrieben, nach außen hieß es aber: Arzneienkochen für die Armen. Der Helena Magenbuch-Osiander ist ja später sogar der Titel einer württembergischen Hofapothekerin zuerkannt worden. Das aber war sie nicht. Es war eine ganz geschickte, nach außen abgeschirmte Tätigkeit, sehr wohltätig. Die Kirche mußte das sogar dankbar hinnehmen, daß die Herzogin Arzneien für arme Leute herstellte. In Wirklichkeit hat sie »gepröbelt«, wie man damals sagte.

Sie wußte also, wie man sich einen Freiraum schaffte, in den niemand hineinsah, und dies eben mit Hilfe einer sehr renommierten Pfarrfrau. Das ist in Württemberg ja immer ein ganz guter Griff gewesen. Ihre Enkelin, von der wir später einmal sprechen werden, die berühmte, geistvolle Prinzessin Antonia von Württemberg, hat das später in anderer Hinsicht genauso gemacht.

Das »Pröbeln«, das Spielen mit der Natur, ist doch auch etwas sehr Ernstzunehmendes. Sibylla hat Einsichten in die Naturwissenschaften bekommen und einen Briefwechsel darüber unterhalten, der leider verloren ist, und sie hat ihre dauernde Ehemisere darüber vergessen. Sie konnte sie auch vergessen, denn ihre Kinder hielten in dem Zerwürfnis alle zur Mutter, und diese Kinder waren zum Teil sehr schön und einige waren hochbegabt. Besonders schön war die Tochter Sibylla, die den Kurfürsten von Sachsen heiratete und zum Jammer der Mutter in ihrem ersten Kindbett starb. Ein Sohn Achilles war ein sehr gelehrter, ein Sohn Magnus ein im Dreißigjährigen Krieg sehr tapferer Mann. Der älteste Sohn und Nachfolger Johann Friedrich hielt zwar treu zur Mutter, war aber vielleicht nicht der bedeutendste unter den württembergischen Regenten. Immerhin hat Sibylla in ihrem Familienkreis und in ihren Kindern einen gewissen Ersatz für die Untreue des Mannes gehabt.

Wenn der wieder von einem Kriegszug oder von einer Reise zurückkehrte, brachte er immer die sogenannten und im Lande berüchtigten »Türkenkinder« mit. Da hat man angeblich türkische Mägdelein und Knaben in Ungarn auf den Kriegszügen gefunden, die nun nach Württemberg gebracht wurden und dort die Taufe empfangen haben. Die Kirche mußte sie ausstatten, der Herzog wurde Pate, und man hat sich nur gewundert, daß die »Türkenkinder« alle so schön blond und blauäugig waren. Die Herzogin wußte Bescheid, und das hat ihren Kummer vermehrt.

Ganz am Ende ihres Lebens, als das politische Zerwürfnis zwischen Landesfürst und Land auf den Höhepunkt gekommen war durch die Machenschaften des Kanzlers Enzlin, durch den unbeugsamen Willen des Herzogs, die Landstände zu vernichten, da hat sich die Herzogin, als sei es eine Art von Vorahnung, ganz kurz vor dem Tod ihres Mannes mit ihm versöhnt. Das kam auch unter dem Druck des Hofpredigers zustande. Es war keine echte Versöhnung, aber die beiden nahmen gemeinsam das Abendmahl, und wenige Tage darauf, im Januar 1608, traf den Herzog der Schlag.

Das war auf dem Höhepunkt der Staatskrise, und nun war die Herzogin, als Vormünderin des Sohnes, plötzlich eine politische Figur, und sie füllt ihren Platz mit Würde und mit einem gewissen Geschick und auch mit Klugheit aus. Sie hat sofort das Steuer herumgeworfen, den antilandständischen Kurs ihres Gatten korrigiert, die alten Kräfte Herzog Christophs und Herzog Ludwigs alten Kanzler Melchior Jäger wieder geholt, sie hat eine Art Restauration in Württemberg durchgeführt, den Sohn zur Treue zur Landesverfassung angehalten, wobei wir uns immer wieder fragen, ob sie das alles getan hat, um Ruhe zu haben, oder war sie politisch so einsichtig. Der Gatte war ja nun tot. Sie hat dann den Sohn sehr gut verheiratet mit einer Protestantin aus dem Norden, mit einer Kurfürstentochter von Brandenburg, und nun hat sie endlich das verwirklichen können, was wir hier vor uns sehen, den Garten ihres Lebens, nachdem ihr ganzes bisheriges Leben doch eigentlich alles andere als ein blühender Garten gewesen war. Heinrich Schickhardt, der große Architekt, der Freund des Herzogs, der Schöpfer der Stadt Freudenstadt, hat ja auch diesen Garten entworfen.

Und es ist höchst interessant. 1599/1600 reiste ja der Herzog mit Schickhardt nach Italien. Schickhardt hat ganz zweifellos damals die italienischen ganz modernen manieristischen Gärten gesehen: Villa d'Este, die Gärten in Foligno, die verschiedenen, heute verschwundenen Gärten in Tivoli, den

Der manieristische Pomeranzengarten des Schlosses Leonberg; im Hintergrund der Brunnen, der eine Herzogin Sibylla zugedachte Widmung trägt.

großen Garten der Kardinäle in Hohenems und andere. Diese Terrassengärten, die zugleich eine Wasserachse haben, haben zweifellos Schickhardt vorgeschwebt. In dem ersten und ältesten erhaltenen Plan für diesen Garten, der heute im Staatsarchiv liegt, hat er eine große Kaskade mit Fischteichen und kleinen Kaskadentreppen vorgesehen. Das ist hier nicht mehr zur Ausführung gekommen, es war wohl einfach zu teuer. Aber diese Beete mit ihrer Zahlensymbolik hat auch er angelegt. Wir haben eine ganze Anzahl von Beeten in dem alten Bebauungsplan, die mit Lieblingspflanzen, Geheimpflanzen, alchimistischen oder chemisch deutbaren Pflanzen besetzt sind. Es gibt ja merkwürdige Relationen zwischen Botanik und Chemie. Den Plan, nach dem das alles verwirklicht werden sollte, den hat Schickhardt entworfen.

Es war für die Herzogin sichtlich eine Lust – und es sollte ja ein Lustgarten werden – die Erinnerungen an ihre Kindheit und an die Berge im Harz hier in diesem stark ansteigenden und stark abfallenden Gelände zu wiederholen. Natürlich war es ein Landschaftsgarten. Heute ist er ja mit Hochhäusern fast zugestellt. Damals hat die ganze Landschaft mitgespielt, nicht bloß die Terrasse und das Schloß, die Kaskaden und der Baumgarten hier unten, sondern das ganze Land, weit hinaus, war mit einbezogen in diese Landschaft. Das ist heute nicht mehr möglich. Seien wir froh, daß diese Rekonstruktion des Staatlichen Liegenschaftsamtes so glänzend gelungen ist. Man darf hier auch den Namen des wiederschöpfenden Architekten nennen: Elfgang, der das Ganze uns wieder vor Augen gezaubert hat, keine Kopie, sondern eine wahrhafte Rekonstruktion des ersten Gartenplans, mit dem kleinen Pavillon, mit dem Springbrunnen, mit den lustigen Pflanzen, mit der Symbolik in den Beeten von Kreis, Dreieck, Kreuz.
Für die Herzogin Sibylla wird dieser Garten der Hauptinhalt ihrer letzten Lebensjahre. Von 1608, als sie das Schloß als ihren Wittumsitz bezieht, bis zu ihrem Tode 1614 hat sie in dieses Werk ihre ganze Intensität hineingelegt. Sie hat den Garten auch noch aufwachsen sehen, sie hat ihn genossen. Er ist das Muster für viele andere wissenschaftliche Gärten in Deutschland geworden, beispielsweise für den Hortus Palatinus in Heidelberg. Sie hat noch in ihrem Alter die Freude erlebt, Enkel aufwachsen zu sehen, darunter auch den künftigen Erbprinzen und die berühmte Prinzessin Antonia, die auch nach dem Muster der Großmutter einen Garten – allerdings einen Garten ganz anderer Art, einen gemalten, einen mystischen – dem Lande geschenkt hat.
Sibylla hat ihre letzten Jahre immer noch weiter an diesem Plan arbeitend verbracht. Im November 1614, kurz vor Ausbruch des Dreißigjährigen Krieges, ist sie in Frieden in ihrem Lieblingssitz gestorben. Sie wurde in Stuttgart bestattet. Abgesehen von der Tatsache, daß sie die Stammutter des Gesamthauses wurde, ist sie in Württemberg wenig geehrt worden. Sie wurde fast vergessen. Merkwürdig ist, daß in den Werken, die sehr viel über ihren Gatten und auch über ihre Kinder berichten, über sie nur ein einziger Satz steht: Eine der Aufrichtigkeit und Redlichkeit, auch Gottesfurcht standhaft beflissene Fürstin.

Anna Katharina von Salm-Kyrburg

1614–1655

Was hat Straßburg mit dem Hause Württemberg, und was hat Straßburg mit dem Dreißigjährigen Krieg zu tun? Man hat in der württembergischen Geschichte oft vergessen, daß diese Stadt für einige Jahre nach der großen Katastrophe der Schlacht von Nördlingen für das Haus Württemberg nicht nur ein Exil, sondern ein Refugium wurde, die bergende und schützende Stadt, in der man die schlimmsten Jahre des Dreißigjährigen Krieges überstehen konnte.
Noch aber sind wir nicht so tief in der Katastrophe drin. Die letzten Jahre vor dem Krieg waren für das Haus und Land Württemberg ja Jahre des Glücks, des Wohlstandes, der Wohlfahrt, ja sogar der Üppigkeit. Große, rauschende Feste haben sich in Stuttgart gejagt: Hochzeiten, Kindstaufen – das alles war ein einziger letzter großer Festakt, könnte man sagen, vor dem Jammer des Dreißigjährigen Krieges, und das beginnt mit der Heimführung der Herzogin Barbara Sophie.
Als der Herzog Johann Friedrich nach dem Tode seines Vaters, Friedrichs I., noch keine Frau hat, suchte ihm seine Mutter, Sybilla von Anhalt, in ganz Europa eine Frau, und sie hat schließlich am brandenburgischen Hof die Richtige gefunden. Mit großem Aplomb wurde sie in Stuttgart eingeholt. Wir haben alte Darstellungen, wie der Bräutigam 1609 an die Kutsche heranreitet und scheinbar sehr entzückt seine junge Frau nun sieht. All diese Feste, all diese großen Feierlichkeiten, von denen man sprach, über die man in Büchern noch lange lesen konnte, Kupferstiche betrachten konnte, waren eigentlich nur der Auftakt für den großen Jammer, der nun knapp ein Jahrzehnt später beginnt.
Zunächst hat der Dreißigjährige Krieg Württemberg ja verschont und Stuttgart nicht mehr belastet als alle anderen deutschen Territorien auch, aber dann kommt in der Mitte des Krieges, 1634, die Katastrophe. Württemberg, das sich notgedrungen, aber auch zu seinem Vorteil, an die Schweden angeschlossen hatte, bekommt nun die ganze Härte des kaiserlichen Sieges zu spüren. In den ersten Septembertagen des Jahres 1634 ist die entscheidende Schlacht von Nördlingen für die protestantische Partei verlorengegangen. Mit einer riesigen Feuerwalze wird nun das ganze württembergische Land überschwemmt. Die Truppen kommen in kürzester Zeit bis Stuttgart, und der Hof flieht mehr oder minder kopflos nach Straßburg.
Der junge Herzog Eberhard war ja gerade ein Jahr vorher, 1633, mit neun-

Herzog Eberhard III. (1614–1674), der Gemahl der Anna Katharina von Salm-Kyrburg

zehn Jahren zur Regierung gekommen. Er hatte seinen Vater, Herzog Johann Friedrich, früh verloren. Zwei Vormünder hatten sich des jungen und unerfahrenen Regenten angenommen. Beide starben dann, und der junge Mann war nun völlig steuerlos in Stuttgart. Seine Räte, also die württembergische Regierung, rieten ihm, sich in Sicherheit zu bringen. Er hörte dies nicht ungern. Die Mutter riet dazu, die jungen Schwestern waren in Gefahr, wenn die Kroaten kamen. Man hatte fürchterliche Angst. Der ganze Hof flieht. Es ist nur die Frage, wohin.

Die Markgrafen von Baden haben schon immer für solche Fälle ein festes Haus in Basel gehabt. Dort haben sie immer wieder in Kriegszeiten »überwintern« können. Die Württemberger haben so etwas nicht. Man geht nach Straßburg, denn Straßburg ist eine reiche Stadt, es ist eine damals noch friedliche Stadt. Sie ist bisher von Seuchen verschont geblieben, und sie ist hinter den großen Festungswällen einigermaßen sicher. So kommt in

den Septembertagen der ganze Hof mit vielen alten und jungen Frauen hierher. Man sucht eine Unterkunft.
Und tatsächlich war es nicht unnötig zu fliehen. Wir wissen von einer anderen alten Dame des Hauses Württemberg, der Witwe des Herzogs Ludwig, die als einzige mutig und standhaft in Württemberg geblieben ist. Sie wurde in ihrem Witwensitz, dem Schloß in Nürtingen, von den Kroaten furchtbar gepeinigt. Diese alte Ursula von Württemberg, eine geborene Pfalz-Veldenz, war eine Tante Gustav Adolfs, ihre Mutter war eine schwedische Prinzessin. Aber das hat alles nichts genützt. Sie starb unter großen Martern im Januar 1636.
Es war also nicht nur Feigheit, wenn der ganze Hof von Stuttgart nach Straßburg auswich. Hier lebte man allerdings zunächst sehr bedrängt. Man hatte kaum finanzielle Mittel. Die Hofhaltung, die einigermaßen standesgemäß in der reichen Stadt Straßburg geführt werden sollte, verschlang große Summen, die eigentlich gar nicht da waren. Schließlich ist der junge Herzog mit seiner Mutter und seinen vielen Schwestern und allem, was sonst noch dazugehörte, finanziell mehr oder weniger am Boden des Fasses angekommen. Hätte nicht gelegentlich der treue Konrad Wiederhold vom Hohentwiel durch einen Bettler, im Bettelstab verborgen, durch die feindlichen Linien hindurch Gulden geschickt, so hätte der Herzog nicht gewußt, wie er hier überhaupt noch hätte existieren sollen. Schließlich starb auch noch die Herzogin-Mutter, Barbara Sophie von Brandenburg, hier in Straßburg. Sie konnte nicht nach Stuttgart gebracht werden, wo die kaiserlichen Truppen hausten. So wurde sie hier in der Thomaskirche bestattet und lag dort viele Jahrzehnte, bis man sie später, in friedlichen Zeiten, nach Stuttgart in die Familiengruft überführen konnte.
In der Thomaskirche erhebt sich heute über ihrem Grab eines der merkwürdigsten Grabmale des 18. Jahrhunderts, das von dem großen französischen Bildhauer Pigalle geschaffene Grabmal des Marschalls Moritz von Sachsen, des unehelichen Sohnes Augusts des Starken und der Aurora von Königsmark. Dieser Moritz von Sachsen ist auf doppelte Weise mit unserem Thema verbunden, denn die hier vorher bestattete Herzogin-Witwe von Württemberg, Barbara Sophie, ist eine Ururgroßmutter des Marschalls, und an der Stelle des Grabes der alten württembergischen Herzogin haben wir das aufwendige und sehr pompös inszenierte, bühnenhaft dramatische Grab des Urenkels. Nachdem die Herzogin tot und auch der

An der Stelle des heute noch sichtbaren Grabes des Moritz von Sachsen in der Straßburger Thomaskirche befand sich ursprünglich die Ruhestätte der 1636 in Straßburg während des Dreißigjährigen Krieges verstorbenen Herzogsmutter Barbara Sophie (1584–1636).

letzte der Vormünder gestorben war, ist der junge Eberhard III. in Straßburg – aller Not, allem Jammer, allem Elend, allen verheerenden Nachrichten, die ihn aus Württemberg erreichten zum Trotz – ein recht fröhlicher junger Mann gewesen.

Man wird ihm das zu schwer nicht ankreiden dürfen. Was hatte er bisher erlebt? Die strenge Kindheit in Stuttgart, den frühen Tod des Vaters, die ängstliche und bedrückte Mutter. Und nun ist er auf einmal, wenn auch im Exil, doch ein junger Herzog, gerade zwanzig Jahre alt. Er sieht gut und kräftig aus, und die Straßburgerinnen, vom einfachen Mädchen bis zu den vornehmen, hier residierenden Grafentöchtern, nehmen sich des jungen Herzogs an, und er läßt sich das gefallen. Er ist nicht gerade zurückhaltend, er lebt im Stil eines jungen Fürsten, so als wäre kein Krieg.

Und nun war damals auch eine Familie in Straßburg, die zum hohen deutschen Adel gehörte, wenn auch nicht zu der allerreichsten Klasse, aber es

war eine durchaus ebenbürtige Familie, die Wild- und Rheingrafen von Kyrburg aus dem Hause Salm. Es gab dort den Grafen Johann Kasimir, mit einer Gräfin von Solms-Laubach verheiratet, und die hatten viele und ganz hübsche Töchter. Diese Dame beschließt nun, den jungen Prinzen zu ihrem Schwiegersohn zu machen. Er hat vielleicht nicht ganz gemerkt, was hier mit ihm gespielt wurde. Wir haben im Schwäbischen dafür den schönen, alten Ausdruck: »Den hent se eizaiselt«. So, wie man den Zeisig, den Gimpel, auf den Leim gehen läßt, durch süße Verlockungen, so kann man auch einen jungen Burschen einfangen, und er merkt es zumeist dann erst etwas später. Die junge Dame, die dazu gebraucht wurde, war die Gräfin Anna Katharina von Salm-Kyrburg, nicht übermäßig hübsch, mittelmäßig begabt, aber im Grund ein guter Mensch und später eine tadellose und sehr arbeitsame Landesmutter. Die junge Frau ist nun die Trösterin des Herzogs, und schließlich ging es so, wie man in der österreichischen Aristokratie sagte: »Sei vorsichtig, dort steht die Schwiegermutter mit dem gezückten Segen hinter der Portiere.« So war es auch hier.
Irgendwo in einem dieser Paläste am Illufer konnte der Herzog nicht mehr zurück, und er heiratete nun im Münster sehr feierlich. Bald darauf aber mußte man an die Höfe Europas ein Schreiben richten, daß die Herzogin durch einen unglücklichen Sturz sehr viel zu früh niedergekommen sei.
Der Jammer in Straßburg macht sich nun immer stärker bemerkbar. Die jungen Eheleute haben sich ihre ersten Ehejahre vielleicht besser gedacht. Der Erbprinz, das viel zu früh geborene Kind, kommt zwar durch. Er stirbt später in London, ohne die Regierung angetreten zu haben. Aber dann kommt jene erschreckende Serie früh gestorbener Söhne, die alle nacheinander in wenigen Wochen sterben: Ludwig Friedrich, 11 Wochen alt, Christian Eberhard, 16 Wochen alt, Eberhard, 7 Wochen alt – ein tragisches Schicksal.
Die Verhältnisse werden immer schwieriger. Erst 1638 kann der Herzog, der ohne eigene Schuld so früh aus Württemberg geflüchtet war, endlich wieder zurückkehren. Die Kaiserlichen haben inzwischen im Lande entsetzlich gehaust. Immer wieder hat der Kaiser sich darauf berufen, er habe ja keinen einzigen Rat in Stuttgart vorgefunden, der in irgendeiner Form das Land noch hätte in Kapitulationsverhandlungen dem Kaiser übergeben können. So war das Land besiegt und konnte vom Kaiser genutzt, das heißt ausgesogen werden.

Häuserzeile am Ufer der Ill in Straßburg. Nach der Schlacht von Nördlingen (1634) zog sich der württembergische Hof nach Straßburg zurück und hielt sich dort in den folgenden Jahren bis 1638 auf.

Als nun das Herzogspaar und die geflüchteten Familien nach Stuttgart zurückkehren, ist die Stadt zerstört, das Land ausgeblutet, die finanzielle Lage trostlos. Große Teile des Landes sind weiterhin unter kaiserlicher Verwaltung. Eberhard III. kann seine Schwestern nicht aussteuern. Sie bleiben, obwohl sie – Antonia und Johanna – hochbegabte Frauen sind, arm in Stuttgart und bekommen keinen Mann. Der Herzog weiß nicht aus noch ein, die Herzogin Anna Katharina fängt nun, neben vierzehn Wochenbetten, an, sich um das Land zu kümmern.
Es kommt noch im Krieg zu einer ganz vorsichtigen Wiederaufbauphase, zu einer Art Erholung, in der nun alle, die aus dem Straßburger Exil zurückgekehrt sind, den Jammer in Stuttgart, im Lande, miterleben müssen. Es kommt zu einem Wiederaufbau, bei dem man oft nicht weiß, wo man das Geld hernehmen soll. Und Eberhard III. hat seine junge Frau doch so geliebt, daß er, trotz aller Armut der Zeit, sie doch immer wieder mit Juwelen behängte und reich schmückte, und sie selbst, die aus einem armen Gra-

fenhaus kam, hatte an diesem Schmuck und diesem bescheidenen Glanz doch auch große Freude gehabt.
Anna Katharina von Salm-Kyrburg ist noch auf ganz andere Weise für uns wichtig. Drei Generationen lang hatte das Haus Württemberg Frauen mit ausschließlich norddeutscher Ahnenschaft geheiratet: Barbara von Hessen mit einer überwiegend norddeutschen, Sybilla von Anhalt mit einer ganz norddeutschen und Barbara Sophie von Brandenburg mit einer ganz norddeutschen und nordeuropäischen Ahnenschaft. Anna Katharina von Salm-Kyrburg bringt nun zum ersten Male wieder seit vielen Generationen süddeutsches Blut in das Haus Württemberg. Sie stammt von Hohenlohe, von Solms, von Wied, von vielen mittel- und süddeutschen Familien ab, allerdings nicht von Fürstenhäusern, sondern von bescheidenen Grafenhäusern.
Die Erbmasse, die durch sie in das Haus Württemberg kommt, ist ohne Zweifel eine sehr gesunde, sehr vitale. Auch von der geistigen Begabung her sind – das können wir an ihren Kindern und Enkeln ablesen – sehr gute Gene hineingekommen. Aber auch menschlich hat das Herzogspaar aus dem Exil gelernt. Der Wiederaufbau wird ernst genommen, auch wenn er natürlich durch die Finanznot immer wieder gebremst wird.
Es gibt dafür eine entzückende und sehr bezeichnende Geschichte: Die Pferde im Land sind durch den Krieg fast ganz ausgerottet, es gibt nur noch ein paar müde, alte Klepper, die Pferdezucht liegt völlig darnieder. Der Herzog sieht, daß es ohne Zuchthengste keinen Wiederaufbau der Landwirtschaft geben kann, und die gibt es damals in Mantua, dem vom Krieg ganz unbeschädigten Herzogtum. So sollen also Mantuaner Hengste gekauft werden. Aber der fromme und genial begabte Hofprediger Johann Valentin Andreä will der Schule den Vorrang geben. Ehe nicht die letzte Dorfschule wieder floriert und einen bezahlten Lehrer und Schulbücher hat, soll kein Geld für andere Dinge ausgegeben werden. Das ist an sich eine richtige Maxime. Geld ist aber nur für das eine oder das andere da, und natürlich hat sich der Herzog durchgesetzt und nicht der Hofprediger.
Und so kommen die Mantuaner Hengste, und Andreä, der sich um seine Hoffnungen geprellt sieht, schreibt an seinen Freund, den Herzog von Braunschweig-Wolfenbüttel: »Gestern seind die Mantuanischen Hengst zu Stuttgart eingetroffen. Wenn der Herr Jesus mit allen zwölf Aposteln wäre nach Stuttgart gekommen, so hätte die Freude auch nicht größer sein kön-

nen.« So arm ist damals also der Wiederaufbau, aber er ist eine gewaltige Leistung und wird dann nach dem Westfälischen Frieden, ab 1648, fortgesetzt.

Der Herzog war in seiner Jugend an sich kein Freund schwerer Arbeit. Er reiste gerne, er jagte, und er hatte auch die Freuden der Tafel in sein Herz geschlossen. Aber er wird nun, unter den Zeitumständen, immer mehr zu einem tätigen, zu einem arbeitsamen Landesvater, und die Herzogin hat bis zu ihrem Tode 1655 in Stuttgart dies geteilt, soweit sie es neben ihren vielen Wochenbetten her konnte. Sie ist wirklich zu einer guten Landesmutter geworden.

Es darf in diesem Zusammenhang einmal daran erinnert werden, daß dieses Herzogspaar, was man meist nicht bedenkt, eine Reihe von besonders tüchtigen, besonders arbeitsamen Nachkommen gehabt hat, außerhalb des Hauses Württemberg. Eine der Töchter dieses Paares hat als Regentin von Ostfriesland Hervorragendes geleistet. Eine andere Enkelin, Markgräfin von Brandenburg, wollte in Crailsheim oder in der näheren Umgebung eine Universität gründen. Die bedeutendste Nachfahrin ist über die Häuser Öttingen und Braunschweig-Wolfenbüttel die berühmt schöne Kaiserin Elisabeth Christine, die Frau Kaiser Karls VI., und schließlich hat die größte unter den nahen Nachkommen des Herzogspaares, die Kaiserin Maria-Theresia, ihr ungeheures Arbeitstalent, diese Begabung, stundenlang in Akten zu lesen, Entscheidungen zu treffen, dem Staatsrat vorzusitzen und wirklich tätig zu sein, zweifellos über das Haus Öttingen aus dem Hause Württemberg geerbt. Es ist auffallend, wie auch im Phänotyp das Paar Württemberg–Salm-Kyrburg bei den späteren Nachkommen durchschlägt. Diese beiden, von Luxus einerseits, von Kriegsnot, Exil und Jammer andererseits in der Jugend so stark geprägten Menschen sind, je länger, je mehr, als Herzogspaar in die Verantwortung hineingewachsen. Man hat dem Herzog vorgeworfen, er gehe übermäßig oft auf die Jagd. Heute beurteilen wir das ganz anders, heute wissen wir, daß man sich einfach auch fit halten muß, gerade bei den Tafelfreuden der damaligen Zeit. Der Herzog war kein Jäger um des Jagens willen, sondern eher ein Sportsmann.

Aber viel wichtiger als solche zeitgenössische und auch spätere Kritik bleibt doch das Fazit, daß aus Not, Jammer und Elend der Wiederaufbau im Lande möglich war, nicht zuletzt eben auch durch die Frauen im Hause Württemberg.

Die gelehrte Prinzessin Antonia

1613–1679

In den Notzeiten des Dreißigjährigen Krieges war man sehr bescheiden geworden am württembergischen Hof, und den Sommersitz, den man sich, als der Friede wieder eingekehrt war, ausgesucht hat, war eine ländliche und sehr einfache Gegend: Teinach. Das Bad im Schwarzwald, das damals nach den Kriegszerstörungen wieder in Aufnahme kam und für die Hofhaltung eine sehr kleine und bescheidene, aber idyllisch ländliche Heimat wurde.

Fromm, wie man damals in der Zeit nach dem Krieg geworden war, wollte man nun auch eine Kirche bauen; denn Herzog Eberhard III., seine zahlreiche Kinderschar aus beiden Ehen und der ganze Hof haben natürlich der Gottesfurcht in der Badekur den Raum gegeben, der damals unbedingt nötig war.

So hat man ein Kirchlein gebaut, in das nun die Schwestern des Herzogs – »die drei württembergischen Grazien«, wie sie Johann Valentin Andreä nannte, die Prinzessinnen Antonia, Johanna und Sibylla – Kunstwerke schenkten, um ihrerseits nun auch, wie Antonia einmal sagt, »mein gering Scherblein« beizutragen. Diese schmückte die Kirche mit dem berühmten Werk des »Antonia-Turmes« aus. In den Jahren ab 1662 wurde die Kirche gebaut und eingeweiht, und zehn Jahre später, 1673, hat Antonia ihr Lebenswerk, dieses berühmte Gemälde mit seinen vielen Geheimnissen kabbalistischer und anderer Art in die Kirche gestiftet. Dort steht es bis zum heutigen Tage als eines der merkwürdigsten Kunstwerke der Barockzeit in Deutschland.

Was ist eine »Lehrtafel«? Was hat die gelehrte Dame Antonia von Württemberg damit gewollt? Ist sie verstanden worden?

Kabbala, Geheimwissenschaften, verschlüsselte Botschaften, Symbolik des Alten und Neuen Testaments – das alles sind Dinge, die nicht leicht zu verstehen sind. Nur im Schwäbischen Pietismus ist Antonia immer verstanden worden. Ihre Lehrtafel ist in späteren Erläuterungen, etwa in der des Prälaten urd Theosophen Christoph Friedrich Oetinger, immer ein Bildungsgut des schwäbischen Pietismus gewesen und geblieben. Während die gelehrte Welt, oder etwa die vornehmen Badereisenden im 18. Jahrhundert, über diese Tafel spotteten oder ironische Bemerkungen in ihren Tagebüchern eintrugen, hat etwa der Kreis der Hahnischen Gemeinschaft immer dieses Buch Oetingers als eine Art von Erbauungsbuch empfunden und das Werk der Prinzessin dankbar, wie man im Schwäbi-

Blick auf Bad Teinach mit der Kirche im Mittelpunkt, nach dem Dreißigjährigen Krieg eine der Sommerresidenzen des württembergischen Hofes.

schen sagt »aognomma«, angenommen. Es gehört zum Bildungsgut im Pietismus.

Antonia selbst ist ja auf merkwürdigen Wegen zu ihren großen gelehrten Künsten und Wissenschaften gekommen. Sie war ein durch die Kriegszeit um Ehe und Kinder gebrachtes Prinzeßlein, das eigentlich keinen Lebensinhalt hatte. Geboren ist sie als Tochter des Herzogs Johann Friedrich und der Barbara Sophia von Brandenburg, aufgewachsen in der glücklichen Zeit vor dem Dreißigjährigen Krieg, dann in die Katastrophe Württembergs und des Hauses hineingerissen, geflohen mit den Geschwistern und mit der Mutter nach Straßburg. Dort verliert sie, schon Halbwaise, nun auch noch die Mutter und lebt dann am Hofe ihres Bruders Eberhard III. in beschränkten Verhältnissen mit einer kleinen Apanage.

Und nun tritt der Mann in ihr Leben, der die Lehrtafel letztlich vorgedacht hat, Johann Valentin Andreä, der große Hofprediger, Dichter, Philosoph,

Gelehrte, der erkennt, daß diese junge Dame sprachbegabt ist, und sie Hebräisch lernen läßt, woran sie großen Gefallen findet, und sie lernt weiter Syrisch, Aramäisch und andere orientalische Sprachen. Schließlich läßt er sie diese Lehrtafel als Quintessenz ihres Lebens schildern und darstellen. Das Programm hat ihr zweiter großer Seelenführer und Seelenfreund, Pfarrer Johann Jakob Strölin, ihr sozusagen zugespielt. Hier am Fuße der Tafel ist er ja verewigt in einer hebräischen Inschrift als der eigentlich gedankliche Vater.

Wir sehen zunächst außen diesen merkwürdigen Zug heiliger Frauen aus dem Alten Testament hinaufziehen, immer höher durch die Wolken in vielen Windungen bis zu der Braut, die nun von Christus empfangen wird; hier haben wir ganz unverkennbar ein Portrait der Prinzessin Antonia vor uns. Antonia, oder die Christus liebende Seele, wird nun vom himmlischen Bräutigam empfangen, eine Lieblingsvorstellung sowohl des Hohen Liedes in seiner mittelalterlichen Ausdeutung als auch anderer Bibelstellen. Ganz stark ist dieser Zug ja von alttestamentlichen Beziehungen geprägt, aber merkwürdigerweise sehen wir in den Gesichtern ganz unverkennbar Portraits. Man hat das bisher nicht zu Ende gedacht, daß die Prinzessin portraitiert ist, und es ist nicht aufgefallen, daß teilweise ganz unverkennbar Portraits anderer Personen da sind. Hier ist also die nächste Verwandtschaft: ihre Schwestern, die Mutter, Schwägerinnen, Nichten, Cousinen. Der ganze – wenn Sie so wollen – Hofstaat Württemberg plus Verwandtschaft ist hier ins Religiöse transponiert und abgebildet.

Die große Überraschung ist, wenn man die Flügel öffnet, was sich dann als der eigentliche zentrale Punkt dem Auge darbietet: der Turm der Antonia. Zunächst ist es einfach eine schöne Landschaft, ein Garten und darin eine Architektur. Es fängt ganz natürlich an. Wir sehen eine Rosenhecke, ein Tor mit Trauben, und es geht eine Dame in einem grünen Kleid durch dieses Tor. Erst wenn man näher hinsieht bemerkt man, daß sie doch schon ein klein wenig allegorisch zurechtgemacht ist: Sie trägt den Anker der Hoffnung, sie hat das flammende Herz der Liebe, und neben ihr geht das Lamm des Glaubens.

Der Garten, den sie betritt, ist zunächst ein Barockgarten, mit Buchseinfassungen und entzückend gemalten Blüten und reichen, fruchttragenden Bäumen, dazwischen kleine Wasserarme. Aber die Quelle des Ganzen ist Christus, der hier als das Holz des Lebens steht, wie es in der Apokalypse

Die berühmte kabbalistische Lehrtafel in der Kirche von Bad Teinach wurde von Prinzessin Antonia gestiftet und maßgeblich mitgestaltet. Zu sehen ist das Hauptbild sowie die Innenseiten der geöffneten Flügel.

beschrieben wird: Die Wasser des Lebens gehen von ihm, als dem Mittelpunkt, aus. Darüber haben wir diesen merkwürdigen Bau, halb Tempel, halb Kirche, halb weltliche Architektur. Dieser Aufbau ist vollgepackt mit Symbolen, vom Tiersymbol über das Menschensymbol bis hin zu den Buchstaben, die sich zu einem Monogramm verschlingen.

Das ist eine aufsteigende Linie, von der Rosenhecke und dem Weintraubentor und der Dame, die durchgeht: genaue aufsteigende Mittelachse zu Christus als dem Quell des Lebens. Darüber dann diese merkwürdige, aus der Apokalypse genommene Figur der Frau auf der Mondsichel, die nach oben schwebt; dann die zentrale Szene genau in der Mitte der ganzen Komposition, der Hohepriester, der flankiert wird von Johannes dem Täufer und von Moses und darüber, einander gegenübergestellt, die eherne Schlange und Christus am Kreuz, die bekannte Typologie der Entsprechungen. Darüber das Sinnbild der christlichen Liebe: die Mutter mit den Kindern, der Pelikan, der sich die Brust aufreißt, um seine Jungen zu ernähren. Dann eine ganz geheimnisvolle Darstellung aus der Lehre von den zehn Abglänzen Gottes mit einer hebräischen Inschrift.

Darüber die Szene in der Laterne der Kuppel: Moses vor dem brennenden Busch; schließlich als Bekrönung zwischen den grünen Palmzweigen die Buchstaben »A« nochmals »A«, »I« und »O«.

Das ist zunächst einmal einfach Alpha und Omega, der Anfang und das Ende, deswegen darüber auch die Krone des Sieges. Aber es sind auch gemeint die Buchstaben der Antonia. Unten haben wir sie ja schon mit dem Anker und der grünen Kleidung, oben kommt wieder Grün und davor der Anker. Es sind diese Buchstaben: der Anker ist das »I«, das »A« und ein auf die Spitze gestelltes »A« sind die beiden »A«, die gebraucht werden, das »O« umschließt das Ganze.

Das heißt also »Antonia«, es heißt aber auch »Anfang und Ende«, Christus, und es heißt auch – man sieht ja deutlich das »V« – »Antonia virgo«, also Antonia die Jungfrau. Sie legte auf ihren tadellosen Lebenswandel mit Recht sehr großen Wert. Schließlich ist auch noch ein »V« und ein »W« zu erkennen, und das heißt dann: Antonia von Württemberg.

Daran kann man schon sehen, wie in ein kleines Detail unheimlich viel hineingeheimnist, verschlüsselt ist, aber eben auch entschlüsselbar. So ist auch merkwürdig – man hat das bisher nicht beachtet –, daß fast alle der hier abgebildeten Personen Portraits sind. Zweifellos liegt in den zwölf

Johann Valentin Andreä (1584–1654), der württembergische Hofprediger und Theologe, gehört mit zu den geistigen Vätern der kabbalistischen Lehrtafel der Prinzessin Antonia.

Stämmen Israels, die hier um Christus her stehen, jeder Stamm mit seinem Baum, eine Anspielung auf bestimmte Personen. Ganz deutlich ist es ja außen im Zug der heiligen Frauen, wo, wie zuvor schon gesagt, die Schwägerinnen und die Schwestern der Antonia abgebildet sind. Mir kam der Gedanke der parallelen Vergleichbarkeit der Heiligengestalten mit lebenden Portraits bei der Figur des rechts sitzenden Propheten Jesaja, der ganz auffallend nicht nur ähnlich, sondern identisch ist mit dem Portrait des Johann Valentin Andreä im Stuttgarter Landesmuseum. Das heißt, Antonia hat entscheidende Lehrer ihres Lebens hier als Propheten dargestellt. Damit sind wir bei der Frage des Künstlers.

Das Werk ist nicht signiert, aber Werner Fleischhauer hat mit sehr guten Gründen einleuchtend gemacht, daß es sich um ein Werk des Hofmalers Johann Friedrich Gruber handelt, der am württembergischen Hof zwischen 1659 und den sechziger Jahren, genau in der Zeit der Entstehung dieser Tafel, gewirkt hat. Er also hat hier wohl nach einem älteren Andreä-Portrait den damals schon verstorbenen Lehrer hereingenommen.

Wenn man das nun durchgeht, so ist überraschend, daß Antonia die vier Freunde und Lehrer, die sie in der Kabbala, in der Mathematik, im Hebräischen unterrichtet haben, dankbar innen als die Säulen des Baues dargestellt hat. Dem Johann Valentin Andreä, rechts außen als Jesaja, entspricht links der Prophet Jeremia als der Mathematiker und Prälat von Bebenhausen, Johann Jakob Heinlin, gleichfalls einer der Lehrer der Antonia.
Wir haben dann neben Andreä den bereits verstorbenen Hauptfreund, Lebens- und Seelenfreund der Prinzessin, den Theologen Johann Jakob Strölin. Strölin ist der von Andreä der Prinzessin zugeführte Lehrer, so wird es in der württembergischen Geschichte dargestellt, und dieser Lehrer war um fast ein Jahrzehnt jünger als seine Schülerin.
Bei diesem sehr feinen und subtilen Verhältnis zwischen den beiden, dem man gar nicht nahetreten darf, gilt natürlich die Virtuosität, die im Pietismus immer wieder geübt wurde, Seelenfreundschaften innig zu halten und doch so, daß die »eine Seele nicht an die andere rührt«, um ein berühmtes Dichterwort zu variieren.
Diese Seelenfreundschaften sind kultiviert worden für die alternde Prinzessin, der der Krieg und das Schicksal einen Gatten und Kinder verwehrt hat. So ist dieser junge Theologe zweifellos nicht nur ein Lehrer gewesen – das war er sicher als Seelenführer –, er ist auch wohl so etwas wie ein Ersatz für einen Sohn. 1646 lernt sie Johann Jakob Strölin kennen, 1663 stirbt er als noch vergleichsweise junger Mann. Die Prinzessin nennt ihn hier unten in der hebräischen Inschrift als den eigentlichen gedanklichen Schöpfer. Sie empfindet sich als die Testamentsvollstreckerin, die nun den Gedanken der Lehrtafel, wie ihn Strölin nach Johann Valentin Andreäs und Heinlins Vorbild entwickelt hatte, weiterentwickelt und zum Abschluß bringt, aufwendig, als ihr Lebenswerk.
Sie hat schließlich dann den Standort hier in Teinach gefunden, zur »Erheiterung der Badegäste«, die sehr gebildet gewesen sein müssen. Immerhin gab es ja schon sehr früh die Schriften etwa des Prälaten Oetinger, der dann kongenial die Geheimnisse der Tafel erhellt hat. Die Schrift Oetingers ist ja jetzt wieder, in unserem Jahrhundert, durch Breymayer und Häussermann in einer ganz fundamentalen gründlichen Erklärung noch einmal dem Publikum zugänglich gemacht worden.
Was Andreä wollte, was Johann Jakob Strölin wollte, und was die Prinzessin hier bis zum Ende durchgeführt hat, ist eben der Gedanke des Aufstiegs

Ansicht des geschlossenen Bilderschreins mit dem Brautzug der Sulamith

der liebenden Seele bis zur höchsten Vollendung, wie es außen die Frauen in ihrem Zuge ja auch zeigen, wo ganz am Schluß oben unverkennbar die Prinzessin als die Braut Christi abgebildet ist. Christus neigt sich herunter zu der Sulamith des Hohen Liedes, und auch dort ist sie begleitet von ihren beiden Schwestern. Das kann man auf Grund von Portraits beweisen. Die Prinzessin Johanna, die zweite der »württembergischen Grazien«, und die Prinzessin Sibylla, die große Gönnerin der Musiker, sind beide abgebildet. Aber auch hier, in dieser Schilderung der Abglänze Gottes haben wir noch einmal die Portraits der Prinzessin und ihrer Schwestern bei den anderen Grazien hineingeheimnist. Während Antonia bescheiden nur als die ins Paradies Eintretende von der Rückseite und ganz unten gezeigt wird, hat sie ihre beiden Schwestern groß neben den Säulen Jachin und Boas abbilden lassen, und zwar die Schwester Sibylla, die große Gönnerin der Musik, mit der Harfe, und ganz rechts die Schwester Johanna, die Mathematikerin und Genealogin, mit Palme und Kranz und einem Gebilde aus Früchten.
Besonders merkwürdig ist, daß auch der vierte der Propheten, Daniel, ganz zweifellos ein Portrait darstellt, und zwar eines weiteren Freundes aus diesem Gelehrtenfreundeskreis. Es ist Johann Laurentius Schmidlin, später Prälat, der sich damals auch sehr stark um diese Lehrtafel bemüht hat. Er ist der erste, der in dichterischer Sprache den Bildinhalt schilderte und der auch Gedichte an die Prinzessin machte. In diesem Briefwechsel zwischen Schmidlin und Strölin wird ja die »Pallas Württembergica«, die württembergische Athene immer wieder angesprochen, wird von »unserer Domina« gesprochen, wird die »Muse« genannt, wird sie »unsere Grazie« genannt. Diese beiden, und auch die übrigen Theologen, haben diese Dame ja mit Recht verehrt. Schmidlin hat Gedichte an die Herzogin gemacht in den etwas barocken Formen der Devotion, aber das ist damals Zeitstil, und er ist tief in den Inhalt der Lehrtafel gedrungen. Ohne ihn hätte ja auch der gelehrte Tübinger Professor Balthasar Raith, der Theologe, nicht die Einweihungspredigt halten können, als man dann endlich, 1673, die Tafel hier in Bad Teinach aufstellte.
Antonia hat damit ihr gelehrtes Lebenswerk wahrhaft gekrönt. Sie selber ist wohl in diesem »Garten« immer wieder spazierengegangen, und sie hat die vier Menschen, die ihr die Freude an der Wissenschaft beigebracht haben, ex fundo, hier immer vor Augen gehabt: Johann Valentin Andreä rechts, Heinlin links, rechts wieder Strölin und links Schmidlin. Alle vier

sind ja nun auch ihrerseits Stammväter großer württembergischer Nachkommenschaften. Die Strölin-Nachkommenschaft, der gehört unter anderem der Stuttgarter Oberbürgermeister Karl Strölin an. Die Nachkommenschaft Schmidlins ist vielleicht die bedeutendste: Schmidlin, hier als junger Prophet dargestellt, ist ja der Großvater des Theosophen Johann Albrecht Bengel. Und die Nachkommenschaft des Prälaten Heinlin lebt bis heute weiter in den vielen württembergischen Familien Reihlin, Lemppenau, Gössler, Sieber und vielen anderen. Das ist also sozusagen eine Ahnengalerie Württembergs, die württembergischen Gelehrtenfamilien, wenn man so will.

Aber mehr als das ist es nun ja der Versuch, die tiefsinnigen Lehren der Kabbala, der Ausdeutung des Alten Testaments, der Lichtgedanken, der Lichtmystik von den zehn Abglänzen Gottes einem breiten Publikum zugänglich zu machen. Das hat auch Oetinger gewollt, das will man heute in stärkerem Maße wieder.

Es ist merkwürdig, wenn wir das zusammenfassen, wie sehr das 18. Jahrhundert diese Tafel verspottet hat als Spielerei oder sie höchstens noch als entzückende Blumenmalerei hat gelten lassen, und wie nun im 19. Jahrhundert Oetingers Text im Pietismus wirksam wird und wie in unserer Generation plötzlich das Interesse an dieser Tafel und am Lebenswerk einer so gelehrten Frau wieder wach wird. Für uns ist es weit mehr als die leicht abstruse Freizeitbeschäftigung einer alternden Prinzessin. Sie ist eine kluge und keinesfalls blaustrümpfige, sondern tief religiöse, fromme Frau, die, durch ihre Freundschaft mit Spener, für die Rezeption und Aufnahme des Pietismus in Württemberg eine Generation später viel bedeutet hat.

Klara Augusta von Braunschweig-Wolfenbüttel

1632–1700

Neuenstadt an der Linde hat seinen Namen von diesem kleinen Weltwunder, das schon im Mittelalter so weitbekannt war: der großen Linde mit ihren weitgedehnten Ästen, so groß, daß Säulenreihen gebraucht wurden, um das Ganze zu stützen, ein botanisches Wunder, ein Kuriosum, das dann schließlich überhaupt das Hauptkriterium und Palladium dieser Stadt wurde. Diese Linde, die dann so sehr den Menschen gefiel, daß Herzog Christoph von Württemberg ein kleines Schloß, das vorher den Kämmerern von Weinsberg gehört hatte, zu einem Residenzschloß ausbaute.

Schließlich ist dadurch Neuenstadt ja zu einer württembergischen Teilresidenz geworden. Es gab sogar zwei Generationen lang einen kleinen Staat, ein kleines Ländchen: Württemberg-Neuenstadt, das dreißig Jahre lang von einem der bedeutendsten Köpfe im Hause Württemberg und einer unglaublich gelehrten, klugen Frau, Klara Augusta von Braunschweig-Wolfenbüttel, regiert wurde.

Sie gehört zu den Frauen im Hause Württemberg, die heute fast ganz vergessen sind. Das liegt auch daran, daß diese nach dem Dreißigjährigen Krieg in der armen Zeit regierende und waltende Fürstin nicht viele große, äußere Dokumente ihres Wirkens hinterlassen hat, und zum andern, daß ihre Nachkommenschaft, obwohl sie zwölf Kinder geboren hat, schon in der nächsten Generation ausstarb. Zunächst fängt aber alles mit großer Politik an.

Klara Augusta war sozusagen eine »Hilfskonstruktion« des württembergischen Staates und der evangelischen Landeskirche. Herzog Eberhard III., der mitten im Dreißigjährigen Krieg in Straßburg eine vielleicht etwas übereilte Heirat getan hat, hat dann aus dieser Ehe trotz vieler Kinder lange keinen Knaben mit fester Gesundheit als Thronfolger besessen. So hat man natürlich auf die jüngeren Brüder des Herzogs ein Auge geworfen. Als nun der jüngste Bruder Eberhards III., Ulrich von Württemberg, katholisch wurde und in Brüssel eine Prinzessin von Arenberg heiratete und gar noch Kinder bekam, da war in Württemberg die Sorge groß, daß man einen katholischen Herzog bekommen könne.

Das konnte man sich damals gar nicht vorstellen. Generationen später hat das ganz gut funktioniert. Aber damals, gleich nach dem Dreißigjährigen Krieg, war die Sorge groß. Es war die Zeit, als die protestantischen Fürsten plötzlich den Katholizismus wieder als attraktiv entdeckten. Christine von

Die Gerichtslinde mit ihren weitverzweigten, von Säulen getragenen Ästen, ist zum Signum von Neuenstadt geworden, dem Ort, in dem Herzog Friedrich von 1649 bis 1682 regierte.

Schweden, die einzige Tochter des Glaubenshelden Gustav Adolf, wurde katholisch, und jetzt auch noch ein württembergischer Prinz. Da mußte man vorsorgen, und so kam der Hofprediger Johann Valentin Andreä, der so viel für Württemberg bedeutet hat, auf den Gedanken, man müsse den mittleren Bruder, zwischen dem protestantischen Eberhard und dem katholischen Ulrich, jetzt möglichst schnell verheiraten, und das mit einer frommen Lutheranerin.

Nun war Andreä, dieses Genie der Freundschaft, seit Jahren eng befreundet mit dem Herzog August von Braunschweig-Wolfenbüttel. Herzog August von Wolfenbüttel war einer der klügsten und gebildetsten Fürsten seiner Zeit und Europas, ein großer Sammler, der Begründer der Wolfenbütteler Bibliothek. Er kannte Württemberg seit langem. Er hatte als junger Student in Tübingen die ehrenvolle Würde eines Ehrenrektors bekleidet, hat in Tübingen vielerlei studiert, unter anderem auch die schwäbischen Mädchen, und einer seiner Vettern hat den Rektor, der so tugendhafte Reden halten konnte, im Stammbuch abgebildet als einen recht vergnügten Burschen, der sich mit einer Tübinger Margaretha – wir wissen nicht, wie sie weiter hieß – vor dem gemeinsamen Bett sehr vergnügt niedergelassen hat. Später ist August von Wolfenbüttel ein sehr gesetzter, würdiger Mensch geworden und hat diese ihm in Tübingen und in Straßburg eingepflanzte Gelehrsamkeit lebenslang bewahrt und aus dem Wolfenbütteler Hof eine der großen Keimzellen der europäischen Kultur gemacht.

Augustus war seit den Tübinger Tagen mit Andreä befreundet, und in dem Briefwechsel der beiden, der heute noch in Wolfenbüttel liegt – ein Schatz zur württembergischen Geschichte, der noch gar nicht gehoben ist –, in diesem Briefwechsel wird nun auch angesprochen, daß der zweite Prinz in der Nachfolge unbedingt eine gute, womöglich auch noch eine reiche, fromme, schöne Frau bekommen solle, und all das war vorhanden in Klara Augusta von Wolfenbüttel.

Die von Andreä für den württembergischen Herzog Friedrich ausgesuchte Braut war um zwanzig Jahre jünger als ihr Gatte. Sie wurde 1632 in Hitzacker geboren. Klara Augusta ist mitten im Dreißigjährigen Krieg förmlich in einer Oase des Friedens aufgewachsen, denn Hitzacker an der unteren Elbe ist, wie die ganze Gegend dort, kaum je schwer heimgesucht worden. Der reiche Herzog Augustus hat nun in diesem kleinen und abgelegenen Schlößchen, und auch in seinen anderen Schlössern, Dannenberg, Lüchow und später auch in Wolfenbüttel, eine Blüte der Kultur mitten im Dreißigjährigen Krieg heraufgezaubert.

Er hat alle seine Kinder Streichinstrumente lernen lassen. Es gab, was damals ganz ungewöhnlich war, ein Hausorchester, ein Streichorchester. Die Stiefmutter der Klara Augusta, die dritte Frau des Herzogs, die ganzen Geschwister, alle musizierten, sangen, spielten Theater. Man ist fasziniert, daß mitten in der Not des Dreißigjährigen Krieges so etwas möglich ist. Aber Augustus, der Brautvater, war auch noch in einer anderen Hinsicht für Württemberg wichtig. Er ist ja nicht nur der Mann, der es sich mitten im Dreißigjährigen Krieg leisten kann, Kunst zu sammeln, sondern er hat seinem Freund Andreä für den Wiederaufbau in Württemberg Zuschüsse gegeben. Er ist es, wie wir heute wissen, der nach dem Niederbruch etwa der Calwer Zeughandelsindustrie aus seinem persönlichen Geld und Vor-

Herzog August von Braunschweig, der Vater der seit 1653 mit Herzog Friedrich von Württemberg-Neuenstadt vermählten Klara Augusta.

Neuenstadt am Kocher, seit 1650 Sitz der Linie Württemberg-Neuenstadt. Rechts im Bild die Gerichtslinde, links davon das Schloß.

rat, nicht etwa aus Staatsgeldern von Wolfenbüttel, Andreä die Mittel gab, damit die armen Calwer wieder Beschäftigung fanden.

Dieser herzensfromme, sehr mildtätige, unglaublich intelligente Augustus gibt nun seine zweitälteste Tochter von Braunschweig nach Württemberg. Die feierlichen Ehepakte wurden 1653, zwei Jahre nach der katholischen Heirat des Bruders, in Wolfenbüttel unterschrieben. Die feierliche Hochzeit fand dann hier in Neuenstadt an der Linde im Sommer 1653 statt. Wir wissen aus einem kleinen Bericht, daß hier, unter dem Kuriosum der Linde, die ganze Hochzeitsgesellschaft, darunter viele Mitglieder des europäischen Hochadels, unter den Bäumen Reigentänze mit Fackeln bei Nacht durchgeführt haben, um die Säulen herum so eine Art Menuett und Gavotte inszeniert wurde.

Man spürt schon in den ersten Tagen, wie mit dieser jungen, aber unglaublich künstlerisch fein empfindenden Frau die Fröhlichkeit nach dem Jammer des Dreißigjährigen Krieges hier in der Residenz einzieht. Man hat dem Herzog Friedrich als dem zweiten Herzogsbruder und dem etwaigen künftigen Stammvater des ganzen Hauses Württemberg diese kleine Residenz eingeräumt, ja, man hat sogar ein Stück des Landes, trotz des Unteil-

barkeitsvertrages, abgeschnitten, so daß ein eigenes, kleines Teil- oder Randfürstentum Württemberg-Neuenstadt entstand.
In dem Schloß, das Herzog Christoph gebaut hat, und das bestimmt nicht großzügig oder gar protzig war, fing nun ein feiner und kultivierter Stil an. Die Herzogin hatte aus Braunschweig Bücher mitgebracht, Bilder, Noten, Instrumente, auch ein großes Gefolge. So sind ja etwa die Ahnen von Eduard Mörike hierher nach Neuenstadt gekommen. Bis heute erinnert die Hofapotheke, die Mörike-Apotheke, und das Mörike-Stift hier unmittelbar neben uns, an dieses Wirken der Familie Mörike, das sich eben im Umkreis der klugen und kultivierten Herzogin hier entfalten konnte.
Klara Augusta hat zunächst einmal die Hoffnungen der evangelischen Landeskirche erfüllt. Sie hat ihrem so viel älteren Gatten zwölf lebende Kinder geschenkt, von denen allerdings nur eine Tochter zur Ehe kam und nur zwei Söhne. Die Nachkommen sind dann, wie gesagt, schon in der nächsten Generation ausgestorben.
Aber dieser Kinderkreis war genau so wie der der jungen Herzogin in Wolfenbüttel: ungewöhnlich musisch aufgeschlossen. Es waren belesene und kluge, gelehrte, fröhliche Menschen, und es ist ganz merkwürdig, wie der Ton vom Braunschweig-Wolfenbütteler Hof, der ein so großer, reicher Hof war, mit Festen, mit großen Einladungen, mit Jagden, mit Theater, Oper und viel Musikpflege, wie das alles nun in ganz bescheidenem Rahmen, aber mit großer Intensität, hier in Neuenstadt nachgespielt und neu belebt wird. Die kleine Klara Augusta hat einmal für ihren Vater zum Geburtstag bei einer, wie wir heute sagen würden, »Schnitzelbank« mitgewirkt. Da haben die Kinder das nachgespielt, was ihr Vater von seinen Tübinger

Ansicht der Residenz Wolfenbüttel

Studentenjahren erzählt hat, wie fleißig und wie fromm er gewesen ist. Die eine Tochter, Klara Augusta, stellt nun die Tugend dar, einer der Söhne stellt den Fleiß dar, und dazwischen steht der Vater. Er hat ihnen sichtlich nichts von dem Margarethlein aus Tübingen erzählt. Wie sollte er auch. Das Stammbuch lag wohl verschlossen in seiner Lade. Aber er hat erzählt, was für ein tugendhafter Mann er war, und die Kinder spielten das nach und hängten an den Lindenbäumen von Wolfenbüttel nun Zeichnungen und Tafeln auf und sangen Verse dazu.

Genau das hat Klara Augusta mit ihren Kindern dann später hier unter der Linde nachgespielt, eine Jugenderinnerung also, und an den Lindenbäumen fromme Embleme und Szenen aufgehängt und dazu musiziert. Diese Frau hat es verstanden, ihren Gatten, den Herzog Friedrich von Württemberg-Neuenstadt, zum Sammeln zu bewegen, und obwohl die Einkünfte des Hauses klein waren und das Teilfürstentum Württemberg-Neuenstadt nicht gerade viel abwarf, hat das Neuenstädter Herzogspaar begonnen, Münzen zu sammeln, in ganz Europa seltene und kostbare Münzen bewußt und systematisch aufzukaufen.

Diese Sammlung ist bis heute geschlossen erhalten. Sie bildet den Kern und Grundstock der Staatlichen Württembergischen Münzsammlung, die im Württembergischen Landesmuseum aufbewahrt wird. Genauso hat Klara Augusta mit ihrem Gatten begonnen, Bilder zu sammeln, eine Kunstkammer zusammenzubringen, zusammen mit dem ererbten Besitz aus Wolfenbüttel. Das sind die Anfänge der Staatsgalerie sowohl als auch der Ludwigsburger Fürstlichen Galerie. Dann hat natürlich der Vater August, Gründer der Wolfenbütteler Bibliothek, mit seinem Interesse an Handschriften und frühen Büchern auf die Tochter abgefärbt. Hier in Neuenstadt entstand eine kleine, aber sehr kostbare und erlesene Bibliothek, die dann später zum Grundstock der heutigen Württembergischen Landesbibliothek wurde.

Münzen, Kupferstiche, Medaillen, Noten, Musikinstrumente, Gemälde – das alles wird hier, in bescheidenem Umfang, aber mit großer Kennerschaft, gesammelt und hat eben anregend gewirkt. Der Württemberg-Neuenstädter Hof hat immer gleichsam das Vorbild für den Stuttgarter Hof abgegeben. Es wird auch öfters erwähnt, daß die Neuenstädter Herrschaften jetzt »andere Gemäld« hätten, und dann wird das in Stuttgart nachgeholt.

Natürlich ist man neugierig, wie solch eine geistvolle und liebenswürdige Frau denn aussah. In der Kindheit hat ihr Vater in dieser Oase des Dreißigjährigen Krieges seine Kinder ja oft malen lassen. So wissen wir genau, wie die junge Prinzessin ausgesehen hat. Es gibt ein ganz entzückendes Bild, wo sie in reicher Gewandung, mitten im Kriege, zusammen mit ihren Geschwistern, mit Musikinstrumenten, mit Blumen, mit Tieren abgebildet ist, und die junge Dame, die ganz rechts am Rande des Bildes steht, das ist Klara Augusta in ihrer Kindheit. Auf einem zweiten, sehr repräsentativen Bild ist der ganze Hof abgebildet. Da haben wir links eine musizierende Gruppe: die Stiefmutter mit allen Töchtern und Söhnen, und die ganz rechts sitzende Cello-Spielerin ist wiederum unsere spätere Herzogin von Württemberg-Neuenstadt, Klara Augusta.

In Württemberg, wo sie in so viel bescheidenere Verhältnisse hineinkam, hat man von ihr nur wenige Gemälde geschaffen. Aber in der Teinacher Lehrtafel der Prinzessin Antonia von Württemberg, von der wir das letztemal sprachen, ist in dem Zug Heiliger Frauen, die durch die Wolken zu Christus emporsteigen, auch das Portrait der Klara Augusta von Neuenstadt sozusagen hineingeheimnist.

Sie steht dort unter den Töchtern Jerusalem und Sidon, die Tochter Zion, eine der heiligen Töchter, und schaut ganz auffallend freundlich lächelnd, wie hier auf den Kinderbildern, den Beschauer an. Aus der historisch-theologischen Verkleidung heraus schaut uns ein ganz moderner Mensch seiner Zeit an. Das Verhältnis zu der gelehrten Schwägerin, der Prinzessin Antonia, war übrigens ein sehr gutes. Beide Damen waren ja sehr sprachgewandt und haben ihre Studien miteinander ausgetauscht. Die gemeinsame Liebe zur Musik hat sie sehr verbunden. Durch Klara Augusta ist übrigens ein so großer Bestand an Prätorius-Handschriften nach Württemberg gekommen.

Im Alter hat sie, bedingt durch den großen Altersunterschied der Eheleute, erlebt, daß sie Witwe wird, und zwar 1682. Sie hat dann aber noch achtzehn Jahre in dieser südlichen Fülle eines fruchtbaren Landes gelebt. Sie hat das sehr genossen. Immer wieder hat sie in Briefen betont, wie sehr dieses so schöne und reiche Württemberg ihr Freude macht. Sie hat bis 1700 gelebt und ist schließlich als die große Wohltäterin dieser Stadt, als die Gönnerin der Bürgerfamilien hier, gestorben, mit einem, wie der Hofprediger bei der Leichenpredigt sagte, »sehr christlichen Angedenken«.

Ein Stück von der Heiterkeit, die sie andern vermitteln konnte, ein Relikt der glücklichen Jugend in Wolfenbüttel, hat sie hier in diesem fröhlichen Neuenstadt förmlich eingepflanzt. Noch die Darstellung auf ihrem Sarkophag in der Fürstengruft ist ja eine kleine Rückerinnerung an die Heiterkeit, die, begründet in einem festen Christentum, trotz des Jammers der Kriegszeiten und der Kriegsläufte, alle schweren Eindrücke letztlich überwinden konnte.

Magdalene Sibylle von Hessen-Darmstadt

1652–1712

Die Herzogin Magdalene Sibylle von Württemberg, eine geborene Landgräfin von Hessen-Darmstadt, ist eine der umstrittensten Frauen in der württembergischen Geschichte. Umstritten deshalb, weil sie viele Deutungen zuläßt, so daß man sich nur schwer entscheiden kann. War sie nun die fromme und gottergebene Dulderin, oder war sie eine intrigante und ehrgeizige Frau, war sie die aufopfernde Erzieherin ihres Sohnes Eberhard Ludwig, oder war sie eine von Neigung zu Intrige und Kabale durchaus nicht freie, ehrgeizige Dame? Sicher ist: Sie war die erste Pietistin auf dem Thron, und sie war auch – jetzt wird es wieder unsicher – entweder ein großes Glück, oder ein großes Unglück für das Land.

Sie ist sehr schwierig zu beurteilen, denn es gibt Anekdoten über sie, die sie in einem nicht günstigen Licht erscheinen lassen, und es gibt fromme Selbstzeugnisse, die ihre Verwurzelung im frühen Pietismus dokumentieren.

Zunächst, wenn man sich Klarheit über einen so umstrittenen Menschen verschaffen will, braucht man einfach die äußeren Lebensdaten. Geboren wurde sie 1652, kurz nach dem Dreißigjährigen Krieg, in Darmstadt. Ihr Vater, Ludwig VI. von Hessen-Darmstadt, ist ein tüchtiger und begabter Landesvater, ein Mann, dem das Land nach dem Zusammenbruch des Dreißigjährigen Krieges den Wiederaufbau verdankt. Entscheidend für das ganze Leben und Schicksal der Magdalene Sibylle ist ihre Mutter, die aus dem hohen Norden kam: Maria Elisabeth von Holstein-Gottorp, aus einer Nebenlinie des dänischen Königshauses. Die Schwester dieser Mutter, also die Tante unserer Magdalene Sibylle, war die berühmte Königin Hedwig Eleonore von Schweden.

Diese ist dann für die junge Prinzessin sehr wichtig, für ihr Leben vielleicht entscheidend geworden. Mit vierzehn Jahren verliert sie ihre Mutter und wird nun, als der Vater sich wieder verheiratet, von ihrer Tante, der Königin von Schweden, aufgenommen und in Stockholm aufgezogen. Das war sicher ein großer Sprung von dem kleinen Hof in Darmstadt an den Königshof in Stockholm. Schweden ist damals auf der Höhe seiner politischen Macht, ist – nach den Großtaten Gustav Adolfs und verbunden mit Frankreich – *die* protestantische Vormacht. Als Magdalene Sibylle an den schwedischen Hof kam, ist man dort nun sozusagen um die Wahrung seiner Weltstellung bemüht, und die junge Magdalene Sibylle von Darmstadt ist

Der früh verstorbene Herzog Wilhelm Ludwig (1647–1677), Gemahl der Magdalene Sibylle von Hessen-Darmstadt.

sicher nicht nur aus Nächstenliebe dort aufgenommen worden, sondern man hat damals auch daran gedacht, sie mit ihrem allerdings viel jüngeren Vetter, dem künftigen König Karl XI. von Schweden zu verheiraten. Diese Hochzeit hat sich allerdings schon allein durch den Altersunterschied zerschlagen.

Die junge Prinzessin wurde dann in Stockholm etwas »überfällig«, und man war schließlich nicht unfroh, als ein sehr entfernter Verwandter aus Württemberg, der Erbprinz Wilhelm Ludwig, nach Stockholm auf Verwandtenbesuch kam und sich dort mit der jungen »Cousine« verlobte. 1672, mit zwanzig Jahren, wird sie Braut des württembergischen Thronfolgers, und 1673 wird sie in einer großartigen »Heimführung«, wie man es damals nannte, von Stockholm nach Stuttgart gebracht, um nun hier als künftige Herzogin zu leben.

Wir haben über diese »Heimführung« einen alten, zeitgenössischen Bericht, in dem – darüber habe ich mich als Kind schon immer gewundert – der ganze Umzug abgebildet ist, mit all den Stuttgarter Untertanen, den Kutschen, den Wagen, der Mitgift, den Soldaten, den Reitern, den Quartkarrees, den Kanonen. Im Hintergrund wird kräftig Salut geschossen, das Ganze ist sozusagen erfüllt von Freude, Jubel, Heiterkeit, Festlichkeit. Man hat damals den Stuttgartern die neue Herzogin, der jungen Frau Stuttgart vorgeführt. Eine böszungige Beurteilerin sagte, man habe den Hochzeitszug sechsmal die gleiche Straße fahren lassen, damit das kleine Stuttgart etwas größer zur Wirkung komme.

In diesem Hochzeits- und Heimführungsbericht stehen auch sehr schöne Gedichte. Es wird berichtet von den Ritterspielen, den Schauessen. Wir erfahren ganz genau, was alles aufgetischt wurde, wie viele tausend Raketen abgeschossen wurden (»Rageden«), wir erfahren die Gedichte des Tübinger Stifts oder des Fürstlichen Kollegiums, der Universität, der Pfarrer von Stuttgart an die junge Herzogin. Die meisten Gedichte sind schauerliches, schweres, unverständliches Barock.

Bisher waren die Landesmütter ja mehr aus der Umgebung gewesen: Oettingen, Salm-Kyrburg. Nun kam jemand aus Stockholm. Man wußte gar nicht genau, wo das liegt. Das hat die Württemberger Untertanen sehr bewegt. Immer wieder wird in den Gedichten der »Polarstern« bemüht, die junge Braut gewissermaßen als Polarstern mit dem Kompaß hergeholt.

Wie bei düsteren Nachtes Stunden

Wird durchs Licht der Weg gefunden,
Also weißet der Kompaß,
Wie der Nordenstern im Dunklen
Pflegt am Himmelsbau zu funklen,
Hell aufgeht ohn Unterlaß.
Ach, wie ist aus kaltem Norden
Württemberg beglücket worden.

Nun, ganz so beglückend ist das Leben der Herzogin später nicht verlaufen. Immerhin ist noch ein schöner und treuherziger Vers aus einem der Hochzeitskarmina anzumerken:

Wie die Rosen und Narzissen,
Ob sie schon vom Stock gerissen,
Dennoch unverwelket blühen,
So, oh Hessens Wunderblume,
Aller Länder Zier und Ruhme,
Blüht ihr Glück noch immer grün.
Ob sie gleich von Darmstadt stammet,
Ihre Schönheit doch entflammet.

Magdalene Sibylle hat als Landesmutter, als Frau des regierenden Herzogs, nur ganz kurz gewirkt. Wilhelm Ludwig ist ja der Herzog in der württembergischen Geschichte, von dem wir eigentlich gar nichts wissen, den ein tragisches Geschick früh um die Bewährung gebracht hat. Er hat nur drei Jahre regiert, und so können wir gar nicht sagen, ob er eigentlich ein bedeutender, ein begabter Fürst war. Das Schicksal hat ihm einfach die Bewährung versagt. Er stirbt 1677 in ganz jungen Jahren.
Magdalene ist nun Witwe. Sie hat drei Kinder, erwartet ein viertes. Nun muß sie vertragsgemäß nach Stetten ziehen. Stetten im Remstal war ihr nämlich bei der Hochzeit, 1673, als Witwensitz zugewiesen worden. Dieses Schloß, das ursprünglich von dem Ritter Thumb von Neuburg erbaut wurde, hat im Laufe des 17. Jahrhunderts seinen Besitzer gewechselt. Das Herzogshaus erwarb den Besitz durch Kauf. Nun hat man diesen reizenden Ort, inmitten von blühenden Gärten und Weinbergen, der Witwe eingeräumt, die nun hier Hof gehalten hat.

Schloß Stetten im Remstal, Witwensitz der Herzogin Magdalene Sibylle

In der Geschichtsschreibung, wie sie damals in Württemberg üblich war, heißt es, von nun an habe sie sich nur noch frommen Übungen und der Erziehung ihrer Kinder gewidmet. Ganz so war es aber nicht. Die Frau, die einmal hatte hoffen dürfen, schwedische Königin zu werden, und die nun eine junge, von der Regierung ausgeschaltete Herzogin-Witwe war, hat natürlich noch politischen Ehrgeiz entwickelt.

Sie versuchte, gerade mal fünfundzwanzig Jahre alt, immer wieder, in die Vormundschaft über den Erbprinzen Eberhard Ludwig eingesetzt zu werden. Sie hat dem hochbegabten Vormund, Friedrich Karl, Administrator von Württemberg, ständig dreingeredet. Sie hat sich immer wieder in die Vormundschaft gemischt und versucht, mit Hilfe ihres Vaters, des Landgrafen von Hessen, nun auch politisch mehr Einfluß zu gewinnen.

Württemberg ist damals, nach dem Dreißigjährigen Krieg, ja in der schwierigen Lage, zwischen dem Kaiser in Wien und dem König von Frankreich in Versailles gewissermaßen in der Mitte zu stehen. Württemberg kann es mit keinem von beiden ganz verderben, darf sich aber auch nicht einseitig auf die Seite des einen oder andern stellen. Der württembergische Herzog hatte es sehr schwer. Er muß immer lavieren, er muß ausgleichen, einmal mehr hin zu Frankreich, einmal mehr zum Kaiser halten. Das hat sich nun am württembergischen Hof merkwürdig, man kann sagen: polarisiert.

Friedrich Karl, ein hochbegabter, brillant angelegter, sehr gut erzogener Fürst, der erste modern im Sinne des modernen französischen Hoflebens geschulte, elegante Fürst von hoher Bildung, dieser Stammvater der späteren Dynastie, wird ja vielfach verkannt. Er hat aus politischer Raison, aber auch aus persönlicher Überzeugung, die Karte Frankreichs gespielt. Er hat sich sehr stark an Ludwig XIV. und an Frankreich angelehnt, ohne seine Stellung als Reichsfürst deswegen zu verleugnen. Das war ein sehr schmaler Grat, der ihm da geblieben ist.

Die Herzogin-Witwe hat sich von Stetten aus nun immer wieder auch in die Politik gemischt. Gewissermaßen im Ausgleich zu dem von ihr nicht geliebten Schwager und Administrator hat sie meistens die Karte des Reiches gespielt. Das Haus Hessen war traditionell reichstreu. Umgekehrt hatte sie aber auch sehr wohl Beziehungen zu Frankreich. Schließlich war sie ja in Stockholm in einer Zeit erzogen worden, als Schweden und Frankreich aufs engste verbunden und liiert waren.

So war ihr nicht fremd, gelegentlich auch auf Frankreich zu hören, oder, wenn Friedrich Karl wieder stärker sich an den Wiener Hof angelehnt hat, ihrerseits – und da ist sie nicht freizusprechen von einem gewissen intriganten Wesen – sich nun an Frankreich anzulehnen. Sie hat im Geheimen hier in Stetten eine Art Nebenregierung aufgezogen. Der Administrator war ihr nicht sympathisch. Er war ihr zu gewandt, zu weltläufig, politisch zu wendig.

Alle handelnden Personen haben damals in Württemberg, fast wie in einem Menuett, ihre Plätze immer wieder gegeneinander vertauscht, mit Kreuzschritten gewechselt, ihre Positionen geändert. Dieses ganze Intrigenspiel hat sehr viel Ähnlichkeit mit einem höfischen Tanz. Man wird Magdalene Sibylle deshalb nicht verurteilen können, weil sie, wie der Administrator auch, mehrfach die Partei gewechselt hat. Das mußten damals

alle deutschen Fürsten tun, die kleinen erst recht. Man denke daran, wie der Große Kurfürst von Preußen ständig die Parteien gewechselt hat.
Württembergs Lage war in besonderer Weise bedrängt durch seine Geographie: nahe an Frankreich gelegen immer wieder das Glacis für französische Aufmärsche, war es, wie auch Baden, in besonderer Weise leidend in die französisch-deutschen Kriege verwickelt. Magdalene Sibylle hat sich, und das deklarierte sie immer wieder, vor allem der Erziehung des kleinen Waisleins, des unmündigen Eberhard Ludwig gewidmet. Zunächst ging es ihr vor allem darum, und das war ein Stück mütterlichen Ehrgeizes, aus Eberhard Ludwig den frömmsten Fürsten seiner Zeit zu machen. So, wie sie sich in ihrem Witwenschmerz mit Gott und dem Pietismus getröstet hat, mit einer sehr persönlich eingefärbten Frömmigkeit, mitunter etwas frömmelnd, so wollte sie aus Eberhard Ludwig, in völliger pädagogischer Verkennung des Charakters und der Anlagen des jungen Prinzen und seiner Schwestern, einen absolut frommen Menschen machen.
So hat sie versucht, ihn zum religiösen Dichten anzuhalten. Die Ergebnisse waren, sagen wir, hölzern bis dürftig, manche sind sogar lesbar. Dieses Experiment, den Knaben, den jungen Mann, in Stetten, fern von der Welt, fern von dem bösen Stuttgart, dem sittenlosen Hof des Administrators, zu erziehen, einzuziehen, unter den mütterlichen Händen zu halten, das mußte natürlich irgendwann einmal schiefgehen.
Als der junge Bursche mit siebzehn Jahren schon, durch eine Intrige seiner Mutter und des Kaisers gegen den Administrator, für volljährig erklärt wird – Magdalene Sibylle wollte dadurch noch einmal an die Macht, an die Regierung, für die sie Sinn, aber kein sehr pflegliches Verhältnis hatte – als der nun selbständig wird, da schlägt er vollkommen aus der Art.
Eigentlich war es zu erwarten gewesen, daß diese mütterliche Erziehung, nur unterstützt von alten Hofdamen, irgendwann einmal scheitern würde. Und das ist sie gründlich und in jeder Hinsicht. So hat Magdalene Sibylle ihren Sohn mit einer besonders frommen, aber nicht sehr begabten Frau verheiratet. Es war die berühmte badisch-württembergische Kreuzheirat von 1697. Doch hat gerade auch dies Eberhard Ludwig seiner Mutter entfremdet, kam es doch sehr bald zu einer aufsehenerregenden Ehemisere, an der Eberhard Ludwig nicht allein die Schuld trägt.
Die Ehe wird immer schlechter und Eberhard Ludwig schließt sich an die Grävenitz an. Die Mutter erlebt den Jammer, daß der einmal von ihr zum

frömmsten Fürsten Deutschlands bestimmte Sohn in mancher Hinsicht der am wenigsten fromme unter den deutschen Fürsten wird, der schließlich geradezu eine förmliche Bigamie, eine eingesegnete Doppelehe führen will, politisch unklug, menschlich verwerflich. Das alles hat der alten Frau den Lebensabend verdüstert.

Eine kleine Geschichte über ihre politische Unfähigkeit ist zu erzählen: Um jeden Preis wollte sie eine ihrer Töchter, die zweitälteste, Eberhardine Luise, zur Königin machen, und zwar zur Königin von Schweden. Das, was die Mutter nicht erreicht hat, soll nun der Tochter gelingen. Diesmal ist das ausgesuchte Opfer, so muß man schon sagen, wieder ein Vetter, Karl XII. von Schweden, der sich aus Frauen nun wirklich nichts machte. Und als die Tante, die alte Wittib von Württemberg, nun ganz zufällig zum Familienbesuch in Stockholm ankam, um die Stätten ihrer Jugend wiederzusehen, da nimmt sie diese schon etwas betagte Tochter mit, um mit allen Mitteln dem jungen König von Schweden diese Frau anzuhängen. Karl XII. ist aufs Pferd gesessen und durch ganz Schweden geflohen, die Herzogin-Wittib von Württemberg im Schlitten hinterher. Es war für das damalige Europa ein riesiger Spaß, das Geschehen zu verfolgen. Der König ist an die äußerste Grenze seines Reiches ausgewichen, bis schließlich der schwedische Winter ihm die Freiheit verschafft hat.

Die Herzogin-Witwe von Württemberg reiste dann mitsamt ihrer Tochter ab und zurück in die freundlicheren Gefilde nach Stuttgart, in die Weinberge nach Stetten, und Eberhardine Luise, die nicht Königin von Schweden werden sollte, ist – stolz, wie sie war – als altes Mädchen in Württemberg gestorben.

Im Innern der Schloßkapelle in Stetten hat sich Magdalene Sibylle vielleicht ihr bezeichnendstes Denkmal geschaffen. Diese Kirche, die heute als Hauskirche der Heil- und Pflegeanstalt Stetten dient, ist geschmückt mit einem ganzen Zyklus – an den Toren, an den Wänden, an den Decken – von religiösen Darstellungen, Emblemen und Merkversen, ganz im Stil des frühen Pietismus. Werner Fleischhauer hat in seinem großen Barockbuch einmal gesagt, die Malereien hier in Stetten seien etwas unfroh und trocken, und auch die Verse sind ja nicht von großer dichterischer Tiefe. Das Ganze hat nicht den Charme und Tiefgang der Malereien in Teinach. Hier ist es ein spröderes und herberes Christentum, und es ist sehr »gefühlig« im Sinne des frühen Pietismus. Magdalene Sibylle hat ja ein schweres

Die Motive des religiösen Zyklus in der Kirche von Stetten nehmen Bezug auf das Leben der Magdalene Sibylle und ihres Sohnes Herzog Eberhard Ludwig (1676–1733).

Schicksal gehabt und ist eben auf diese Weise damit fertig geworden. Diese Embleme haben alle auf sie Beziehung.

Mit einer gewissen, fast möchte man sagen Eitelkeit, ließ sie sich immer als Maria zu Füßen von Christus darstellen. Alle diese Embleme und Verse nehmen auf sie und auf ihren Sohn Bezug, also etwa, wenn sie den jungen Eberhard Ludwig, den Erbprinzen, abmahnt von den Lüsten der Welt. Da kommt eine Sirene, die musiziert, und Eberhard Ludwig flieht und hält sich die Ohren zu. Nicht einmal die Musik war in diesem strengen Programm erlaubt, mindestens keine weltliche.

Sie selber läßt sich etwa darstellen, wie sie in einen Spiegel schaut, und der Vers sagt, daß der, der das tut, seine eigenen Flecken erkennen müsse. So ist diese ganze Folge von Gemälden, die von einem drittrangigen Maler stammen und leider im vorigen Jahrhundert auch noch schlecht restauriert wurden, für uns zwar kunsthistorisch uninteressant, aber sie sind historisch und geistesgeschichtlich doch außerordentlich aufschlußreich. Sie spiegeln das Denken und das Wesen der Herzogin. Übrigens wird in einem Bild, einem Emblem, bisher nicht erkannt, Stuttgart dargestellt.

Wie war es nun um das Christentum dieser Dame bestellt? Sie galt mit Recht als eine der ersten Pietistinnen, mindestens als eine der ersten, die den Pietismus nachhaltig gefördert haben. Sie ist eine Fürstin, die ganz im Stil des frühen Pietismus mit ihrem Gesinde auf den Knien Hausandacht hält, die sehr strenge, fast asketische Lebensführung mit einer gewissen Pflege der religiösen Musik verbindet. »Jesu meine Freude« war ihr Lieblingschoral. Aber sonst ist das Leben doch eigentlich sehr freudlos. Auffallend ist, daß sie immer wieder die Todesgedanken – und das gehört auch zur Sterbekunst, zur Vorbereitung auf den Tod – und die Schlechtigkeit der Welt ins Bild bringt und davor warnt. Auffallend ist auch, daß in diesem ganzen Zyklus keine fröhlichen Gedanken, sondern ein sehr stark didaktisches, ein pädagogisches Programm entwickelt wird, daß sie immer wieder belehren will, was wohl ihrem Charakter entspricht, und daß am Schluß eine gewisse Resignation erkennbar ist.

Sie hat eben kein recht glückliches Leben gehabt. Die großen Enttäuschungen mit ihren Kindern und ihrer Politik haben natürlich an ihr gezehrt. So ist vielleicht auch jene Erzählung verständlich, die heute noch in Stetten, aber auch anderswo im Lande erzählt wird: sie soll sich im Alter ein wenig an den Alkohol angeschlossen haben. Das wäre bei Gott kein Wunder, wenn man nach solch einem Leben irgendwo Trost sucht. Sie soll das aber, und das wäre wieder sehr württembergisch, kaschiert, getarnt haben. Sie wollte eben doch als die fromme und vorbildliche Landesmutter gelten und nicht als heimliche Trinkerin. Da ließ sie sich angeblich das berühmte Deckelkrüglein machen, aus Steingut, in das man nicht hineinsah, kein Kristallglas, in dem man erkennen konnte, daß einer der herrlichen Weine aus Stetten drin war. Und wenn man sie dann fragte, was sie denn da trinke, so sagte sie: »Ha, dees isch Brotwasser«, also das, was unsere Bauern früher als einfachen Trunk kannten, Wasser, in das man Brotrinden hineingelegt hatte, damit es ein bißchen gärte, ein bißchen bitzelte – also ein bescheidener Trunk. In Wirklichkeit war in dem Steingutkrüglein herrlicher Stettener Wein.

Nach dieser Geschichte soll übrigens einer der besten Stettener Weine den Namen »Brotwasser« erhalten haben. Ob es wirklich Magdalene Sibylle war, wie es der Volksmund überliefert, oder ihre Schwiegertochter, die später ebenfalls hier auf ihrem Witwensitz saß und ihr Leben vertrauerte, das wissen wir nicht sicher. Immerhin liegt es nicht ganz ferne, daß dieses Leben, trotz den Tröstungen einer persönlichen Frömmigkeit, auch noch andere Tröster gebraucht hat.

1712 ist Magdalene Sibylle, sechzigjährig, in Kirchheim gestorben. Dort war dann eine große Trauerfeier. In Stuttgart wurde sie begraben. Sie lebt im frommen Volk, in der Erinnerung, als die erste, die dem persönlichen Christentum wieder zum Durchbruch verholfen hat; unter den Historikern als die Frau, die dem begabten und tüchtigen Administrator immer wieder in die Quere kam durch ihre unüberlegte und kopflose Politik. Und sie ist im übrigen berühmt und berüchtigt als die Frau, die ihren Sohn, den nachfolgenden Herzog Eberhard Ludwig, so völlig falsch erzogen hat.

Johanna Elisabeth von Baden-Durlach
(1680–1757)

Magdalene Wilhelmine von Württemberg
(1677–1742)

Die baden-württembergische Kreuzheirat von 1697

Frauen im Hause Württemberg« und Karlsruhe – was soll's? Tatsächlich gehört Karlsruhe, das Schloß des Markgrafen Karl III. Wilhelm ganz unmittelbar und eng zur Geschichte einer bemerkenswerten Eheschließung der beiden Häuser Württemberg und Baden. Karlsruhe ist eine der barocken Gründungen mit der wundervollen Klarheit eines streng geometrisch gegliederten Stadt- und Schloßgrundrisses, in dessen Mittelpunkt der große Turm steht. Dieser ist gewissermaßen Mittelpunkt nicht nur der Schloßanlage, nicht nur der späteren Stadtanlage, sondern gilt ganz eigentlich als Mittelpunkt eines ganzen Landes. Er ist der feste Turm, in dem der Landesherr sitzt, von dem aus er in alle Himmelsrichtungen sternförmig, radial hinaussehen kann in sein Land. Hier also, in dieser einmalig schönen Gründung des frühen 18. Jahrhunderts ist der richtige Ort für die Erzählung über die baden-württembergische Doppelhochzeit, über die baden-württembergische Kreuzheirat von 1697.

Heute kennt man das kaum mehr, im Mittelalter, in der Renaissance, bis ins Barock hinein waren solche Kreuzheiraten sehr beliebt, denn sie sind sehr sparsam und sehr praktisch. Zwei Geschwisterpaare, ein Bruder, eine Schwester, heiraten wieder ein Geschwisterpaar, eine Schwester, einen Bruder, und man spart damit. Man kann die Hochzeitsfeierlichkeiten zusammenlegen, man kann aber vor allem die Mitgift insofern sparen, als jeder neue Hof sagt, wir übernehmen die Prinzessin, als sei sie unsere eigene Tochter. Die Schwiegerväter haben es so sehr viel leichter, und auf diese Weise sind Kreuzheiraten immer wieder ein beliebtes Mittel der Politik, zunächst der Finanzpolitik, dann aber auch der Allianz.

Natürlich hält eine Kreuzheirat, wenn die Ehen gut gehen – wenn die Ehen gut gehen! – sehr viel besser, es ist eine Doppelallianz: Die beiden Länder, die beiden Familien, werden fest miteinander vereinigt. Die Kreuzheirat von 1697 war ein Ausfluß der Not, der Kriegsnot, der Franzosenzeit, der völligen Ausplünderung der beiden Länder. Sowohl Baden als auch Württemberg hatte ja in den achtziger Jahren durch die französischen Raubscharen unglaublich gelitten. Und nun lebt in Württemberg der junge, durch einen gewagten Staatsstreich der Mutter zu früh zur Regierung gekommene Herzog Eberhard Ludwig und in Baden der gleichaltrige junge Markgraf Karl. Beide brauchten nun eine Frau, und die Mütter und Schwiegermütter, deren Aufgabe das Heiratstiften ja schon immer und zu aller Zeit war, die

Markgraf Karl III. Wilhelm von Baden-Durlach (1679–1738),
der Stadtgründer von Karlsruhe

kommen nun auf die glänzende Idee, sie könnten doch ihre Kinder überkreuzt heiraten lassen.
Die Idee ist so nett, und es sind ja so fromme Kinder. Damals war Magdalene Sibylle von Württemberg ja noch der Ansicht, der künftige Herzog, ihr Sohn Eberhard Ludwig, müsse einmal der frömmste Regent Deutschlands werden. Und dem sucht man nun also eine ganz fromme und liebe Frau, und wo findet man sie besser als im verwandten Baden-Baden. Denn die beiden Mütter und Schwiegermütter, die diesen Plan miteinander ausgeheckt haben, waren ganz nahe Verwandte: Magdalene Sibylle von Württemberg, geborene Hessen-Darmstadt, und die Markgräfin Auguste Marie, eine geborene Holstein-Gottorp, waren gleichaltrig und fast wie Schwestern aufgewachsen. Die württembergische Prinzessin war die Tante der jungen badischen Markgräfin.
Die beiden Damen hatten gleichaltrige Kinder, und die kannten sich von früh auf und die Brautleute waren doppelt und dreifach vervettert, es war eine Inzucht, die man heute gar nicht mehr gutheißen würde: Immer wieder die Häuser Kur-Sachsen und Holstein-Gottorp. Aber es waren mächtige Häuser, und den beiden Damen gefiel es eben, ihre Kinder, die Cousins und Cousinen, untereinander zu verheiraten. Alle vier Kinder sind fromm, bei den Buben – es sind ja noch keine Männer – muß man sagen, sie sind noch fromm. Aber die Mütter leben natürlich in der Hoffnung, sie würden ewig solche choraldichtenden und fromme Verse machenden Buben bleiben. Der Heiratsplan war deshalb sehr unglücklich, weil die beiden Brautpaare sich von Kind auf kannten, sie waren sich äußerlich ähnlich und sie waren nahe verwandt.
Hätte man sie nach ihrem Wunsch und Willen heiraten lassen, wäre alles besser gegangen, aber nun kam es eben zum Eheschluß von 1697. Die Markgrafen von Baden sind noch ohne Schloß, Karlsruhe in dieser Form steht ja noch nicht, das gibt es erst ein paar Jahre später. Karlsruhe ist überhaupt noch eine Wüste, ist ein Sumpf, und die alten Residenzschlösser sind alle zerstört: Durlach, Gottesaue, Mühlburg. Stuttgart sieht auch nicht viel besser aus.
Man beschließt zuerst den württembergischen Herzog mit der badischen Markgrafentochter zu verheiraten, also Eberhard Ludwig mit Johanna Elisabeth von Baden. Diese Ehe wird vom badischen Vater, dem Markgrafen Friedrich VII. von Baden-Durlach ausgestattet. Da nirgends in Baden ein

Aus Anlaß der Vermählung von Herzog Eberhard Ludwig mit Johanna Elisabeth von Baden-Durlach im Jahr 1697 wurde diese Medaille geprägt.

Schloß ist, wo man feiern könnte, geht man in das feste Haus nach Basel, in den Badischen Hof, der ja heute noch in Basel steht, das Refugium der Markgrafen in allen Kriegen. Und so wird nun auf friedlichem Basler Boden eine prunkvolle Hochzeit im Mai 1697 abgehalten.

Gleich einen Monat drauf ist dann in Stuttgart die Gegenhochzeit: der junge Markgraf Karl III. Wilhelm von Baden-Durlach heiratet die Schwester des württembergischen Herzogs, Magdalene Wilhelmine. Im Grunde war das Ganze eine Veranstaltung der beiden alten Damen, die sich vieles davon erhofften. Zunächst ließen sich die beiden Ehen auch gut an. Es wurde eine wunderschöne Medaille geschlagen: auf der einen Seite ein junger Amor mit Pfeil und Bogen, zufrieden lächelnd, auf der andern Seite die Profilbilder von Eberhard Ludwig von Württemberg und Johanna Elisabeth von Baden. Die beiden gucken – noch – ganz freundlich, der Amor steckt befriedigt die Pfeile, die er jetzt nicht mehr braucht, in seinen Köcher zurück, und die schöne lateinische Umschrift kommentiert: »cogit in unum« – »er zwingt sie zusammen«.

Das war keinesfalls ironisch, sondern zunächst noch ganz ernst gemeint. Aber sehr bald war es nötig, daß man die beiden Gatten zusammenzwang. Die Ehe Eberhard Ludwigs mit seiner badischen Prinzessin war schnell unglücklich. Es wurde nur ein einziger Sohn geboren, 1698, der ewig kränkelnde und mäßig begabte Erbprinz Friedrich Ludwig von Württemberg, der es dann nur auf 32 Jahre brachte; eine arme, ärmliche Figur, die dann ja auch den Stamm nicht fortsetzt. Nachdem dieses Kind geboren war, hat Eberhard Ludwig sofort wieder die Chance ergriffen, ins Feld zu gehen; er war viel lieber Soldat, da war es munterer und abwechslungsreicher. Er hat also seine Frau in Stuttgart ihren Gesangbüchern und ihrem Weltschmerz überlassen. Soweit man sieht, ist die Ehe schon im zweiten Jahr nicht mehr fortgesetzt worden.

In Baden läßt es sich zunächst einmal besser an. Der junge Karl Wilhelm ist ein unternehmerischer und unternehmender, fröhlicher Mensch, und die württembergische Prinzessin, seine Gattin, Magdalene Wilhelmine, ist eine ausgesprochen lebenstüchtige, kluge und sehr begabte Württembergerin. Von ihr kommt ja dann auch in den nächsten Generationen des Markgräflichen Hauses ein sehr starker Trend zur Vitalität. Doch kaum ist 1703 dann der Stammhalter, Friedrich von Baden, geboren, fängt auch diese Ehe an zu kriseln.

Schlimme Zustände herrschen inzwischen am württembergischen Hof. Zunächst hat der badische Vater und Schwiegervater, Markgraf Friedrich VII., noch versucht, beim Kaiserhof die fürchterliche Ehemisere in Württemberg beizulegen, seine schlecht behandelte Tochter Johanna Elisabeth am württembergischen Hof wieder aufzuwerten. Der Kaiser legte sich ins Mittel, andere Fürsten legten sich ins Mittel, aber das half alles nur wenig.

Für Eberhard Ludwig kommt nun die Dame ins Spiel, von der man so ungern redet, wenn man über Frauen im Hause Württemberg spricht, die aber unvermeidlich ist: die berühmt-berüchtigte Grävenitz, ein landfremdes »mecklenburgisches Fräulein«, wie man hier sagte, die nun den Herzog, man weiß nicht wie, man begreift's nicht, einfach einfängt. Wie sagt der fromme Prälat Pahl? Er hat in seiner Württembergischen Geschichte eine so schöne Formulierung dafür (man zitiert in solchen Fällen ja gerne einen Prälaten!): »Christine Wilhelmine von Grävenitz – der Herzog hat sie gewonnen durch seinen leichtfertigen Umgang. Die besagte Dame war aus Mecklenburg, ihrem Vaterlande, nach Stuttgart gekommen, wo ihr Bruder als Hauptmann unter den herzoglichen Truppen diente und die besondere Gunst des Fürsten genoß; vernachlässigt vom Glücke trat sie, als sie das erstemal am Hofe erschien, in entlehnten Kleidern auf; auch ihre mittelmäßigen Reize, nicht mehr durch die ersten Blüthen der Jugend gehoben, schienen ihr keine glänzenden Eroberungen zu versprechen. Aber schlechten Rufes, dreist und lebhaft, und im Besitze aller Künste der Buhlerei, hielten nichtswürdige Höflinge sie für tauglich, die Sinnlichkeit des Herzogs zu fesseln.«

Diese Fesselung war sehr gründlich, fünfundzwanzig Jahre und mehr kam der Herzog von dieser Frau nicht mehr los. Eigentlich war er mit seiner Mätresse monogam, nur seine badische Frau hat er schlecht behandelt. Schließlich hat es in dem engen, altmodischen, winkligen Stuttgarter Alten Schloß nicht mehr gut getan. Die Herzogin, die badische Prinzessin, wollte der hergelaufenen Mecklenburgerin nicht weichen, und so kommt es – aber nicht allein deshalb – zur Gründung von Ludwigsburg.

Schon ein paar Jahre bevor die Grävenitz auftrat, hatte Eberhard Ludwig dort ein kleines Schloß gebaut. Dort hatte er jetzt endlich den nötigen Freiraum. Die badische Prinzessin blieb in Stuttgart, konnte dort weinen, die Vorhänge runterziehen und Kerzen anzünden, Gesangbücher wälzen. Mit der frechen, kessen, munteren, gar nicht mehr jungen und nicht sehr hübschen Grävenitz lebte er nun in vollen Zügen. Wahrscheinlich war's gar nicht so »voll«, die Dame hielt ihn nämlich sehr unter Kuratel, und später hatte er vor seiner Mätresse mehr Angst als vor seiner Frau.

Kurz und gut: die württembergische Ehe, die wohl nur ein Jahr lang geführt wurde, wurde nicht mehr fortgesetzt, und die Grävenitz dominierte in jeder Hinsicht, bis hin zu dem verwegenen Streich des Herzogs, sie zur linken Hand sich anzutrauen, mit ihr eine Doppelehe zu führen.

Als der badische Markgraf, Friedrich VII., stirbt, hat seine Tochter in Stuttgart keinen Schutz mehr. Ihr Bruder, Karl III. Wilhelm von Baden-Durlach, wäre jetzt der gegebene Mann, aber er treibt es genau so wie sein Schwager in Stuttgart, nur etwas dezenter, etwas geschmackvoller, mehr als Lebenskünstler. Eberhard Ludwig – auch wenn er nach Meinung seiner Zeitgenossen ausschweifend war – blieb im Grunde der verklemmte Pietist, zu dem ihn seine Mutter erzogen hatte. Der badische Markgraf war ein weltläufiger Mann, der nun hübsche junge Mädchen um sich sammelte, die er mit gärtnerischen Arbeiten beschäftigte.

Das war ja mit der Grund, warum man hier in Karlsruhe die neue Residenz gebaut hat, denn all das, was er nun ohne seine Frau in Durlach durchführen wollte, das konnte er nur hier in Karlsruhe. So großzügig, wie Karl hier in Karlsruhe seine Residenz ausgebaut hat, so weltläufig, so schön ausgebreitet, hat Eberhard Ludwig sein Ludwigsburg nicht bauen können, da ist alles enger, beschränkter, aufeinandergeschoben. Das hat nichts von dem großen Zuschnitt, der sich in Karlsruhe ja über die erste Schloßanlage hinaus bis in den großartigen, festlichen, heutigen Stadtgrundriß gehalten hat. Das ist auch die einzige Nicht-Parallele der beiden.

Ihr Eheleben ist gleich verlaufen, die traurige Ehe, die kranken Kinder. Nur hat der Markgraf von Baden seine schöne Residenz auch schöner genossen. Eberhard Ludwig war unter der Fuchtel seiner Grävenitz in Ludwigsburg fast ängstlich – fünfundzwanzig Jahre lang die gleiche Mätresse! Da hat der badische Markgraf doch über den Rhein herüber mehr Lebenskunst gelernt und hat sich hier mit seinen berühmten Gartenmägdelein erfreut.

Er war ein großer Blumenfreund und hat viele, sehr viele Pflegerinnen für diese Blütenpracht angestellt, die er seinerseits wieder landesväterlich betreute. Für die Kinderlein hat er dann sehr gut gesorgt. Eine Menge Nachkommen, sehr intelligente und sehr bedeutende, auch weniger bekannte, hängen an diesem badischen Markgrafen, während der württembergische Herzog Eberhard Ludwig überhaupt keine über die Enkel hinausreichende Nachkommenschaft hinterlassen hat. Das ist ja der große Unterschied zwischen diesen beiden Männern: der Lebensgenuß des Badeners in festlicher Umgebung und die bedrückende Atmosphäre in Ludwigsburg.

Zum Schluß hat man versucht – hat der Kaiser versucht, hat der preußische König versucht –, die württembergisch-badische Ehe zu leimen, indem man Eberhard Ludwig Vorhaltungen gemacht hat. Vor allem bei den württembergischen Untertanen war die Furcht groß, daß mit Carl Alexander ein Katholik auf den Thron kommen würde, wenn wirklich die Herzogslinie von Eberhard Ludwig mit dem kränkelnden Sohn und einem ganz früh verstorbenen Enkel aussterben würde.

Man sah nicht, wie begabt Carl Alexander war, man sah nur den Katholiken. Und nun hat man also zu einem verzweifelten Mittel gegriffen und gesagt, der alte Herzog und die alte Herzogin sollten sich versöhnen. Der Herzog war schon ziemlich jenseits von Gut und Böse, die Herzogin war 52 Jahre alt, aber bei Gott ist ja kein Ding unmöglich. Und so hat die Württembergische Landeskirche jene berühmten Kirchengebete für eine glückliche Entbindung der zweiundfünfzigjährigen Herzogin, die vor 33 Jahren ein Kind geboren und seither keinen Verkehr mehr gehabt hatte, weiter fortgesetzt.

Kupferstich mit Schloß und Stadt Karlsruhe von 1739

Man fragt sich, was die evangelischen Theologen von Gottes Allmacht und was sie von der Gynäkologie wußten. Das Ergebnis war ganz schlicht: als man monatelang gebetet hatte, glaubte sich Johanna Elisabeth tatsächlich schwanger. Schließlich hat man die Kirchengebete eingestellt, und die schon geprägte Münze auf die glückliche Geburt des Erbprinzen wurde wohl oder übel wieder eingeschmolzen. Eberhard Ludwig stirbt 1733, die Herzogin hat noch viele Jahrzehnte einsam und trauernd in Stuttgart verbracht.

Anders die badische Landesmutter. Magdalene Wilhelmine hatte in mancher Hinsicht doch ein günstigeres Schicksal als ihre Schwägerin in Stuttgart. Zwar war die Ehe genauso zerrüttet, doch hat sie in ihrem hochbegabten Enkel Karl Friedrich, dem späteren großen Markgrafen und ersten Großherzog von Baden, einen wirklichen Lebensinhalt gefunden. Die Großmutter hat den Enkel erzogen, denn der Vater starb früh und die geisteskranke Mutter, Amalie von Oranien, war nicht fähig, die Kinder, die sie geboren hatte, auch zu erziehen. So ist die Großmutter eingesprungen und hat aus diesem Karl Friedrich von Baden einen der bedeutendsten deutschen Fürsten des 18. Jahrhunderts gemacht, einen Mann, der aus Baden einen modernen, hervorragend verwalteten Staat gemacht hat.

Dies ist mit das Werk der Großmutter, die an ihm in großer Treue eine Lebensaufgabe wahrgenommen hat. So ist das Endschicksal der beiden Damen, die so nahe verwandt waren, doch sehr verschieden. Johanna Elisabeth geborene von Baden, verheiratete Herzogin von Württemberg, vertrauert ihre Witwenjahre einsam und vergessen in Württemberg. Magdalene Wilhelmine geborene von Württemberg, verheiratete Markgräfin von Baden, hat mit Elan und Intelligenz, mit großer Selbstdisziplin eine Lebensleistung vollbracht, die ihr Baden bis zum heutigen Tage zu danken hat. Spuren dieser Frau aus dem Hause Württemberg, welche die Stammmutter des Hauses Baden wurde, sind vielfältig und bis heute im Lande zu verfolgen.

Eleonore Juliane von Brandenburg-Ansbach

1663–1724

Die Stadt Ansbach hat für die württembergische Geschichte eine vielfältige Bedeutung. Der dortige süddeutsche Hohenzollernhof hat ja immer als großes kulturelles Zentrum ausgestrahlt, hat mehrfach seine Anziehungskraft auch in Richtung Stuttgart bewiesen. Es war ein Wechsel, ein Geben und Nehmen, zwischen Stuttgart und Ansbach, und mehrfach haben württembergische Regenten oder Angehörige des württembergischen Fürstenhauses sich von hier Frauen geholt:

Herzog Eberhard II. 1467 die schöne Elisabeth von Brandenburg-Ansbach, Herzog Christoph 1544 die streng lutherisch gesonnene Anna Maria und der Administrator Friedrich Karl, der für den unmündigen, kleinen Eberhard Ludwig die Regentschaft führte, 1682 Eleonore Juliane, von der nun hier die Rede sein soll.

Gerd Wunder hat darauf hingewiesen, daß der Administrator Friedrich Karl, der nachgeborene Sohn, der nicht zur Thronfolge berufen war, damit ja eigentlich über seinen Stand geheiratet hat. Schließlich war Eleonore Juliane die Tochter des Markgrafen Albrecht von Brandenburg-Ansbach – eines der bedeutendsten Reichsfürsten seiner Zeit – und der Sophie Margarethe von Oettingen.

Die junge und ranghohe, sehr schöne und sehr liebenswürdige Prinzessin wurde 1663 in Ansbach geboren, ist hier in einem großen Geschwisterkreis aufgewachsen und wurde fein erzogen, eine kluge, eine sehr harmonische und witzige Person. Wir wissen, daß sie gerne dem sehr sicheren und sehr männlichen Friedrich Karl gefolgt ist, wohl auch in der Erwartung als Frau des Regenten respektiert und hofiert zu werden. Zwar gibt es am württembergischen Hof sehr viele Frauen, zumal fürstliche Witwen da und dort, und sie ist dem Rang nach untergeordnet – da ihr Gemahl ja nur als Vormund regiert –, doch hat sie sich und hat man ihr bei ihrer Heirat 1682 wohl in Stuttgart zunächst ein schönes Leben versprochen.

Aber es kommt ganz anders. Zuerst bringen die Franzosenkriege außerordentlich viel Unruhe. Dann 1693 wird ihr Gatte durch eine große Intrige des Kaisers und der Magdalene Sibylle von Hessen, der Witwe seines Bruders, von der Regentschaft verdrängt. Ja, 1694 hat die Familie, nun zur Bedeutungslosigkeit verurteilt, den einfachen Sitz in Schloß Winnental beziehen müssen und lebte von nun an dort sehr zurückgezogen und bescheiden, denn die Mittel dieser jüngeren Linie waren sehr beschränkt.

Markgraf Albrecht von Brandenburg-Ansbach (1634–1667), der Vater von Eleonore Juliane

Alle Macht, alle finanziellen Mittel kamen nun dem regierenden Herzog Eberhard Ludwig zu, dem Neffen, für den der Administrator einst die Geschäfte geführt hatte.
Eleonore Juliane hat aus diesen Jahren sehr viel gemacht, viel Wert auf die Erziehung ihrer Kinder gelegt. Dabei war sie weitgehend allein auf sich gestellt, denn ihr Gatte war ja eigentlich die meiste Zeit im Krieg. Nach seiner Verdrängung von der Regentschaft ist er in kaiserliche Dienste getreten und hat dem habsburgischen Herrscher als Feldherr sehr viel bedeutet.
1698 ist der Administrator Friedrich Karl gestorben, und die Frau wird nun sehr jung – sie ist gerade dreißig Jahre alt – Witwe, mit einer ganzen Schar von Kindern, darunter der älteste und bedeutendste Sohn, Carl Alexander, der Stammvater des gesamten späteren Hauses Württemberg. Über ihn wurde Eleonore Juliane ja die Stammutter aller späteren Württemberger, insofern lohnt es sich auch sehr, sich mit ihr und ihrem Wesen näher zu beschäftigen.

Dafür haben wir nun eine ganz unschätzbare Quelle, denn die Schulbücher ihrer Kinder sind durch einen glücklichen Zufall erhalten geblieben, und zwar ging das so: die Kinder, das waren vier Söhne und eine Tochter (die dann später wieder hierher nach Ansbach geheiratet hat, Christiane Charlotte), wurden zusammen unterrichtet von einem bekannten und bedeutenden Württemberger, Johann Wendel Bardili, einem Onkel der berühmten schwäbischen Geistesmutter Regina Bardili.
Dieser treue Lehrer, der später Hofprediger und Prälat wurde, hat aus Pietät die Schulbücher seiner Zöglinge aufbewahrt, ihre Aufsätze, ihre Rechenaufgaben, ihre lateinischen und französischen Übersetzungen, und einer seiner Vettern, einer meiner Vorfahren, hat sich diese Schulbücher ausgeborgt, und so sind sie im Familienarchiv Decker-Hauff erhalten geblieben.
Wendel Bardili hat hier eigenhändig vermerkt, daß die Aufsatzthemen und die Übersetzungsthemen von Eleonore Juliane selbst für ihre Kinder entworfen worden sind. Sie hat also die Texte aufgesetzt, mit denen ihre Kinder sich beschäftigen sollten, sie hat auf diese Weise sozusagen ihre Kinder miterzogen.
Ansbach war schon immer ein Zentrum des Luthertums, sie war sehr gut lutherisch erzogen, ihr Vater war einer dieser Landesväter, die ihr Land in ganz persönlicher christlicher Verantwortung als Aufgabe genommen haben, und so hat sie fromme Gedankengänge in die Schulaufsätze ihrer Kinder hineingeschmuggelt.
Wenn zum Beispiel die kleinen Prinzen und die Prinzessin übersetzen mußten: »Es ist kein Wunder, wann die großen Herren durch ihre Höflinge, welche zur Schmeichelei leider abgerichtet seind, so hochmütig gemacht werden, daß sie ihres menschlichen Zustands gar und ganz vergessen, und leider oft so besessen seind, daß sie erwarten, daß man ihnen höchste Ehr antuen möge, da sie doch lieber bedenken sollten, was für schwache, arme und sterbliche Menschen sie sein.«
Das ist für damals eine sehr ungewöhnliche, aber gut lutherische Theologie, die sie auf ihre Kinder hat übertragen wollen. Besonders hübsch in diesem lesenswerten Büchlein sind Übersetzungen ins Französische, die sie aufgesetzt hat: »Von denen alten Schwaben«. Mit den »alten Schwaben« hat es Eleonore Juliane besonders gehabt, und sie schreibt hier – und das mußten ihre Kinder übersetzen –: »Weil wir selber Schwaben sein, so hoff ich, es werd niemand unangenehm sein, das ein oder ander von der Be-

schaffenheit der uralten Schwaben zu hören, damit man sehe, was vor ein großer Unterschied zwischen den alten und den neuen Schwaben seie, auch, wie die altväterliche Tapferkeit uns abhanden gekommen. Dann: was erstlich ihre Grenzen betrifft, so wurden sie nicht in das heutige Herzogtum Schwaben eingeschränket, sondern sie erstrecketen sich von der Tonau bis an die Elbe und an die Weichsel.« Das war übertrieben, aber so war ihre Vorstellung.

Und nun kommen so entzückende Eindrücke, die sie wohl alten Bildern entnommen hat, über die Bekleidung der alten Alemannen: »Kein Kleid trugen sie gar nit, außer ein klein Fell von wilden Tieren, welches, weil es recht klein war, den meisten Teil des Leibes bloß und nackend ließ, welches aber eben die Ursach war, daß sie ihre Kräften so erhielten und ihre Leiber überaus groß wuchsen.«

Zudem war sie wohl der Ansicht, daß die alten Schwaben außerordentlich enthaltsam gelebt haben: »Wein, den tranken sie überhaupt nicht, weil sie der Ansicht waren, daß er zur Arbeit weibisch und faul mache.«

Nun fragt man sich natürlich, wie kommt Eleonore Juliane, in Franken geboren, aus einem fränkischen Hause, zu dieser großen Hochachtung der alten Schwaben.

Hier muß man ein wenig an ihre Mutter denken. Margarethe Sophie war eine Prinzessin von Oettingen, und dieses alte schwäbische Haus hat ja im Ries immer wieder in besonderer Weise das Schwabentum, auch literarisch, in Chroniken und andern Überlieferungen vertreten, und es ist vor allem der Großvater der Eleonore Juliane, der Graf von Oettingen, der als Urschwabe galt und den man für einen Lehrmeister alles Schwäbischen halten könnte.

Der Graf Johann Ernst von Oettingen, ein strenger Lutheraner, ein Landesvater par excellence, im Dreißigjährigen Krieg umgetrieben, ein treuer Reichsfürst des Heiligen Römischen Reiches und ein ganz überzeugter Schwabe. Dieser Mann, »der treue Schwabe aus dem Ries«, wie man ihn nannte, ist nicht nur der Vorfahre der Ansbacher, er ist auch der Vorfahre der Württemberger. Ein Mann, der wie kein anderer Suevica sammelte, eine große Bibliothek über das alte Schwaben besaß und der es nun fertiggebracht hat, seinen Nachkommen diese große Hochachtung vor dem Schwabentum beizubringen. Das hat der Herzogin Eleonore Juliane vieles erleichtert, als sie dann nach Württemberg kam. Ihr nationales, ihr schwä-

bisches Pathos, ihre Feindschaft gegen die Franzosen, das ist zeitbedingt, aber vor allem auch ein Erbe aus dem Hause Oettingen.
Eleonore Juliane hat ihrem so sehr geliebten Gatten eine große Zahl von Kindern geboren. Einige starben schon sehr früh. Es haben dann vier Söhne und eine Tochter überlebt. Der wichtigste Sohn ist Carl Alexander, wie gesagt der Stammvater des nachkommenden württembergischen Hauses. Die anderen Söhne haben nun alle das traurige Schicksal gehabt, wie es eben nachgeborene Söhne in einer zweiten Linie damals hatten. Sie mußten sich in irgendeiner Form um einen Beruf kümmern, und das war für einen Fürstensohn damals eben der Militärdienst. So sind die Kinder, kaum daß sie halbwegs aus der Schule waren, mit dreizehn, vierzehn, fünfzehn Jahren der Mutter weggenommen worden. Die Witwe war froh, wenn sie ihre Kinder unterbringen konnte, und da hat man sie eben an irgendeinen Hof gegeben.
Carl Alexander ging in den Reichsdienst und der Lieblingssohn der Eleonore Juliane, der kleine Prinz Max Emanuel von Württemberg, ging in schwedische Dienste, das heißt er wurde bei seinem entfernten Verwandten, König Karl XII. Gustav, so etwas wie ein Page.
Der Schwedenkönig, ein damals weltberühmter Feldherr und Held, ein Prinz, der die Phantasie der Leute so ungeheuer beschäftigt hat, war ja fest entschlossen, nie zu heiraten und den Thron seiner Schwester und deren etwaigem Manne zu überlassen. Der kleine württembergische Prinz kommt nun, damals schon vaterlos, und schließt sich sehr eng an den König an, der für ihn so etwas wie älterer Freund und Vater zugleich ist. Und der Prinz hat mit fünfzehn und sechzehn Jahren zweimal dem schwedischen König das Leben gerettet, einmal hat er ihn vor dem Ertrinken, einmal vor dem Feuertod gerettet, ihn in allen Schlachten begleitet, und so ist in sehr frühen Jahren aus einem kleinen Buben ein Held geworden.
Dieser begabte Knabe ist dem König so lieb geworden, daß er – was wir in Württemberg überhaupt nicht wußten, was aber ein schwedischer Forscher vor kurzem festgestellt hat – von dem schwedischen König als künftiger Erbe der schwedischen Krone ausersehen war. Der König wollte, wenn er erst einmal wieder einen seiner vielen Feldzüge beendet haben würde, seine jüngste Erbschwester Ulrike mit diesem württembergischen Prinzen verheiraten. Man stelle sich vor: das Haus Württemberg in der

Schloß Winnental, Sitz der Seitenlinie Winnental seit der Regentschaft des Administrators Friedrich Karl.

nachgeborenen Linie Könige von Schweden und Eleonore Juliane als die Stammutter eines schwedischen Königshauses.
Diese hochfliegenden Pläne sind nicht durchgeführt worden. Der kleine Prinz starb mit knapp zwanzig Jahren auf einem Feldzug in Polen und wird, weil er evangelisch war und in Polen nicht bestattet werden konnte, nach Schlesien überführt und dort beigesetzt.

Der Mutter, die damals wieder in Ansbach lebte, hat man das Herz des Lieblingssohnes in einer silbernen Kapsel überbracht. Diese hat sie lebenslang in ihrem Schlafgemach aufbewahrt. Nach ihrem Tod ist diese Kapsel dann in sehr feierlicher Form in einem kleinen Sarkophag in der Fürstengruft der Ansbacher beigesetzt worden. Dort ist sie bis zum heutigen Tag erhalten.

Ja, Eleonore Juliane hat in ihrem Leben viel Kummer erlebt. Diese schöne und geistvolle Frau, über ihre Zeit hinaus gebildet, hat, als Eberhard Ludwig zur Regierung kam, sehr viel Verfolgung erleiden müssen, durch die Grävenitz, durch die wilden Verhältnisse am Stuttgarter Hof. Sie zog sich zunächst, wie erwähnt, ganz zurück nach Winnental in ihre sehr bescheidene Residenz, dann allerdings, als die einzige Tochter Christiane Charlotte ihren ansbachischen Vetter geheiratet hatte, übersiedelte die Mutter wieder nach Ansbach in das Land ihrer Kindheit und hat sich hier ihre Jugend zurückgeholt.

Sie hat den sehr klugen und liebenswürdigen Schwiegersohn, der zugleich ihr Neffe war, sehr geschätzt. Gefreut hat sie sich am meisten aber über das Glück ihrer Tochter, die in Ansbach zu einer ganz hervorragenden Regentin wurde.

Kummer hat Eleonore Juliane gehabt, als ihr Sohn Carl Alexander zum Katholizismus übertrat. Sie, die fromme Lutheranerin, hat aber diesen Schritt als eine Gewissensentscheidung anerkannt und respektiert. Der Briefwechsel zwischen den beiden ist nie abgerissen.

Mehr Kummer machte ihr der andere Sohn Friedrich Ludwig, der die abgelegte Mätresse Augusts des Starken heiratete, eine Finanzheirat. Sie wurde zwar Fürstin von Teschen genannt – das war ein kaiserlicher Rang – aber es war eine Dame aus dem Niederadel, die nicht mehr in der ersten Blüte stand. Das war eine der letzten großen Beschwerden der alten Herzogin-Witwe, daß ihr Sohn, aus einem großen Fürstenhaus stammend, eine solche Dame geheiratet hat.

Um so mehr war für sie das Glück der Ansbacher Tochter wichtig, und sie verbrachte ja ihren ganzen Lebensabend hier in Ansbach. »Crescit in immensum«, der Ruhm des Hauses Brandenburg wächst ins Unermeßliche, so, wie es hier als Lorbeerbaum, höher als eine Pyramide, am Kopfende dieser kostbaren Wiege abgebildet ist, die 1712 für den erwarteten Erbprinzen von Brandenburg-Ansbach geschaffen wurde.

Prunkwiege im Schloß Ansbach, geschaffen für den 1712 erwarteten Erbprinzen Karl, den Enkel der Eleonore Juliane.

Diese Wiege ist ein kostbares Werk des Johann Matusch in wertvollen Materialien, Schildpatt, Gold, Kupfer, Silber, Bronze, Einlegearbeiten, Vergoldungen, Schnitzereien, Malereien, alles ganz kostbar, um dem künftigen Erbprinzen eine würdige Heimstatt zu bereiten. Tatsächlich ist 1712 der Erbprinz Karl hier in Ansbach geboren worden, die große Altersfreude seiner Großmutter Eleonore Juliane von Württemberg, die oft an dieser Wiege gesessen haben mag.
Es gab sicher auch etwas bequemere Betten als diese Prunkwiege, aber das gehörte nun einmal zum fürstlichen Dekor, und sie mag darüber nachgedacht haben, was aus dem Knäblein wohl werden würde, der einzigen

Hoffnung des Hauses Brandenburg, dem künftigen großen Regenten, den sie sich ja wünschte.

Wir wissen aus Briefen, daß sie hoffte, er möge so werden wie der früh verstorbene Lieblingssohn Max Emanuel, dessen Herz sie ja bewahrte. Und sie mag daran gedacht haben – und sie hat sich das auch gewünscht –, daß auch von ihm einmal gelten möge, was der König von Schweden über Max Emanuel gesagt hat: ein Herz, ein Mut, in zwei Körpern.

Sie ist ihrem Ende, das sich durch Krankheit abzeichnete, mutig und ruhig entgegengegangen, Lutheranerin bis zuletzt, deswegen aber doch nicht mit ihrem katholischen Sohn entzweit; getröstet in der Musik, deren Pflege ihr besonders wichtig war, und die ja in Ansbach bis heute ihren Platz und ihre Stelle hat, glücklich im Zusammenleben mit ihrer Tochter, deren große Regententätigkeit in Ansbach sie in den Anfängen noch erlebt hat.

1724 ist Eleonore Juliane in Ansbach im Alter von wenig mehr als sechzig Jahren gestorben. Sie ist nach Stuttgart überführt worden und liegt dort an der Seite ihres Gemahls in der Stiftskirche begraben.

Ihr Nachruhm in Württemberg war trotz eines so tätigen und frommen Lebens beschränkt. Da sie weder lange in Stuttgart gelebt hat, noch dort gestorben ist, wurde sie außerhalb des Hauses fast ganz vergessen. Und doch ist sie die Frau, von deren großer und bedeutender Ahnenmasse eine Menge Begabung gekommen ist. Der eine Enkel, Karl von Ansbach, der andere, Carl Eugen von Württemberg, dessen Großmutter sie ja auch gewesen ist, zu beider Genie hat sie viel beigetragen.

Christiane Charlotte
von Brandenburg-Ansbach,
Prinzessin von Württemberg

1694–1729

Immer wieder ist es vorgekommen, daß Frauen, Töchter aus dem Hause Württemberg in andern deutschen Ländern als Regentinnen so Ausgezeichnetes geleistet haben, daß sie dort lange, sehr lange im Gedächtnis geblieben sind. Aber nur ein einziges Mal ist es einer von ihnen gelungen, einen König, das Bild eines Königs, ein großes gemaltes Portraitbild eines großen Königs, zu verdrängen. Das schaffte nur Christiane Charlotte von Württemberg, deren Porträt im Audienzsaal des Ansbacher Schlosses an die Stelle einer Abbildung Friedrichs des Großen trat.

Christiane Charlotte ist die Tochter des württembergischen Administrators Friedrich Karl, des Stammvaters des späteren Königshauses, und der Herzogin Eleonore Juliane geborene von Brandenburg-Ansbach. Sie, die als Prinzessin der württembergischen Seitenlinie Württemberg-Winnental, also als armes Prinzeßlein, geboren wurde, ist zu einer der bedeutendsten Fürstinnen Deutschlands im 18. Jahrhundert geworden.

Zunächst ist ihr, wie man so schön sagt, an ihrer Wiege dieses Glück nicht gesungen worden. Ein Jahr vor ihrer Geburt ist ihr Vater Friedrich Karl, der ausgezeichnete Administrator Württembergs, während der Minderjährigkeit des jungen Eberhard Ludwig durch eine böse Intrige von dessen Mutter, der Herzogin-Witwe Magdalene Sibylle, aus der Regentschaft verdrängt worden, zu Gunsten des ganz unfertigen und damals ungeeigneten Eberhard Ludwig.

Friedrich Karl hatte ein sehr waches Ehrgefühl, er hat dies sehr schwer genommen und ging aus Württemberg weg in kaiserliche Dienste. Solange der Vater im Kriege war, hat die Mutter Juliane Eleonore in dem damals sehr altmodischen Schloß in Kirchheim/Teck als letztes Kind diese Tochter geboren. Schon im Alter von vier Jahren verlor die kleine Prinzessin ihren Vater. Die Mutter zog dann wegen vieler Intrigen und wegen des Zerwürfnisses mit Eberhard Ludwig und der eigennützigen Schwägerin Magdalene Sibylle aus Stuttgart weg in das sehr bescheidene Schloß Winnental, das der jüngeren Linie Württemberg gehörte.

Dort, in einem sehr, sehr bescheidenen Schloß und einem ländlichen Garten, hat die kleine Prinzeß ihre Jugend erlebt, sehr sorgfältig betreut von der Mutter und guten Hauslehrern. Sie konnte für ihre Zeit eine sehr große Bildung aufweisen, auch wenn später ihre Orthographie recht mangelhaft war – aber das war sie bei vielen, selbst berühmten Leuten des 17. und 18. Jahrhunderts. Von Winnental aus hat sie dann nach und nach alle ihre

Audienzsaal im Schloß Ansbach mit dem Prunkgemälde, das Christiane Charlotte zeigt.

Brüder aus dem Haus gehen sehen, zuletzt auch noch den sehr geliebten Bruder Max Emanuel, der in schwedische Dienste trat.
Mutter und Tochter leben dort also auf dem Lande, mit wenig Berührung zum Stuttgarter Hof, schon wegen des Mißregiments der herzoglichen Mätresse, der Graevenitz, die dort das allmächtige Wort hatte. Die stolze Mutter Eleonore Juliane wollte sich dieser hergelaufenen Abenteurerin ja nicht nachgeordnet sehen. So ist die Jugend sehr still und einsam verlaufen, und beinahe wäre das begabte und charmante junge Mädchen sitzengeblieben, auch wegen der großen Armut. Da kommt – wirklich wie im Märchen – der reiche Freier, Wilhelm Friedrich, Markgraf von Brandenburg-Ansbach.
Er war kein Unbekannter, schließlich war man nahe verwandt: Die Mutter der Braut, Eleonore Juliane, und der Vater des Bräutigams, Johann Friedrich von Brandenburg, waren Geschwister, Braut und Bräutigam also Cousin und Cousine. Der junge Mann hat in seinem Leben manchen Schicksals-

schlag erlebt. Er hat, als er erst wenige Tage alt war, schon seinen Vater verloren. Die bildschöne und sehr hochbegabte Mutter, Erdmute Eleonore von Sachsen-Eisenach, hat dann, überredet von Verwandten, noch einmal geheiratet, einen sehr üblen Menschen, den Kurfürsten Johann Georg I. von Sachsen.

So sind der kleine Junge und seine Geschwister, darunter auch die spätere Königin Karoline von England, mit der Mutter an den Hof des Stiefvaters nach Dresden gegangen, und dort waren sie nicht nur das fünfte Rad am Wagen, sondern überhaupt kein Rad.

Der Kurfürst hatte eine Mätresse, eine sehr merkwürdige und auch sehr bösartige Frau, und die wunderschöne Mutter hatte am Hof überhaupt nichts zu sagen, die Stiefkinder des Kurfürsten wurden links liegen gelassen. Es muß eine sehr harte Zeit gewesen sein. Dann starb der Kurfürst und kurz darauf auch die Mutter, so daß der junge Prinz mit zehn Jahren Vollwaise war.

Er kam zurück nach Ansbach, war an sich nicht zur Regierung bestimmt, denn er hatte zwei ältere Brüder. Diese starben dann aber beide, der eine an einer Krankheit, der andere – der ein strahlender Feldherr war, ein glänzender Ritter – fiel 1703 im Spanischen Erbfolgekrieg. Und nun war der junge und nicht für den Thron erfahrene, sehr ängstliche, wenn auch menschlich sehr feine und noble Charakter plötzlich mit siebzehn Jahren der Regent eines bedeutenden Landes. Er fühlte sich dieser Aufgabe nicht gewachsen, ängstlich und zögernd wie er war. Er brauchte jemand, der ihn fest an die Hand nahm.

Seine Räte waren in Sorge, denn er wurde immer älter und zeigte vor der Ehe eine gewisse Scheu. Schließlich erinnerte man sich an die Cousine in Württemberg, ganz arm, aber so charmant, so klug, so liebenswürdig, so gebildet, so witzig, so voller Einfälle. Man dachte, das wäre doch die rechte Frau, und, von einer Venedigreise zurück, schickten die Ansbacher Räte den Landesvater nach Winnental zur Tante und Cousine. Die Cousine ist noch nicht einmal fünfzehn Jahre alt, aber er klopft an und – es ist wahrhaft ein Wunder – er bekommt das Ja-Wort. Natürlich war die Tante nicht unbeteiligt an dieser Aktion, sicher hat man das vorbereitet, aber die junge Braut war etwas so Entzückendes, etwas so Charmantes gewesen, daß tatsächlich dieser schwerlebige und zögernde Mensch von ihrem Charme, ihrer Klugheit und ihrem Witz mitgerissen wurde.

Es wurde noch der fünfzehnte Geburtstag von Christiane Charlotte abgewartet und dann in Stuttgart geheiratet. Aber gleich hat die Witwe Juliane Eleonore darauf gedrängt, daß man Stuttgart möglichst schnell verlasse. Die Flitterwochen wurden in Triesdorf bei Ansbach gefeiert, im Sommer- und Lustschloß, das dann später im Volksmund, als in nachkommenden Generationen im Hause Brandenburg-Ansbach die ewigen Ehemiseren überhandnahmen, sehr schnell den Namen »Vertriesdorf« bekam. Damals war Triesdorf also noch der Schauplatz sehr schöner Flitterwochen.
Im September 1709 zieht dann die junge Prinzessin und Markgräfin mit ihrem Gatten, aber auch von der Mutter observiert, in Ansbach ein. Die Mutter freute sich natürlich ganz besonders, daß sie wieder in ihrer Jugendheimat war. Es war ein wirklicher Jubel. Lange Zeit hatte es hier im Hause keine Fürstin mehr gegeben, und diese jugendliche, unbefangene, nicht naive, aber sehr verbindliche, gut erzogene, gebildete junge Frau hat im Flug alle Herzen gewonnen. Der Hof, der vorher etwas verdrossen und einsam war, der in dem sehr schwerlebigen Fürsten keinen rechten Mittelpunkt hatte, bekommt jetzt mit Christiane Charlotte plötzlich einen Mittelpunkt.
Ansbach wird zu einem großen Anziehungspunkt für Künstler, für Maler, für Musiker, und die junge Frau versteht es, obwohl sie noch keine sechzehn Jahre alt ist, hier alles umzukrempeln. Sie fing zunächst einmal mit der Architektur an. Das alte Ansbacher Schloß, ein Bau aus dem Mittelalter, war immer mal wieder, in der Renaissance, im Frühbarock, umgebaut worden. Sie versucht nun, in einem großen Zug das Ganze zu meistern. Vor Ort war der aus Graubünden stammende Architekt Gabrieli, der in schweren österreichischen Formen des Barock baute. Die junge Markgräfin war Lutheranerin, und eine sehr überzeugte dazu, und fand an diesem schweren Barock nicht die richtige Freude. Er war ihr zu wienerisch, zu österreichisch, zu katholisch, wie sie sagte.
Damals war gerade ihr älterer Bruder Carl Alexander zum Katholizismus übergetreten, und sie wollte nun zeigen, was eine gute Lutheranerin kann. Also: weg mit dem österreichischen Barock, weg mit dem Architekten Gabrieli, der nach Eichstätt ging. Sie findet nun an den Freiherrn von Zocha, zwei Brüdern, die Architekten zum Umbau der Residenz in französischem Gout – das waren schon damals übliche Ingenieur-Architekten, Offiziere, die in Baukunst dilettierten, aber auf eine sehr elegante Weise.

Details der Fayence-Arbeiten im »Gekachelten Saal« der Ansbacher Residenz

Stärker dem Klassizismus verhaftet – etwa die Louvre-Fassade und ähnliches steht in Ansbach dann Pate – kommt es vor allem zu einer großartigen Umformung der ganzen mittelalterlichen Stadt im Sinne moderner Gartenarchitektur: Rasenparterre, Garten von Versailles und andere Gärten spielen eine große Rolle.

Die Umgestaltung vollzieht sich mit einer ungeheuren Verve, die nur immer wieder vom Geldmangel in der Kasse gehemmt wird. Christiane Charlotte ging ihre neuen Aufgaben als Landesmutter mit einem unglaublichen Tempo an, mit einer großen Beweglichkeit, mit viel Engagement. Sie hatte eine zupackende Art. Alles, was der Gatte zögernd überlegte, setzte sie sofort in die Tat um. So ist in Ansbach eine ihrer ersten Schöpfungen die berühmt gewordene Fayence-Manufaktur, eine Majolika-Manufaktur, gewesen.

Das Porzellan war damals in Deutschland noch nicht erfunden, das ostasiatische unendlich teuer. So half man sich geistvoll und witzig mit dekorier-

Die unter Christiane Charlotte erbaute Orangerie von Schloß Ansbach

ter Majolika nach italienischer Art. Diese Manufaktur hat dann lange, das ganze 18. Jahrhundert über, bestanden. Noch heute kann man in Ansbach eine Kollektion der schönsten Kacheln bewundern, die zwar Jahrzehnte später entstanden sind, aber nach einem Musterbuch, das auf Christiane Charlotte zurückgeht und nach Mustern, die in ihrer Zeit unter ihrer persönlichen Einwirkung gezeichnet wurden: Kacheln in vier Farben mit sehr bunt gemischten Themen, mit asiatischen, persischen, türkischen Motiven, christlicher Emblematik, derben Bauernszenen, dezenter Erotik, deutlicher Erotik, Jagdszenen, Bildern aus Vogelbüchern, aus Pflanzenbüchern, das Ganze ein buntes Sammelsurium, aber entzückend, zum darauf spazierengehen. Ein ganzer Saal wurde damit dekoriert.
Genau so, wie sie diese Manufaktur angegangen ist, hat sie beispielsweise das Theaterwesen angefaßt, hat rund um die alte Hofburg Gärten angelegt, hat eine Orangerie bauen lassen. Kurzum, sie ist eigentlich unendlich tätig, immer nur dann gebremst, wenn der nervus rerum einmal wieder versagte.

Der Staat Ansbach war ja nicht so reich, daß er diese unendliche Tätigkeit dauernd hätte ertragen können. Gleichzeitig hat die junge Frau auch ihre Pflicht als Landesmutter erfüllt. 1712 wird der Erbprinz Karl geboren, den sie so sehr geliebt hat, der spätere sogenannte »Wilde Markgraf«, der noch die Freude seiner Großmutter Eleonore Juliane war, und der das einzige Kind bleiben sollte – die andern Kinder der Markgräfin starben jung –, der aber durch seine ungebärdige, begabte und vielseitige Art den Eltern ebensoviel Freude wie Sorge machte.
Es gibt einen ganz entzückenden Brief, in dem sie ihrem Gatten, der zu einem Staatsbesuch in Wien weilt, und ihren Bruder, den württembergischen Herzog Carl Alexander, besucht, über das Ergehen von Sohn und Familie berichtet. Die Ehe war für eine damalige Fürstenehe ungewöhnlich gut. Sie hat ihren Mann, obwohl er so viel weniger als sie selbst tätig war, ehrlich geliebt und sehr verehrt, ja geradezu vergöttert.
Sie nennt ihn immer »mein Engelsherz« oder mein »Engelsmarkgraf«, und das ist wirklich ehrlich gemeint in einem ganz intimen Brief, in dem man das gut durchhört: »Mein Engelsherz, kann ich nicht genugsam danken, daß du mich so fleißig mit deinem Schreiben erfreuest, dann mir wohl in meines lieben Markgrafen Abwesenheit kein angenehmere Freud widerfahren kann, als wann ich durch dein allerliebstes Schreiben deines genadigten Andenkens versichert werde.« Und dann gibt sie ihm ganz nebenbei gute Ratschläge, bemerkt, es sei auch wieder wenig Geld da, er solle mal wieder ein bißchen für Nachschub sorgen, und dann, was den Vater wohl am meisten freute, folgen Nachrichten über den kleinen Karl, der damals ja nicht mehr in der Wiege lag und schon ein ungebärdiges Kind war. »Der Carl ist gottlob gesund und wohlauf, und darf ich wohl sagen, daß, je öfter ich ihn sehe, ich zu seinem Vorteil ihn geändert find und es gehet mir mit ihme halt wie den Affen mit ihren Jungen.« Eine Frau mit Humor und Selbstkritik, überhaupt ein rundherum patenter Mensch, dem man ausgesprochen wohl will in all seinen Aktivitäten. Sie war nicht hektisch, es war keine Aktion um jeden Preis, alles war sehr gut überlegt.
Sie hat sich beispielsweise ihre württembergischen Vorfahren zum Vorbild genommen und eine sehr reich dotierte Bibliothek gegründet, die dann für die Ansbacher Kultur im 19. und schon vorher im 18. Jahrhundert sehr viel bedeutete, eine öffentliche Bibliothek nach dem Muster der Stuttgarter Bibliothek mit einer großen Bibelsammlung. Zudem eiferte sie ihren würt-

tembergischen Vorfahren in der Sparsamkeit der Verwaltung nach. Sie hat selbst Entwürfe für die Reduktion des großen Aufwandes ersonnen und auch durchgeführt.

Da kommt der große Schicksalsschlag ihres Lebens. Im Jahre 1723, Anfang Januar, stirbt ihr Gatte, der immer kränklich gewesen war: Sie ist nun in verhältnismäßig jungen Jahren Witwe und ist außerdem für den unmündigen Karl, den späteren »Wilden Markgrafen«, Vormünderin und Regentin des Landes. Beides hat sie sehr betont in die Hände genommen.

Sie war von ihrer Mutter sehr gut erzogen in Staatswissenschaften, in Geschichte, in Recht, sie hatte einen sehr klaren Verstand, sie konnte mit Menschen umgehen. So ist diese Regentschaftszeit bis zu ihrem Tode 1729 für die Bevölkerung eine ausgesprochen reiche Segenszeit gewesen. Das hat ja auch ihr großes Andenken in Ansbach wachgehalten, diese unendliche Tätigkeit, jetzt alleinverantwortlich, vielleicht kann man sagen, nicht mehr von dem zögernden Gatten gebremst.

So kommt es zu einem Plan, der ganz württembergisch ist: sie beschließt nach dem Muster von Tübingen eine Landesuniversität zu gründen und hat dazu einen großen Fonds angesammelt. Die Universität sollte nach Crailsheim kommen. Warum hätte aus Crailsheim nicht eine Universitätsstadt werden sollen, wenn aus Gießen oder aus Erlangen eine geworden ist! Der Crailsheimer Universitätsfonds war ihr Lieblingskind. Sie hat später ihr ganzes Privatvermögen in diesen Fonds hineingestiftet.

Da stirbt sie 1729, gerade fünfunddreißig Jahre alt. Die Regentschaft hatte ihre Kräfte aufgezehrt. Die Universität, deren Gründung vom Kaiser bereits gebilligt war, kam allerdings nicht mehr zustande. Der Enkel, der letzte Markgraf in Ansbach, Markgraf Alexander, beschloß, was zum Wohle der Untertanen und zu ihrer Bildung gestiftet worden sei, das könne sehr wohl auch zur Bildung des Landesvaters und seiner Geliebten, der berühmten englischen Lady Graven, genutzt werden. So legten die neuen Landeseltern den Universitätsfond auf ganz andere Art an und unternahmen mit allem Prunk eine jahrelange Italienreise. So ist es also in Crailsheim zu keiner Universität mehr gekommen.

Etwas anderes hat sie noch, schon todkrank, erreicht, nämlich die Verbindung ihres einzigen Sohnes mit dem preußischen Königshaus. Der junge, ungebärdige Markgraf bekommt eine Schwester Friedrichs des Großen zur Frau, Friederike Luise, die allerdings nicht die beste Gattin für ihn war:

schwermütig und schwerlebig, eine ewig weinende, maßleidige, im Alter geisteskranke Prinzessin, weshalb auch nur ein einziges Kind, ein früh verstorbener Sohn, aus dieser Ehe stammt.
Dies hat Christiane Charlotte nicht mehr erlebt. Weihnachten 1729 ist sie in Ansbach gestorben, eine Frau, die das allerbeste Andenken bei Hoch und Niedrig hinterlassen hat, von jedermann geschätzt und geachtet, von vielen geliebt. Es liegen rührende Zeugnisse über ihr Lebensende vor, und es gibt Leichenpredigten, die wir nicht in die barocke Übertreibungsfreude hinein stilisiert sehen dürfen, sie sind wirklich ernst gemeint.
Der Hofprediger Staudacher hat ihr nachgerufen: »Sie war eine Krone unter den Fürstinnen, ein Morgenstern unter so vielen leuchtenden Sternen, ein Diamant unter den Steinen«. Und der Freund Bachs, durch den die Verbindung zwischen Ansbach und Leipzig geschaffen wurde, der spätere Rektor der Leipziger Thomasschule hat ihr in einem berühmten lateinischen Nachruf das schöne Zeugnis gegeben: »Sei gegrüßt Du Christina, Du Charlotte, Du beinahe Heilige, Du Glückliche; bleibe nun bei den Oberen im Himmel, aber hinterlasse Du unter uns Menschen den Ruhm eines immerwährenden und nie verlöschenden guten Andenkens.«

Maria Augusta von Thurn und Taxis

1706–1756

Früher hat man die Geschichte eines Landes im wesentlichen als eine Folge der Regenten dargestellt, hat eben einen Karl nach dem andern und einen Friedrich nach dem andern hergezählt.

Von deren Frauen hat man wenig bis gar nichts zu berichten gewußt, bestenfalls hat man ihnen die Rolle von Stammüttern zugewiesen. Aber wenn wir den württembergischen Herzog Carl Eugen in seiner ganzen reichen Begabung, aber auch in seinem unsteten Wesen richtig verstehen wollen, so brauchen wir dazu vor allem die Geschichte des Lebens seiner Mutter und ihrer Vorfahren. Denn diese Mutter, Maria Augusta Anna von Thurn und Taxis, die Frau des Herzogs Carl Alexander, ist es ja, die dieses ungemein reiche und begabte Erbe für Carl Eugen mitgebracht hat. Dennoch gehört sie im Lande zu den wenig bekannten und oft stark verkannten Frauen im Hause Württemberg. Ihr gegenüber hat das württembergische Volk zweifellos starke Ressentiments gehabt, und ein klein wenig sollte man das zurechtrücken und die guten Seiten, die ganz zweifellos auch vorhanden waren, mehr hervorheben.

Wenden wir uns zuerst dem Ehemann zu: Carl Alexander war zwar der älteste Sohn des Administrators Friedrich Karl von Württemberg und der Herzogin Eleonore Juliane von Brandenburg-Ansbach, aber doch Angehöriger einer jüngeren Linie, zunächst durchaus nicht für den Thron bestimmt, sondern – wie das damals das Schicksal jüngerer Prinzen eben war – dem Heeresdienst oder dem Dienst des Kaisers in Wien von frühester Jugend an geweiht und gewidmet. Was man in Württemberg vielfach vergißt: Carl Alexander ist nicht, oder nicht nur, der Herzog, der die Affäre Jud Süß durchstand, sie bis zu einem gewissen Grade auch provoziert hat, nicht nur der böse Katholik, der das Land mit Wagenladungen von Rosenkränzen, wie man sich damals erzählt hat, wieder katholisch machen wollte, sondern er ist im Dienste Habsburgs und des Deutschen Reiches einer der bedeutendsten und fähigsten, der schlagkräftigsten und tatkräftigsten Männer gewesen, die den Balkan nach der Türkenzerstörung wieder europäisiert haben.

Die große Lebensleistung Carl Alexanders liegt nicht in den vier Jahren, die er Herzog in Württemberg war, sie liegt in den Jahrzehnten unter Prinz Eugen, unter Joseph, unter Karl VI. auf dem Balkan. Nur durch den Zufall mehrerer rasch aufeinander folgender Todesfälle ist diesem gar nicht für den Thron erzogenen Militär und hervorragenden Verwaltungsfachmann

Herzog Carl Alexander (1684–1737), der Gemahl von Maria Augusta

dann plötzlich ein Herzogtum, wie man zu jener Zeit sagte, »anerstorben«. Ein reifer, ein – wie man es damals sah – schon alter Mann wird Herzog, kommt nach Württemberg, und ist bitter enttäuscht, daß er hier viel weniger Freiheit hat als auf dem Balkan, wo er militärischer und ziviler Gouverneur in einem war, wo alles nach seinem Willen ging. Nun kommt er hierher und hat Landstände, mit denen er gar nichts anzufangen weiß.

Carl Alexander ist, und das ist ja dem Lande später immer wieder ein Anstoß gewesen, protestantisch geboren und erzogen, am Wiener Hof zum Katholizismus übergetreten. Aber – das muß einmal zurechtgerückt werden – er hat dies nicht um irgendeines Vorteils willen getan, sondern es war, das wissen wir aus Briefen an seine Mutter, eine Gewissensentscheidung. Er konvertierte nicht, wie oft hämisch gesagt wurde, um damit die reiche katholische Erbin Thurn und Taxis heiraten zu können, sondern er hat es einfach aus Überzeugung getan. Die Heirat mit ihr war ja auch erst viel später.

Carl Alexander ist also zunächst ein jüngerer Sohn, der im Reichsdienst im glanzvollen Wiener Barock sich auszeichnet, katholisch wird und nun eine katholische Gattin bekommt. Diese Maria Augusta Anna von Thurn und Taxis ist eine sehr charmante, sehr kapriziöse Frau. Sie ist hochbegabt, von ihr hat Carl Eugen die Brillianz, sie ist aber auch launisch und mitunter sehr unstet, mit vielem belastet, was man ihr eben in der Fürstenwelt ihrer Zeit nicht durchgehen läßt. Maria Augusta ist ja nicht als künftige Herzogin von Württemberg geheiratet worden.

Heute sind die Thurn und Taxis eine der profiliertesten und prominentesten Familien. Aber damals, als der Herzog von Württemberg seine junge Frau heiratete, war die Familie noch sehr im Aufsteigen; eine Familie, die aus eigener Kraft im Laufe von wenigen Generationen aus dem einfachen Adel in den Fürstenstand gelangt ist, innerhalb eines Jahrhunderts.

Die Daten sind höchst interessant. Leonhard von Taxis ist noch ein einfacher Adliger. 1608 wird die Familie in den Freiherrn-, 1624 in den Grafenstand erhoben. In der dritten Generation werden sie 1695 Fürsten. Noch der Vater der jungen Herzogin von Württemberg ist als Graf geboren, und als sie in Brüssel zur Welt kam, da ist das Haus gerade zehn Jahre im Reichsfürstenstand.

Auch ihre Mutter kommt nicht aus dem Kreis der alten Fürstenhäuser Europas, aber sie kommt aus einem der begabtesten. Sie ist eine Böhmin, eine Lobkovitz, mit einer ganz internationalen Ahnentafel über alle europäischen Länder hinweg. Vater und Mutter kommen gewissermaßen aus Aufsteigerfamilien, aber die beiden Großmütter stammen aus den allerältesten Familien unseres Landes.

Die Großmutter väterlicherseits war Adelheid von Fürstenberg-Heiligenberg, aus dem heute noch blühenden Hause. Kaum ein Geschlecht ist älter

und eingesessener in Schwaben. Die Großmutter mütterlicherseits war eine Markgräfin von Baden-Baden, aus der hochbegabten Linie, die auch den Türkenlouis hervorgebracht hat. Maria Augusta stammte also von Vater und Mutter her gewissermaßen aus Aufsteigerfamilien internationaler Prägung, sie war von den beiden Großmüttern her, Fürstenberg und Baden-Baden, aus großen, alteingesessenen Familien.
Das gibt nun eine so spannungsreiche Mischung, daß wir wirklich staunen können. Fast ganz Europa kommt auf der Ahnentafel der Augusta vor, und zwar in einer ganz bunten Mischung. Einmal nach Sprachen, Kulturen, Ländern und Völkern, zum andern auch konfessionell. Die Vorfahren der Augusta weisen konfessionell fast alles auf, was man damals auf einer Ahnentafel nur haben konnte: Katholiken, auch Reformierte, Lutheraner, Utraquisten, Hussiten, Griechisch-Unierte und Böhmisch-Unierte – also alle Möglichkeiten, die es gab.
Außerdem geht es auch noch sozial quer durch. Carl Alexanders Ahnentafel ist ganz gleichmäßig die eines deutschen Fürstenhauses, wie sie sich in ständiger Gleichheit bis in den Barock heraufgebildet hat. Maria Augusta hat von den Kaisern bis zu Bürgern alles, was nur möglich ist. Thurn und Taxis selbst gehörten ja als Aufsteiger, als Großunternehmer, zu einer Schicht, die es durch eine nie nachlassende Tüchtigkeit, durch geniale Begabung, wirklich im Laufe eines Jahrhunderts bis zum Fürstenrang gebracht haben, nicht ohne Verdienst, nicht ohne Leistung. Daneben haben wir die Könige von England, Schottland, Schweden, die Könige Spaniens, und eigentlich jeden sozialen Stand, den man überhaupt haben kann.
Ich kenne wenige Ahnentafeln, die so unglaublich viel aussagen, sowohl über das Temperament – also über die spannungsgeladene Erbmasse der Maria Augusta – wie auch über die Erbmasse, die Carl Eugen zu einem der bedeutendsten Fürsten Europas im 18. Jahrhundert und doch zu einem der besten württembergischen Regenten, zumindest am Ende seines Lebens, hat werden lassen.
Diese Ahnentafel der Maria Augusta enthält: die Taxis aus der niederländisch-italienischen Linie, dann die Taxis aus der schweizer, teilweise reformierten Linie, die Grafen von Rye-Varax aus Hoch-Savoyen, die Fürsten von Braine-le-Château aus den Pyrenäen, die berühmten Grafen von Horn und Egmont aus den niederländischen Freiheitskriegen; dann das schwäbische Element mit der Großmutter Fürstenberg, zeitweilig protestantisch

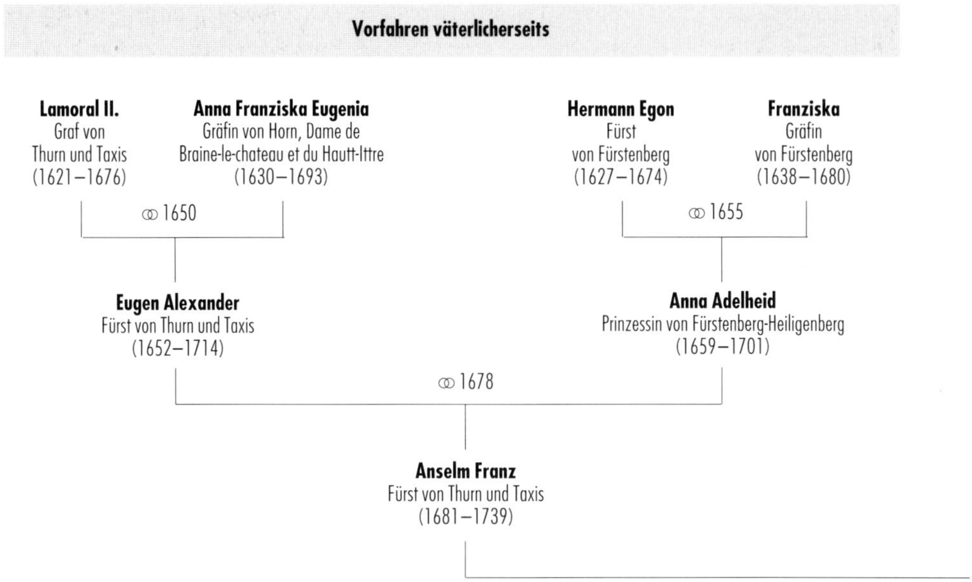

gesonnen, die Pfalzgrafen von Sulzbach, zeitweilig protestantisch, dann Hohenzollern-Sigmaringen, immer katholisch, die Wild- und Rheingrafen, konfessionell gemischt, wiederum die Fürstenberger der zweiten Linie, protestantisch, dann die Grafen von Hanau, Protestanten, die Fürsten von Hohenlohe-Langenburg. Es folgt Böhmen mit den Fürsten von Lobkowitz, aufgestiegen damals aus dem Grafenhaus. Protestantisch sind die Pfalz-Neuburg, gemischt konfessionell die Fürsten von Jülich-Cleve, protestantisch-lutherisch die Holstein-Sonderburg und das dänische Königshaus. Dazu kommen die katholischen Baden-Baden und die protestantischen Wasa-Könige von Schweden. Es folgt im Stammbaum wieder ganz vornehm Oettingen, Hohenzollern und unsere schwäbischen Helfenstein, dann die Freiherrn von Staufen im Breisgau. Die Mutterlinie von Carl Eugen führt also wieder in den Kern unseres Landes.

Es gibt wenige Ahnentafeln, die so spannungsreich, man könnte sagen bizarr sind, und ebenso bizarr war natürlich dieses junge Mädchen. Sie war

Vorfahren mütterlicherseits

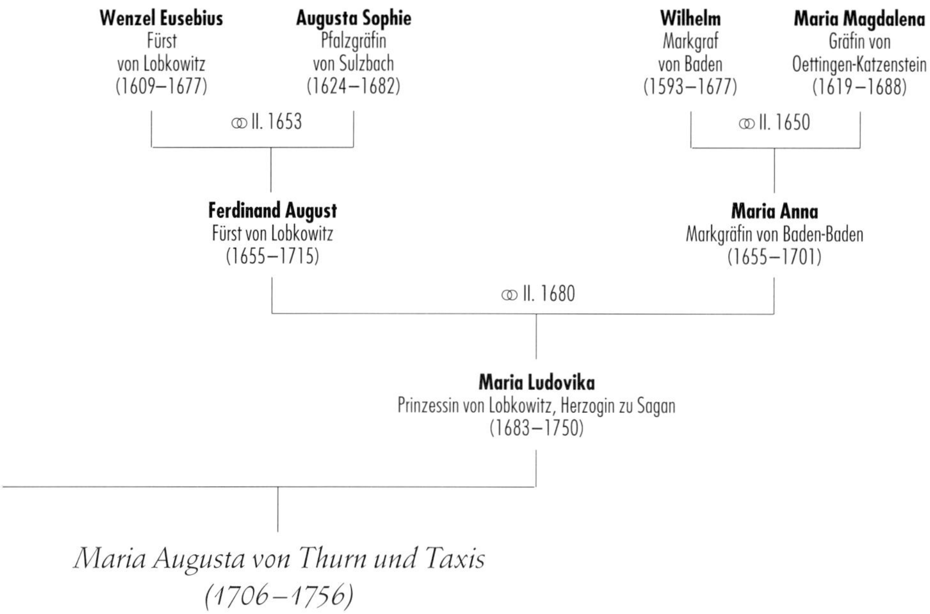

gewissermaßen querbeet in ganz Europa zu Hause. Wenn man die Orte ansieht, an denen ihre nahen Vorfahren, ihre Eltern, Großeltern, Urgroßeltern, gelebt haben, dann hat man die Landkarte von ganz Europa vor Augen: Frankfurt und Brüssel, Wien und Raudnitz an der Elbe, Baden bei Wien und Regensburg, Wien, München, Sagan in Schlesien, Baden-Baden, Eger, Antwerpen, Paris, Brüssel, Heiligenberg am Bodensee, Stühlingen im Klettgau, Prag, Sulzbach in der Oberpfalz, Baldern im Ries.

Auch das zeigt, mit welcher Intensität die Thurn und Taxis sich sozusagen in ganz Europa verankert haben. Ihre Beziehungen, ihre Verwandtschaft, ihre Interessen waren weit gestreut, und entsprechend reich war die Bildung, die das junge Mädchen mitbekam, in einem sehr anmutigen und belebten Geschwisterkreis.

Früh schon ist die Kaprice der jungen Dame aufgefallen. Sie hat sich dem Zwang nicht gefügt, hat sich wenig in die steife Etikette gefunden. Das ist ganz begreiflich, wenn man zwischen so vielen Ländern hin- und herreist,

als junges Mädchen, als junge Frau. So wird man natürlich ganz und gar international und findet die Etikette nicht gar so anziehend. Deswegen gab es dann auch die schlechte Presse, die Maria Augusta teilweise gehabt hat.
Als noch junges Mädchen heiratete sie einen verhältnismäßig alten Mann. Carl Alexander hat vorher einfach keine Zeit gehabt, neben seinen Feldzügen und den riesigen Verwaltungsaufgaben auf dem Balkan sich auch noch nach einer Frau umzusehen. Er hat diese so viel jüngere Frau geheiratet, als sich die Möglichkeit abzeichnete, daß er noch Herzog werden würde.
Maria Augusta hat sich dann im Lande nicht wohlgefühlt. Die Konfessionsverschiedenheit war da, aber auch die Schwierigkeit der Beschränkung der fürstlichen Macht durch Landstände, die ihr ungewohnt war und widerwärtig, wie sie es auch ihrem Gatten sein mußte. Sie hat sich also mit den führenden Familien in Württemberg nicht gut stellen können.
Sehr viel hat sie für die Kunst getan. Wir haben ja in Ludwigsburg und auch anderwärts noch die Relikte ihres feinen, erlesenen und subtilen Geschmacks. Sie war eine gute Katholikin, sie war in diesem Glauben erzogen. Sie konnte sich, obwohl sie so viele prononcierte, ja kämpferische Protestanten auf ihrer Ahnentafel hatte, zum Beispiel einen Gustav Wasa, in ihre protestantischen Untertanen und in den Protestantismus nicht hineinfühlen. Es gab dazu für sie auch keinen Anlaß.
Es kam nun im Lande das Mißtrauen auf gegen jemanden, der künstlerisch begabt und fähig war, auch gegen die Katholikin, und dazu in der Fürstenwelt, in der Verwandtschaft ihres Mannes, eine ganz leichte Malice über die Dame, aber auch über ihre Herkunft. Man hat natürlich darauf hingewiesen, daß Fürstenberg und Baden-Baden große Familien sind, aber bei den Thurn und Taxis doch, wie ein Zeitgenosse sagte, der Lack des Fürstenwappens am Kutschenschlag noch etwas feucht sei. Das war nachteilig, aber ganz unrichtig war es nicht.
Nun bekam Maria Augusta, und das hat das Urteil über sie sehr bestimmt, später eine Gegen-Schwiegermutter, die selber aus Médisance und Malice zusammengesetzt war, eine sehr schwere Jugend hinter sich hatte, die sie seelisch verwundet hatte. Das war die Lieblingsschwester Friedrichs des Großen, Wilhelmine von Brandenburg-Bayreuth, die gerne englische Königin geworden wäre, der ihr harter Vater das nicht erlaubt hat, und die dann mit dem armen Brandenburger Vetter vorliebnehmen mußte. Ihre einzige Tochter hat dann Carl Eugen geheiratet.

So werden die Königstochter von Preußen und die neugefürsteten Thurn und Taxis nun Gegen-Schwieger, und die Brandenburgerin in Bayreuth – alt und enttäuscht, von ihrem Mann betrogen –, die hat nun eben, wo sie konnte, harte Urteile gefällt, und eines der härtesten über unsere Maria Augusta von Württemberg.

Maria Augusta fand den Ton am Bayreuther Hof entsetzlich steif, und anscheinend ging ihr die Konversation bei einem Mittagessen so auf die Nerven, daß sie schließlich die Serviette nahm und über den Tisch warf, um damit zu spielen. Man kann sich vorstellen, wie der Markgraf von Bayreuth, der für solche Dinge durchaus zu haben war, wenn nur die Dame hübsch war, sofort zugreift, und wie die preußische Königstochter und Königsschwester völlig erstarrt, kein Wort mehr redet und in ihrem Tagebuch und auch in ihren Briefen sehr, sehr harte Worte über diese Parvenus findet.

Maria Augusta war weder launisch noch schlecht erzogen, noch war sie ein Parvenu. Sie war ein bunter Paradiesvogel unter den Fürstinnen ihrer Zeit.

Aber es gab auch andere schwere Vorwürfe. War sie tatsächlich eine so wenig sittlich gefestigte Frau, wie man das in Württemberg hinter vorgehaltener Hand und auch ganz leicht hämisch erzählte: »Ha ja, onser Herzogin, bei der weiß mr au net so.«

Sie ist sehr jung Witwe geworden. Im Spiegelkabinett des Ludwigsburger Schlosses, das eigentlich nur für Feste, Freude und Vergnügungen gedacht war, ist in den Märztagen des Jahres 1737 ihr Gatte Herzog Carl Alexander – sagen wir einmal vorsichtig – auf eine bis heute nicht geklärte Weise zu Tode gekommen. Das wurde zu einem Wendepunkt in ihrem Leben, denn nun kommt es zu jener berühmten landständischen Reaktion. Die Affäre »Jud Süß« wird hochgespielt, in einer Weise, bei der man ganz deutlich sieht, daß eben nicht nur der Jud Süß und seine Finanzpolitik, sondern auch der Herzog und die Herzogin getroffen werden sollen.

Man nimmt der Mutter die Söhne weg. Sie werden nach Preußen gebracht, weil man glaubte – und das war ja wohl einer der größten Irrtümer in der württembergischen Geschichte – Friedrich der Große sei ein guter Erzieher. Dort wurden die Prinzen dann, getrennt von der Mutter, stockprotestantisch indoktriniert.

Die Mutter saß nun einsam und allein da, von der Verwandtschaft auch nicht so unterstützt, wie man das hätte wünschen mögen. Sie war noch

Spiegelkabinett des Schlosses Ludwigsburg – in diesen Räumen fand Herzog Carl Alexander von Württemberg 1737 den Tod.

sehr jung, und wenn man ihre Ahnentafel durchmustert und diese vielen schönen und temperamentvollen Frauen sieht, braucht es nicht zu wundern, daß sie nun auch nicht aus Marmor gehauen war.
So kommt es zu jener Phase im Leben der jungen Witwe, die für Töchter als Geschichtsunterricht nicht unbedingt geeignet ist. Aber man muß einer Fürstin im 18. Jahrhundert einfach andere Anschauungen und Maßstäbe zubilligen. Sie hat vielleicht gelegentlich in ihrer Einsamkeit, in ihrer Verlassenheit, in ihrer politischen Rückhaltlosigkeit, ihr ganzes Elend mit Menschen geteilt, die ihrer nicht ganz würdig waren. Aber sie hat doch auch immer wieder versucht, und da kommt ihre Frömmigkeit durch, sich wieder zu fangen.

Schloß Göppingen, Alterssitz der Maria Augusta von Thurn und Taxis. Blick in den Innenhof.

Aber Carl Eugen nahm natürlich Anstoß an diesem Leben seiner Mutter, und es ist verständlich, weil die beiden sich so sehr ähnlich und im Charakter fast gleich waren, daß er die Mutter dann an einen sehr kleinen Hof, an einen sehr bescheidenen Platz verbannt hat, nämlich nach Heimsheim, wo sie sich nun wirklich wie auf der grünen Wiese vorkommen mußte. Es war ein ganz kleiner Hofstaat, und es war eine Art von Strafe.
Später ist sie dann in das Schloß nach Göppingen umgezogen, wo sie wieder etwas mehr Bewegungsfreiheit hatte, auch etwas mehr Anregung. Aber ihr Alter war doch ein sehr trauriges. Es war überhaupt ein merkwürdiges Leben: diese Jugend an allen Höfen Europas, reich und glänzend in der Umgebung der Fürsten Thurn und Taxis, die damals gerade auf ihrem ersten großen Höhepunkt waren. Dann 1727 die Heirat mit dem so viel

älteren, aber doch so bedeutenden Carl Alexander, mit ihm auf dem Balkan, in Wien und überall zu Hause, zehn Jahre Ehe und dann zwanzig Jahre Witwenstand, die für sie wirklich eine Prüfung waren, dann verbannt nach Heimsheim, verbannt nach Göppingen.
Schließlich ist sie dort im Februar 1756, nicht ganz 49 Jahre alt, gestorben. Sie ist immer die Landfremde geblieben, die Katholikin, die, die sich nicht angepaßt hat. Wenn man von ihr etwas weiß, dann das, daß sie die Frau des Herzogs war, der die »Jud-Süß-Geschichte« hatte. Man hat nicht bedacht, daß aus dieser ganz ungewöhnlichen, innerhalb Europas wirklich ungewöhnlichen Erbmasse, die große Begabung kam, nicht nur für Carl Eugen, sondern auch für seine Brüder und alle späteren Nachkommen im Hause Württemberg.
Wenn der Sinn für Künstlerisches, wenn die musischen Interessen, wenn Wendigkeit und Beweglichkeit im Charakter – was den Zeitgenossen an Carl Eugen so auffiel und was auf viele Generationen übergegangen ist – angesprochen werden, so ist gerade von da her diese Stammutter aller späteren Württemberger des besonderen Interesses wert, auch wenn man bedauern mag, daß dieser reich begabten Frau kein glücklicheres Lebensende beschieden war. Heimsheim ist eine freundliche Stadt, aber für eine Thurn und Taxis nicht eigentlich der Ort, wo man sich entfalten kann, und man wird fragen dürfen, ob das Göppingen war.

Franziska von Hohenheim

1748–1811

Es gibt mehrere Plätze in Württemberg, an denen man sich Franziska von Hohenheim sehr wohl vorstellen und vergegenwärtigen kann, aber keiner ist so zwingend wie das kleine und unbekannte Sindlingen im Gäu. Hier in dem kleinen Schloß lebten einst einige ihrer Vorfahren, verbrachte sie ihre Kindheit. Hier hat sie später als kleine, adlige Land- und Gutsfrau gelebt, ihr vererbtes Gut umgetrieben und die kleine Kapelle herrichten lassen, in der ihre Vorfahren schon den evangelischen Gottesdienst gehalten haben. Hier hat sie sich selbst in den Jahren ihrer Witwenschaft an Gottes Wort erbaut, umgeben von den Häusern der kleinen Leute, die für ihre Schloßwirtschaft arbeiteten, umgeben auch von jener merkwürdigen Kolonie frommer Pietisten, die im Schutz der Franziska unbehelligt vom württembergischen Konsistorium ihren religiösen Ideen nachgehen konnten. Sie, die große Schülerin des Johann Michael Hahn, des Gründers der Hahnschen Brüder, die hier recht eigentlich ihren geistigen Mittelpunkt hatten – auch das eine Erinnerung an Franziska.

Zunächst ist dieses adelige Fräulein unter sehr bescheidenen Umständen aufgewachsen. Ihre Vorfahren waren große Landherren in der Steiermark und in Kärnten gewesen, Protestanten, die in der Gegenreformation die Habsburgischen Lande unter Verlust ihrer Güter verlassen mußten und die nun mit dem Rest ihres Vermögens kleine Herrschaften in Schwaben und Franken gekauft hatten. Einer von ihnen, Andreas Freiherr von Bernerdin zu Pernthurn, hatte 1640 von Herzog Eberhard III. von Württemberg Schloß Sindlingen gekauft. Und einer seiner Nachkommen, Ludwig Wilhelm von Bernerdin, Herr auf Sindlingen, heiratete Johanna von Vohenstein zu Adelmannsfelden, die Mutter Franziskas. Und so ist sie in Adelmannsfelden bei Ellwangen am 10. Januar 1748 geboren und erst später nach Sindlingen gekommen.

Mit vier Schwestern zusammen hat sie eine ländliche, bescheidene Kindheit erlebt, nicht viel gelernt, etwas Lesen, etwas Schreiben, etwas Klavierspielen, etwas Malen.

Aber sie ist eine blendend gescheite Frau gewesen, die etwas später die Lücken ihrer Bildung mit großem Eifer und viel Geschick ausgeglichen hat, so daß Leute wie Goethe und Lavater von ihr bezaubert waren und ihre Freundschaft suchten. Vor allem eben einer, der von Frauen viel verstand, nämlich Herzog Carl Eugen von Württemberg, ein schon in vielen Affären erfahrener Mann, war von dieser kleinen, landadeligen Frau so fasziniert,

Ansicht der Kirche in Sindlingen im Gäu, dem Ort, der sich im Besitz der Vorfahren von Franziska von Hohenheim befand und in dem sie ihre Jugend verbrachte.

daß er ihretwegen viel glanzvollere Frauen, die es lange bei ihm ausgehalten hatten, verließ, sie abschob, sie abfand, um nur noch mit dieser einen, einzigen Frau zu leben.
»Francisca. Durchlauchtigste Herzogin von Würtemberg. Geboren den 10. Januar 1748. Vermählt mit Herzog Carl 1783. Wittwe den 23. October 1793. Gestorben den 1. Januar 1811.«
So steht es in der Schloßkirche des Gutes in Sindlingen im Gäu unter der Büste, die ihre Zeitgenossen als das treffendste und beste Bildnis dieser großartigen Frau beschrieben und genannt haben. Es ist ja merkwürdig genug, daß eine Frau, die als Mätresse begonnen hat, die eigentlich in ihren Anfängen nichts anderes war als viele andere Frauen am Stuttgarter Hof auch, nämlich die kurzfristige Geliebte eines sehr erfahrenen Herzogs, daß diese Frau durch Güte, Klugheit und Charme, nicht einmal durch Schönheit, den Herzog so an sich fesselte, ja innerlich an sich zu binden wußte,

daß er dieser Frau zuliebe alle früheren Frauen hintansetzte, vergaß, abfand und vom Hof entfernte. Und er lebte mit dieser Frau so gut zusammen, daß er sie schließlich zu seiner legitimen, kirchlich angetrauten Gattin machte – was damals für vormalige Mätressen ganz ungewöhnlich war – und sogar noch einen Schritt weiterging, indem er sie auch zur staatsrechtlich voll gültigen Herzogin von Württemberg erhob. Dieses »Durchlauchtigste« am Sockel des Denkmals ist so eine Art Pegelmarke für das, was ein Mensch erreicht hat.

Zunächst als verheiratete Frau mit einem verheirateten Mann in einem doppelten Ehebruch zusammenleben und nun in der Kirche, neben dem Altar, die »Durchlauchtigste Herzogin von Württemberg«: eine ungewöhnliche Lebenskurve, wenn man bedenkt, daß sie eigentlich vor ihren Mitbewerberinnen nicht viel voraus hatte, den vielen Sängerinnen und Tänzerinnen, der Gräfin Königsegg und wer sonst noch im Umkreis Carl Eugens geliebt wurde. Die waren alle viel rasanter, viel beweglicher, sprühender, temperamentvoller.

Franziska hat den schon nicht mehr ganz jungen Herzog einfach durch Güte, durch Liebenswürdigkeit gefesselt. Doch damit sind wir der Zeit weit vorausgeeilt. Kehren wir noch einmal kurz zurück.

Geboren als kleines, landadliges Fräulein aus sehr vornehmer aber armer Familie, wurde sie früh, mit 17 Jahren, verheiratet mit dem Freiherrn Friedrich Wilhelm von Leutrum, eine konventionelle Ehe, nicht besonders gut, eher schlecht. Leutrum wird als »zwergenhaft klein« und häßlich geschildert, er galt als boshaft und verbittert. Gelegentlich hat er Franziska auch handgreiflich seinen Standpunkt klargemacht. 1769 – im Alter von 21 Jahren – begegnet diese junge Frau auf der Kurpromenade in Bad Wildbad dem Herzog von Württemberg, der damals schon 20 Jahre älter war als sie, durch viele Lebenskurven hindurchgeschwemmt, und er sieht diese Frau, und was dann in ihm geschah, wissen wir nicht genau. Vielleicht hat er sie zunächst nur einmal in die »große Reihe« aufnehmen wollen, schließlich hat Carl Eugen eine Liste geführt, und wir wissen nicht, ob er da nicht einfach nur eine neue Seite des Leporello aufschlagen wollte. Und zunächst ist Franziska auch in den Augen des Hofes gar nichts anderes gewesen als eine neue Mätresse, die gerade das Sagen hat. Erst langsam schreiben die Höflinge in ihren Tagebüchern, wie die Frau von Leutrum an Einfluß gewinnt, länger bleibt, man staunt – so lange war der Herzog noch bei keiner Frau

Büste der Franziska von Hohenheim in der Kirche in Sindlingen im Gäu

geblieben –, und schließlich ist das Verhältnis so fest geworden, daß er eine Legalisierung versuchen mußte, was ja sehr schwer war.
Der Herzog ist ja verheiratet, lebt zwar seit Jahren getrennt, aber er ist Katholik und eine Scheidung unmöglich. Seine legitime Gattin ist Protestantin, Friederike von Brandenburg-Bayreuth, sie lebt in ihrem heimischen Brandenburg. Und Frau von Leutrum ist offiziell immer noch die Gattin des Barons Leutrum.
Hier hat man nun mit Hilfe des Kaiserhofes in Wien zu der Konstruktion gegriffen, der Leutrum den Rang einer Reichsgräfin von Hohenheim zu geben. So haben wir in der Kirche von Sindlingen im Chorfenster die merkwürdigen Wappen von Württemberg und Hohenheim, das alte Wappen der Bombaste von Hohenheim, mit denen Franziska gar nichts zu tun hat. Man gibt ihr den Namen »Gräfin Hohenheim« und ein Wappen, als sei sie mit einem Grafen von Hohenheim verheiratet, der gar nicht existiert, ein Papier-Gemahl.

Das von Herzog Carl Eugen (1744–1793) für Franziska geschaffene Allianzwappen Württemberg-Hohenheim im Chorfenster der Sindlinger Kirche

Aber sie konnte mit diesem Wappen an der Kalesche immerhin als Reichsgräfin durch Deutschland reisen und den Herzog begleiten.
In diese Zeit fällt nun ein langes Martyrium der Franziska. Ein landadliges Fräulein, das in den Gedanken der protestantischen Kirche und in den Empfindungen des Pietismus groß geworden war, muß dieses Verhältnis zum Herzog als etwas ausgesprochen Belastendes empfinden. Als Ehebrecherin durfte sie beispielsweise nicht mehr zum Abendmahl gehen.
Für eine tiefreligiöse Natur war dies ein schwerer Druck, und so hat sie einmal in einem Brief an ihre Schwester geschrieben: »Heute, als am lieben Karfreitag beweinete ich wieder von ganzem Herzen meinen ach so betrieblichen Sendenfall.«
Nun, dieser betrübliche Sündenfall wäre ja ohne weiteres zu heilen gewesen, sie hätte nur zu Herrn Leutrum zurückgehen müssen. Aber es ist ein Kuriosum der württembergischen Kirchengeschichte, daß die württembergischen Prälaten Franziska geradezu darum gebeten haben, an der Seite des Herzogs zu bleiben, denn alle vorherigen Mätressen waren kirchlich uninteressant gewesen oder gar Katholikinnen, Ausländerinnen. Ein solcher Glücksfall konnte nicht wieder kommen, daß der katholische Herzog für das Konsistorium wieder lenkbar wurde über eine Geliebte, die ein Landeskind, eine Schwäbin, evangelisch, pietistisch war, auf gutem Fuß mit den Prälaten stand und darauf großen Wert legte: die ideale Geliebte in den Augen des Konsistoriums. So haben wir im 18. Jahrhundert den Fall, daß die Prälaten Franziska tatsächlich gebeten haben auszuhalten.
Es ist dann wie in einer Kalendergeschichte: das Aushalten an der Seite des nervösen, kapriziösen und doch auch genialen Herzogs hat sich für diese stille und gutherzige Frau nun wirklich gelohnt. Carl Eugen muß immer mehr erkannt haben, was er an dieser Frau hatte, nicht an brillanter Schönheit, aber viel an gleichbleibender Güte und einem sehr ausgewogenen Temperament. Er führte an ihrer Seite nicht mehr das glanzvolle Leben, wie er es in Ludwigsburg, in Monrepos, in Grafeneck, in Stuttgart, auf Reisen gelebt hatte, sondern ein Leben als ein bescheidener Landesvater im besten Sinne, als ein guter Regent, mit Hang zur Pädagogik, mit Hang zur Landwirtschaft, und überall darin hat ihn Franziska, denn das war ja ihr Milieu, glänzend unterstützt.
Sie war – wie erwähnt – trotz ihrer einfachen Bildung, eine von Haus aus sehr belesene Frau, um alle wissenschaftlichen Ereignisse ihrer Zeit

bemüht, die sich in Botanik, Zoologie, Astronomie fortgebildet hat, sehr viel Literatur las. Sie war eine fein gebildete Frau geworden. Nur mit der Orthographie stand sie zeitlebens auf dem Kriegsfuß. Es ist kein Zufall, daß die Karlsschüler ihr huldigende Oden dichteten, das war Berufsausbildung und mußte sein. Daß aber Landesfremde von dem Zauber dieser Frau beeindruckt waren, spricht doch sehr für sie. Das lange Aushalten an der Seite des Herzogs hat sich für sie ausbezahlt, und es ist verständlich, daß er sich immer mehr mit dem Gedanken befaßt hat, diese grundgute Person für immer an sich zu binden.

Als nun Friederike von Brandenburg-Bayreuth, die ungeliebte, zeitweilig sogar gehaßte Frau, 1780 stirbt, ist der Weg zwar noch nicht frei, aber doch etwas geebnet. Franziska ist seit 1772 von Herrn von Leutrum geschieden, der Herzog ist nun Witwer, allerdings ist er katholisch und sie fromm-protestantisch. Aber es kommt nun der Augenblick, von dem Franziska ihrem geheimen Tagebuch anvertraut: »Heute sah ich mich am Ziel aller meiner Wünsche.« Was war dieses Ziel? Der Herzog hat ihre Stellung vor der Welt geheilt. Er hat sich – zunächst heimlich – mit ihr trauen lassen. Deswegen nämlich haben wir in Sindlingen dieses merkwürdige Datum: »vermählt mit Herzog Karl 1783«, ohne Monat und Tag.

Diese Heirat ist gewissermaßen in Raten geschehen. Es war zunächst eine heimliche Trauung, von der nur die unmittelbar Beteiligten, der Herzog, die Frau von Hohenheim und die Trauzeugen wußten. Diese erste Heirat wurde auch nicht publiziert. Am Hof war Franziska nach wie vor Gräfin Hohenheim. Zwar war dem katholischen Witwer eine erneute Eheschließung möglich, doch nicht mit Franziska, deren (geschiedene) Ehe mit Baron von Leutrum nach Ansicht der katholischen Kirche unauflöslich war. Schließlich waren viele Verhandlungen mit dem Kaiser in Wien und vor allem mit der päpstlichen Kurie in Rom nötig, um zu einer kirchenrechtlich gültigen Trauung zu kommen. Endlich war es soweit: die römische Kirche erteilte Dispens, der Kaiser seine Zustimmung.

Am Tage nach ihrem Geburtstag am 11. Januar 1785, als sie siebenunddreißig, der Herzog siebenundfünfzig Jahre alt war, kommt es zur zweiten Trauung. Es erfolgte dann noch einmal in Form eines großen Hoffestes die Veröffentlichung der Hochzeit, und noch einmal ein Jahr später gibt ihr Carl Eugen nicht nur den Rang seiner kirchlich angetrauten Gattin, sondern auch den Rang einer Herzogin.

Schloß Hohenheim

Sie ist – was wenige Mätressen in dieser Zeit geschafft haben – von einer Dame in sehr fraglichen Verhältnissen zur absolut anerkannten Herzogin von Württemberg geworden. Das ist ein langer und gewiß nicht nur fröhlicher Weg gewesen, aber Franziska hatte, und das ist einer ihrer charmanten Züge gewesen, einen ungemeinen Humor, und sie verstand es auch, mit drolligen Wendungen den Herzog zu fesseln.

In ihrem Tagebuch, das der Herzog ja jeden Monat las, hat sie versucht – und entweder hat der Herzog es nicht gemerkt, oder wollte er es als guter Gatte nicht merken – ihn zu beeinflussen. Er las darin Urteile über sich oder auch über andere Menschen, die er sehr zu beherzigen wußte.

Franziska hat sich ganz und gar aus der Politik herausgehalten, das war eine Tugend. Sie hatte eine feste Zuneigung zu ihrer Verwandtschaft, die sie auch gefördert hat, aber sie hat nicht protegiert und sich nie in Intrigen gemischt, was damals sehr ungewöhnlich war.

Sie verstand auch, den Herzog in seinem ungebändigten Jähzorn zu lenken. Dazu gibt es eine entzückende kleine Geschichte: er reist ab, und der ganze Hof fliegt bis das Gepäck, die Gewänder, die Necessaires, bis alles eingepackt ist, und Herzog Carl Eugen hat allem nach im Schloß herumgebrüllt.

Das liest sich in ihrem Tagebuch so: »Diesen Morgen reisete Ihro Durchlaucht ab. Ihro Durchlaucht waren wieder sehr pressiert, und die Humors von Ihro Durchlaucht waren so, wie sie immer sind, wenn Ihro Durchlaucht pressiert seind.«

Das heißt im Klartext: es hat gerauscht durch alle Gänge und Räume des Schlosses, und als Carl Eugen das dann las, konnte er ja merken, daß er sich in seinem Temperament zu sehr hatte gehen lassen. Sie hat, ganz unmerklich und ganz weiblich klug, aus diesem Herzog einen sehr guten Landesvater gemacht.

Was in Carl Eugen steckte, war bei ihr, die ja im Grund ein Kind des Landes, eine Gutsfrau war, bestens mitgetragen. Sie fühlte sich wohl in der Umgebung von Landfrauen, von Schäfern und Bauern, zu denen sie ein herzliches und ganz ungekünsteltes Verhältnis hatte. In ihrem Tagebuch steht einmal: »Diesen Nachmittag kamen der Pfarrer von Oberjettingen (das ist die Nachbarpfarrei, zu der Sindlingen damals gehörte) und ein Aff«, also Pfarrer, Bärentreiber und ein Affe als die wichtigsten Ereignisse eines Tages – das wahrhafte Landleben.

Franziska hat sich nicht darin erschöpft. Sie war auch darin Gutsfrau, daß sie bedrängten Armen nicht nur mit Mildtätigkeit ein wenig forthalf, sondern sie wirklich unter ihre Fittiche nahm und sie beschützte.

Ein Beispiel für viele ist der damals von der Landeskirche scheel angesehene und verfolgte Theosoph Johann Michael Hahn, ein unstudierter Bauernsohn aus Altdorf. Diesem überall angefeindeten Mann gewährte sie nun als Schutzfrau hier auf reichsfreiem Territorium – Franziska war ja reichsunmittelbare Herrin von Sindlingen, das gehörte nicht zum Herzogtum Württemberg – Asyl, sie bot ihm und seinen Freunden eine Heimstatt. Er ist ja in Sindlingen gestorben und liegt auf dem dortigen Friedhof begraben. Sein Grabstein trägt jene merkwürdige Inschrift, die als Hauptberuf dieses seltenen Christenmenschen das Wort »ledig« angibt, ledig von allem, was sonst ein Mensch braucht, ganz auf sich und seine Religiosität gestellt. Johann Michael Hahn war für Franziska geradezu ein Gesprächs-

Grab des Theosophen Johann Michael Hahn auf dem Friedhof von Sindlingen

partner. Sie hat seiner jungen Gemeinschaft über die ersten Fährnisse hinweggeholfen, und das hat man ihr hier noch nicht vergessen, daß sie es war, die einen so Angefochtenen gegen alle Obrigkeit beschützt hat. Wie überhaupt das »Wohltun« eigentlich eine Grundmaxime dieser reich gewordenen Frau ist.

Die Gedenkschrift, die in Sindlingen auf ihrem Grabstein steht, sagt ganz richtig: »Ihr Herz schlug warm für Gott und Menschen« und dann, als Gegenstrophe gewissermaßen: »Durch Wohltätigkeit und Frömmigkeit zeichnete sie sich aus.«

Friederike Sophie Dorothee von Brandenburg-Schwedt

1736–1798

Auf der Solitude hat sich am 22. September 1782 für die Herzogin Friederike Sophie Dorothee von Württemberg, geborene Brandenburg-Schwedt, und für ihren Gatten, den noch nicht regierenden Herzog Friedrich Eugen, mindestens der politische Höhepunkt ihres Lebens abgespielt. Hier wurde ein großes Fest gegeben für den jungen Großfürsten, für den Zarewitsch von Rußland, der mit einer Tochter des württembergischen Herzogspaares, mit der wunderschönen Sophie Dorothee verheiratet war.
Die Hochzeit in St. Petersburg lag schon sechs Jahre zurück, inzwischen waren zwei Söhne geboren, das württembergische Herzogspaar war also nun das mütterliche Großelternpaar des künftigen Zaren Alexander. Das war damals ein Grund, vor den Augen Europas in diesem prunkvollen Schloß ein riesiges Fest zu feiern mit Feuerwerk, Illumination, Galadiner. Zugleich hat unser Nationaldichter, Friedrich Schiller, dieses Fest dazu benutzt, um aus dem Lande zu fliehen und unerkannt im Festtrubel an der Solitude vorbeizufahren und die Heimat für immer zu verlassen.
Das Fest von 1782 war für Friederike Sophie Dorothee auf ganz besondere Weise entscheidend. Hier auf der Solitude, auf diesem so prachtvoll gelegenen Lustschloß, das ja nie groß genug war, um den Hofstaat zu beherbergen – der Hof lebte in Wirklichkeit gegenüber in den Kavaliershäusern, in einem Trakt Carl Eugen, im andern sein Bruder Friedrich Eugen und die Herzogin Friederike Sophie Dorothee – hier also, in diesem Schloß, hat sich ein entscheidender Schritt für die Thronfolge der jüngeren, der mömpelgardischen Linie, eben der von Friederike Sophie Dorothee mitgegründeten Linie, abgespielt.
Friederike Sophie Dorothee war eine kluge Politikerin. Das hat sie in ihrem Elternhaus in Schwedt an der Oder gelernt, das hat sie am preußischen Hof ihres Oheims, Friedrichs des Großen, gelernt. Sie war nicht nur eine sehr schöne, eine politisch kluge und begabte Frau, sondern sie hatte auch einen ungewöhnlichen Charme, sie konnte, wie man damals schon sagte, die Männer um den Finger wickeln.
Sie entstammte einer brandenburgischen Nebenlinie, die sich nach einer hübschen, kleinen Residenz in der Oderniederung Brandenburg-Schwedt nannte. Diese heute ausgestorbene Nebenlinie des Hauses Preußen ist dadurch entstanden, daß der Große Kurfürst nach seiner ersten Ehe mit Luise von Oranien, aus der das preußische Königshaus stammt, noch eine späte

Schloß Solitude, das unter Herzog Carl Eugen erbaute Lustschloß unweit der Landeshauptstadt.

Heirat einging mit Dorothea von Holstein, einer Dame, die sehr rasant war, die außerordentlich ehrgeizig war und für ihre Kinder aus der zweiten Ehe irgendeinen Thron erobern wollte. Das ging so glatt nicht, und deshalb mußte der erste preußische König, Friedrich, der Sohn des Großen Kurfürsten und ihr Stiefsohn, zeitweilig vom Hof in Berlin fliehen, weil er befürchtete, vergiftet zu werden. Die Kinder aus dieser zweiten Ehe, denen ihre Mutter mit allen Mitteln zu einem Thron verhelfen wollte, bekamen dann die Standesherrschaft Schwedt und wurden zu Markgrafen von Brandenburg-Schwedt erhoben.
Begreiflicherweise waren in der ersten und zweiten Generation die Häuser Preußen und Schwedt schwer verfeindet, aber 1734 kam es zu einer Versöhnungsheirat. Da war der Streit nun doch schon zwei Generationen alt, und der Markgraf Friedrich Wilhelm von Brandenburg-Schwedt, der Vater unserer Friederike Sophie Dorothee, heiratete seine Cousine, die Schwester Friedrichs des Großen, die ebenfalls Sophie hieß.
Aus dieser Verbindung stammen nun die späteren Markgrafen von Brandenburg-Schwedt und unsere Friederike Sophie Dorothee. Ihr Vater, Friedrich Wilhelm, ein ungewöhnlich kultivierter Mann, hat sich, da er keine

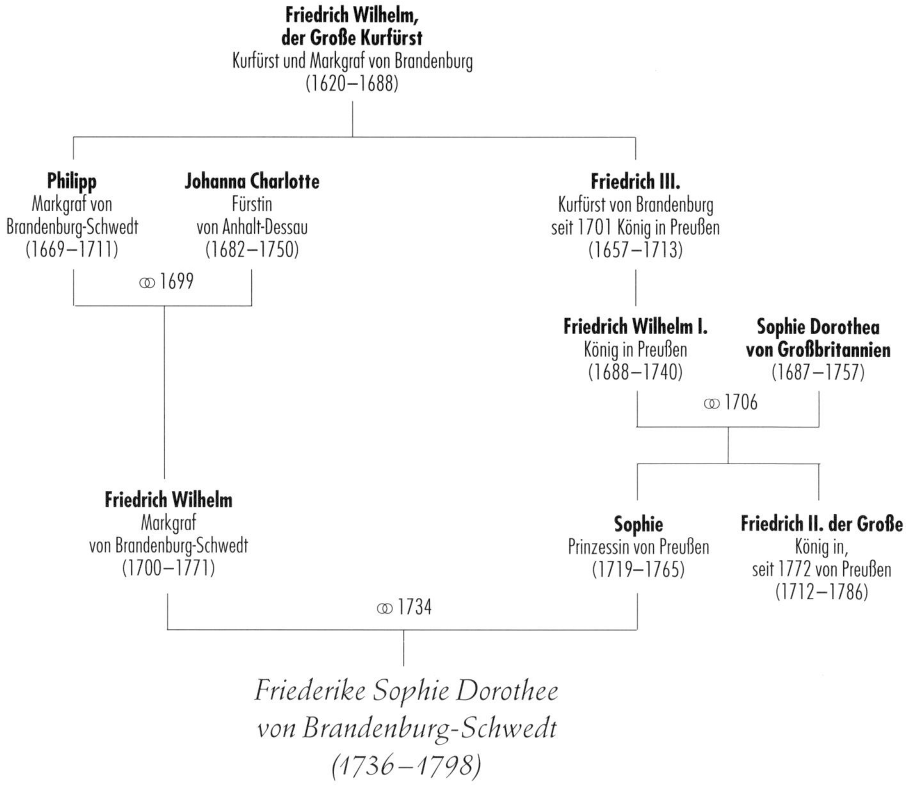

Aussicht auf einen Thron hatte, auf die schönen Künste geworfen. Er ist der große Gönner von Johann Sebastian Bach, ihm sind die berühmten Brandenburgischen Konzerte gewidmet, die man eigentlich immer als Widmung an Friedrich den Großen ansieht.

In Schwedt wurde viel musiziert, viel Theater gespielt, man hat sich für Gartenkunst interessiert, und auch die Schwester des Königs, die Mutter unserer Friederike Sophie Dorothee, Sophie von Preußen, hat sich in diesen feinen und kultivierten Ton einstimmen lassen.

Die junge Friederike Sophie Dorothee wird mit nicht ganz siebzehn Jahren verheiratet mit einem eigentlich nachgeordneten Prinzen. Das war damals keine ganz glanzvolle Partie, der dritte Sohn des Hauses Württemberg, Friedrich Eugen, der keine Aussicht auf die Thronfolge in Württemberg hatte. Er war ursprünglich Domherr in Salzburg gewesen, doch hielt es ihn dort nicht lange. Er trat aus dem Dienst in der Kirche aus und in den Laienstand über, wurde Offizier und fand nun im preußischen Heer mehr oder weniger einen Unterschlupf.

Dort hat er es nun verstanden, als Offizier Karriere zu machen, indem er eine Nichte des Königs heiratete, es war eine politische Ehe. Friedrich Eugen war mit seinem Bruder Carl Eugen schon einmal am Berliner Hof gewesen, denn er war dort ja als Waisenknabe erzogen worden von Friedrich dem Großen. Dieser war vielleicht nicht der geeignetste Knabenerzieher, aber bei den beiden jungen württembergischen Prinzen hatte er anscheinend eine gewisse freundliche Erinnerung hinterlassen, und er hat sich um ihr Fortkommen gekümmert. Er nahm Friedrich Eugen in seine Dienste, der nun Truppier werden mußte, und in Treptow und andern langweiligen Garnisonen saß. Dann hat er aber sein Glück gemacht, indem er die Nichte des Königs, Friederike Sophie Dorothee, heiraten durfte, eine große Heirat in Schwedt 1753, er einundzwanzig, sie siebzehn Jahre alt.

Die nächsten Jahre der Friederike Sophie Dorothee sind die einer preußischen Offiziersfrau in langweiligen Garnisonen, dann aber stellt sich heraus, daß der regierende Bruder Carl Eugen wohl keine Kinder haben wird, und so rückt Friedrich Eugen einen Rang höher, er wird gewissermaßen Thronfolgeanwärter in Württemberg. Er wird nun auch nicht mehr von Garnison zu Garnison geschickt, sondern erhält die Statthalterei in Mömpelgard und Friederike Sophie Dorothee wechselt nun über, was ihr sehr lieb war, von den preußischen Garnisonsplätzen in das wundervolle Montbéliard an der burgundischen Pforte.

Dort waren die großen Schlösser, Etupes, Fontaine, Montbéliard selber, Héricure. Dort hat sie, nun auch finanziell besser gestellt, begonnen, im großen Stil die damals berühmten Gärten umzugestalten, besonders Héricure. Der Hof in Mömpelgard war klein, aber sehr kultiviert, sehr erlesen. Friedrich Eugen war ein gebildeter Mann, Friederike Sophie Dorothee hatte von ihren preußischen Müttern und Vorfahrinnen, den Dorotheen, ja viel Freude an Gartenkunst und Natur, an Theaterspiel und Musik. Das hat sie nun in den glücklichen Jahren in Montbéliard verwirklichen können.

In Preußen und Mömpelgard wurden zwölf Kinder geboren, acht Söhne und vier Töchter, alle Kinder auffallend schön. Friederike Sophie Dorothee

war eine stattliche, aber wohlgewachsene, sehr selbstbewußte Frau, »in einem großen Ton«, wie es damals hieß, und ihre auffallende Schönheit hat sich vor allem auf ihre Töchter, aber auch auf ihre Söhne, vererbt.
Dort in Montbéliard, vor allem in Héricure, gab es ein Hofleben im Stil des späten Rokoko, über das uns die berühmte Baronin Oberkirch in ihren Memoiren berichtet hat. Es ist eines der entzückendsten Bücher des 18. Jahrhunderts, oder die im 18. Jahrhundert spielen, geschrieben aus der trauernden Rückerinnerung nach der Französischen Revolution im 19. Jahrhundert an diese goldenen Jahre des Ancien régime.
Talleyrand hat ja einmal gesagt, wer da nicht gelebt habe, der wisse nicht, was leben heißt. So muß es damals auch in Héricure und Montbéliard gewesen sein, ein bescheidenes ländliches Fest folgte dem andern, man entdeckte die Natur, liest Voltaire, man ist mit ihm befreundet. Friederike Sophie Dorothee hat in Héricure und Montbéliard etwa das getan, was ihre leibliche Cousine Anna Amalia in Sachsen, in Weimar, getan hat, nur nicht mit so großen Geistern, wie Anna Amalia sie dauerhaft an Weimar fesseln konnte: Wieland, Herder, Goethe, Schiller. Aber ähnlich bewegt war auch der Hof in Mömpelgard.
Und dort hat sie nun ihren Kindern eine ganz hervorragende Erziehung angedeihen lassen, und Friedrich der Große, der ja als kinderloser König dauernd Familienpolitik mit Verwandten machen mußte, hat schon früh die Kinder seiner Nichte, die Enkel seiner Schwester, beobachten lassen und selbst auch bei Besuchen in Berlin beobachtet, und er stellte fest, daß diese Mädchen aus Mömpelgard ungewöhnlich begabt und auffallend schön waren. Das hat nun zu der großen Heirat geführt, von der auch die Baronin Oberkirch berichtet, von diesen diplomatischen Fäden, die von den kleinen Parkschlössern in Mömpelgard hinaus in die große Welt gesponnen wurden, nach Wien, nach London, nach Petersburg, nach Berlin.
Die Kinder selbst, die für diese großen Heiratsallianzen vorgesehen sind, wissen davon nichts, die spielen Theater und sind vergnügte Kinder, heranwachsende junge Leute, im schönen, französisch sprechenden Mömpelgard. Inzwischen werden sie gewissermaßen in Europa herumgeboten, vor allem, nachdem die Zarin Katharina für ihren bildhäßlichen Sohn Paul verzweifelt an allen europäischen Höfen eine Braut sucht. Schließlich hat sich eine Prinzessin von Hessen-Darmstadt unter dem Druck der Eltern bereit gefunden, Zarin von Rußland zu werden, aber sie stirbt, man sagt aus

Gram, nach kurzer, kaum zweijähriger Ehe. Sie war ihres Pauls so sehr überdrüssig.
Katharina ist nun wieder in Verlegenheit, eine Schwiegertochter suchen zu müssen, und so fällt mit Ratschlag Friedrichs des Großen die Wahl auf die kleine württembergische Prinzessin. Friederike Sophie Dorothee, die Mutter, und Sophie, die Tochter, haben sehr schnell in dieses politische Spiel eingegriffen, tatsächlich kommt die Allianz mit Rußland zustande. Der blitzhäßliche Zar und diese strahlend schöne württembergische Prinzessin – das war ein Paar, das schon seiner Zeit auffiel. Die Ehe war nicht glücklich, aber sie hat politisch ungemein viel bedeutet, und sie bringt nun Friederike Sophie Dorothee von Württemberg geborene von Brandenburg-Schwedt in den Rang der Gegenschwiegermutter der Zarin. Das hat natürlich auf die Heirat der übrigen Kinder sehr viel Einfluß gehabt, die machen nun alle auch glänzende Partien, denn sie sind ja nun alle Schwäger des künftigen Zaren.
Friederike Sophie Dorothee hat sich damit aber nicht begnügt. Sie hat noch in anderer Weise mit viel Klugheit in die württembergische Geschichte eingegriffen. Wir haben schon einmal davon gesprochen, daß Carl Eugen nach dem Tode seiner ersten Frau, von der er lange getrennt war, das Angebot bekam, eine Erzherzogin zu heiraten. Man wußte auch schon lange vorher, daß dies von Wien geplant war. Wenn Carl Eugen noch legitime Kinder, Söhne, gehabt hätte, dann wäre die Thronfolge der Linie des Friedrich Eugen und der Friederike Sophie Dorothee von Brandenburg-Schwedt fraglich oder überhaupt unmöglich geworden.
Friederike Sophie Dorothee wußte also, wenn sie Franziska, die Mätresse, die heimliche Ehefrau des Herzogs, des Bruders, des Schwagers, Carl Eugen, fördert, wenn sie deren schwierige Position erleichtert, dann verschafft sie damit ihren Kindern die Thronfolge, und das hat sie nun mit großer Delikatesse und viel Freundlichkeit getan. Sie, Nichte und Enkelin von Königen, hat sofort die Partei der Franziska ergriffen, hat sich damit nicht nur die Dankbarkeit ihres Schwagers Carl Eugen gesichert, sondern auch die große, lebenslange Dankbarkeit der Franziska von Hohenheim.
Und sie hat damit für ihre eigenen Söhne die Thronfolge gesichert, denn etwaige Kinder der Franziska von Hohenheim wären ja vertraglich keinesfalls zur Thronfolge berechtigt gewesen. Das heißt, daß sie, Friederike Sophie Dorothee, auch für ihre eigenen Kinder eine hervorragende Politik

gemacht hat. Ihr ältester Sohn, Friedrich, wird dann Nachfolger, erster und einziger Kurfürst und erster König von Württemberg. Das hat er eigentlich seiner Mutter zu verdanken und deren kluger Haltung im Kampf um Carl Eugen und Franziska.
Es kommt noch eines hinzu. Friederike Sophie Dorothee war ja Protestantin, war ja reformiert, und bei dem Heiratspakt 1753 wurde ausbedungen, daß zwar der Herzog Friedrich Eugen Katholik bleibt, daß aber die Kinder aus dieser Ehe protestantisch erzogen werden. So kam nach den Jahren und der Zeit von vier katholischen Herzögen in Württemberg – Carl Eugen, Ludwig Eugen, Friedrich Eugen und Carl Alexander – 1797 mit Friedrich wieder ein Protestant zur Regierung. Das hat natürlich das Konsistorium, die evangelische Landeskirche in Württemberg, sehr gefreut.
Friederike Sophie Dorothee war sozusagen jemand, der überall Freunde hatte, überall ankam, nicht nur durch ihre strahlende Schönheit, ihr würdiges Auftreten. Sie war ja im Alter eine sehr voluminöse Gestalt, und sie hatte den berühmten Wahlspruch: »Ich gehe einher in der Kraft des Herrn«, was sie rein äußerlich dann sehr wohl tat. Sie hatte also überall Freunde: die württembergische Landeskirche, das württembergische Pfarrhaus, das ja damals in Württemberg noch die Politik und Stimmung macht, die Untertanen, den regierenden Bruder ihres Mannes, Carl Eugen, den preußischen Hof; sie ist außerdem die Gegenschwiegermutter der Zarin. Und das alles macht sie mit sehr viel Liebenswürdigkeit, mit sehr viel Elan und hat nun am Ende ihres Lebens die Genugtuung, sozusagen eine wirklich glanzvolle Liste von Ehen ihrer Kinder zustande gebracht zu haben.
Sie hat sehr tief und sehr nachhaltig in die Familien Europas eingegriffen, die Liste ist wahrhaft imposant. Denn es ist ihr gelungen, nachdem die eine Tochter Zarin von Rußland wurde, die andere Tochter, Wilhelmine Elisabeth, mit dem späteren Kaiser Franz von Österreich, damals noch Kaiser des Heiligen Römischen Reiches Deutscher Nation, zu verheiraten. Der Plan war also: die eine Tochter Zarin von Rußland, die andere Kaiserin von Deutschland. Das hat nicht ganz geklappt, denn die zweite Tochter, Wilhelmine Elisabeth von Österreich, stirbt bereits nach zwei Jahren.
Aber schon die Konzeption war großartig, denn man hat weiter gedacht an eine Allianz mit den Niederlanden, mit dem Hause Oranien und an eine Allianz mit England. Und das ist dann tatsächlich in etwa gelungen. Wenn man die Reihenfolge der Ehen ansieht, die Friederike Sophie Dorothee mit

Herzog Friedrich Eugen von Württemberg (1732–1797), der Gemahl von Friederike Sophie Dorothee, regierte von 1795 bis 1797.

ihren Kindern geschlossen hat, so hat man wirklich einen Querschnitt durch die Dynastien Europas. Man versteht, warum man sie schon zu Lebzeiten »die Schwiegermutter Europas« genannt hat:
1776 die begründende Ehe für alle weiteren, die Ehe mit Rußland, 1780 Braunschweig-Wolfenbüttel, 1781 Oldenburg und 1784 Czartoryski. Letztere sollte einem württembergischen Prinzen die Anwartschaft auf den polnischen Königsthron bringen, was dann nicht ganz geklappt hat. Es war aber trotzdem eine sehr große Heirat. 1787 Stolberg-Gedern, das war etwas bescheidener, 1788 mit dem Kaisersohn und künftigen Kaiser Franz I., 1795 Schwarzburg-Sondershausen und als Krönung 1798 Großbritannien und die Heirat mit Nassau-Oranien, 1798 noch eine Verlobung mit Sachsen-Coburg, die Heirat nach ihrem Tode hat sie noch in die Wege geleitet.
Sie ist wahrhaft der »Gotha des 18. Jahrhunderts«. Wenn man die Genugtuung der Friederike Sophie Dorothee sehen will, so braucht man nur ein Wort der Baronin Oberkirch zitieren, die einmal sagt: »Ich habe keines meiner Kinder zu einer Ehe gezwungen, aber ich habe sie alle zu guten Ehen überredet«. Das ist vielleicht etwas mütterlicher Stolz, aber es mag immerhin bis zu einem gewissen Grad zutreffen. Diese Frau, die keine Feinde hatte, die so weit in der Welt herumkam und trotzdem auch in so kleinen Schlössern wie Héricure lebte, diese Frau, die verstand, die größten Geister des Jahrhunderts um sich zu versammeln, nicht so dauerhaft wie eine Amalia in Weimar, aber doch von großer Bedeutung für die Kultur in Württemberg, und es ist sicher nicht übertrieben, wenn die Baronin Oberkirch an einer anderen Stelle sagt: »Ich habe viele Fürsten und viele Großen gekannt; niemand war von der natürlichen Liebenswürdigkeit und angewachsenen Würde, wie meine venerable Sophie Dorothee.«

Auguste von Braunschweig-Wolfenbüttel

1764–1788

Auguste von Braunschweig-Wolfenbüttel, die erste Frau des ersten württembergischen Königs, hat in ihrem kurzen Leben nie in Württemberg gelebt. Braunschweig, Berlin, die preußischen Garnisonen ihres Gatten, und dann vor allem Petersburg und das Zarenreich waren die Schauplätze ihres kurzen und unglücklichen Lebens.

Sie kommt 1764 in Braunschweig zur Welt, wenige Monate zuvor hatten ihre Eltern in London eine großartige Hochzeit gefeiert. Ihr Vater ist der trotz allen Anwürfen sehr bedeutende Herzog Karl Wilhelm Ferdinand von Braunschweig-Wolfenbüttel, ein großartiger Mensch voll Mut und Tatkraft, dem später die preußische Geschichtsschreibung ungerechterweise die Niederlagen von Jena und Auerstedt 1806 in die Schuhe schiebt. Dieser tüchtige, fähige, umsichtige Mann, der Großvater des zweiten württembergischen Königs, Wilhelm I., von dem Wilhelm so unglaublich viel geerbt hat, dieser tüchtige Kerl war verheiratet mit der englischen Königstochter Auguste, eine wohlerzogene, etwas träge, etwas langweilige Person, gutartig, kurzsichtig, phlegmatisch, aber keine schlechte Frau.

Und das erste Kind aus dieser Ehe, bildschön, begabt, mit dem programmatischen Namen Auguste Caroline Friederike Luise verspricht die große Hoffnung der Eltern zu werden.

Auguste, der Name kommt aus dem Hause Zerbst und erinnert an die Verwandtschaft mit der großen Zarin Katharina, die später so nachhaltig in ihr Schicksal eingreifen sollte und deren Mutter ja auch Auguste hieß; Caroline ist die große Urgroßmutter, Karoline von Brandenburg-Ansbach, die Königin von England, mit ihren ungeheuren Vorzügen von Klugheit, Liebenswürdigkeit und Frömmigkeit, Friederike erinnert an die Verwandtschaft mit Friedrich dem Großen und Luise erinnert an Ludwig, den Prinzen von Wales, den Großvater der kleinen Prinzessin.

Wie bei Dornröschen alle guten Feen, so stehen alle großen Dynastien an der Wiege der jungen Prinzessin und entsprechend gestaltet sich zunächst auch ihr Schicksal. Sie verbringt große Teile ihres Lebens in Braunschweig am elterlichen Hof und in Preußen, vor allem in Potsdam und Berlin, bei ihrem Onkel Friedrich dem Großen und der preußischen Verwandtschaft. Dort lernt sie mit vierzehn Jahren auch ihren Vetter zweiten Grades, den württembergischen Erbprinzen Friedrich kennen. Sie ist 1779 noch nicht ganz fünfzehn Jahre alt, als die Staatsraison die junge, sehr schöne und sehr

Friedrich, seit 1803 Kurfürst, seit 1806 König von Württemberg

begabte Prinzeß mit dem vierundzwanzigjährigen württembergischen Erbprinzen verlobt, ein politisches Bündnis, durch nahe Verwandte geschlossen – die beiden Großmütter der jungen Brautleute waren beides preußische Königstöchter und Schwestern. Ein Jahr darauf, 1780, heiratet die Fünfzehn- nicht ganz Sechzehnjährige in Braunschweig den Vetter.
Nun beginnt eine sehr wenig abwechslungsreiche Zeit. Der junge Erbprinz von Württemberg ist ja durch seinen Großonkel Friedrich den Großen nach Preußen geholt worden und macht nun als Troupier in ziemlich langweiligen Garnisonen Dienst. Die junge Frau, die nur an großen Höfen zu leben gewohnt ist, wird urplötzlich in Garnisonen wohnhaft, in Lüben in Niederschlesien, sie muß dort Haus machen, sie fühlt sich vereinsamt, es ist ihr langweilig.
Dort wird der erste Sohn geboren, Wilhelm, der spätere große württembergische König. Etwa zur gleichen Zeit eröffnet sich für den Vater, für den Erbprinzen Friedrich von Württemberg, eine große Chance. Fünf Jahre zuvor hat ja seine Schwester, die wunderschöne Sophie Dorothee von Württemberg, den häßlichen Zarewitsch Paul geheiratet, den Sohn Katharinas der Großen. Und so wird nun dem jungen Friedrich die Chance geboten, am Hofe seiner Schwester, der Zarewitza, und seines Schwagers, des Zarewitsch, eine hohe politische und militärische Aufgabe zu übernehmen.
Die Zarin Katharina nimmt den Bruder ihrer Schwiegertochter zu sich nach Petersburg, wo das junge württembergische Herzogspaar nun eine große gesellschaftliche Rolle übernimmt, zumal Friedrichs militärische Tüchtigkeit ihn vergleichsweise schnell aufsteigen läßt.
Es folgen rasch aufeinander Geburten aus dieser jungen und früh geschlossenen Ehe: zwei Jahre darauf in Petersburg Katharina, die spätere Königin von Westphalen, diese willensstarke und intelligente Frau, im gleichen Jahr noch eine Prinzeß Sophie Dorothea, die wieder jung stirbt, und schließlich 1785 der Prinz Paul, der Großvater des letzten württembergischen Königs. Vier Kinder also in vier Jahren.
Dann führen die Kommandostellen, die dem fähigen Erbprinzen zugewiesen werden, zu Eheproblemen. Der Gatte ist auswärts, die junge Frau möchte nicht vom Zarenhof weg, zumal sie geradezu vergöttert wird von der Zarin, mit der sie, obwohl der Altersunterschied sehr groß ist, eine herzliche Freundschaft verbindet. Und in dieser Umgebung, im Strahlkreis der ebenso intelligenten wie sittenlosen Zarin Katharina, ist nun die sehr

junge, von ihrem Gatten getrennte Frau, die arglos, liebenswürdig und vertrauensselig ist, sehr bald ein Spielball von Intrigen, Kabalen und Gruppierungen am Hof. Sie verläßt sich auf den Schutz der Zarin, sie ist jung und ein wenig gefallsüchtig, bei ihrer Schönheit verständlich, und vielleicht auch nicht immer gut beraten.

Und schließlich, man kann nicht anders sagen, gleitet sie hinein in eine Bindung, die ihr zum Unheil wird. Man hat später in Württemberg sehr böse, sehr scheinheilig, sehr brutal über sie geurteilt, alle Schuld nur bei ihr gesucht.

Nehmen wir zunächst die Katastrophe vorweg und versuchen nachher die Hintergründe zu erhellen. Der Erbprinz Friedrich, der Gatte, ist lange auswärts und verläßt damals schon gerne den Hof. Die Ehe ist nicht mehr so gut, die Neigungen des künftigen Königs haben sich in andere Richtung entwickelt. Die Frau wird vernachlässigt. Es ist verständlich, daß ihr sehr, sehr junges Herz einen Ersatz brauchte. Die Zarin hat daran keinen Anstoß genommen. Und doch plötzlich, 1786, kommt die Katastrophe für die Zweiundzwanzigjährige.

Es kommt zur Trennung, und sie wird nach Estland auf ein abgelegenes Schloß geschickt, mehr oder minder wie eine Gefangene bewacht, ist einsam. Und nun können wir uns nur noch auf das verlassen, was Gerüchte uns berichten. Von hier an bricht der sichere, urkundlich belegbare Bericht ab.

Im September 1788 ist sie allem Anschein nach im Schloß Lohde in Estland von Wehen überfallen worden. Anscheinend, so wurde später jedenfalls berichtet, hat das ganze Personal weisungsgemäß die junge Frau verlassen. Sie ist, alleingelassen, in diesem Schloß gestorben, wahrscheinlich verblutet. Erst Wochen später fand sie in einer benachbarten Dorfkirche (Goldenbeck) ein Grab, das nie bezeichnet wurde. In Württemberg gilt sie sofort nach ihrem Tod als eine Verfehmte.

Sie wird nicht mehr erwähnt, sie ist eine Unperson. Die Frau, die dem württembergischen Erbprinzen vier Kinder geboren hat und in doppelter Linie die Stammutter des Königshauses ist, wird gestrichen, wird vergessen, wird nirgends erwähnt, es gibt sie nicht mehr. Die eigenen Kinder erfahren nichts von ihr, wissen sich kaum an das Gesicht zu erinnern. Ihre Bilder werden weggenommen, die Kupferstiche, die es von ihr gab, werden aufgekauft und verbrannt. Nirgends erscheint sie. In der Familienga-

lerie der Könige wird sie verschwiegen, es ist dort kein Bild von ihr da, sie ist eine Vergessene und Verfehmte, und natürlich, wie in solchen Fällen immer, hängt sich der Klatsch der Zeit an sie.
Erst viel später hat ihr Sohn, der König, mit großer Würde und Entschiedenheit erklärt: sie ist meine Mutter, sie gehört in die Galerie des Hauses herein, und sie gehört vor allem in die Herzen der Königsfamilie herein. Er hat für eine späte, sehr späte Rehabilitierung der Frau gesorgt. Er hat den Maler Leibold beauftragt, da es ja kein Bild mehr von ihr gab, nach einem ganz kleinen Jugendportrait, das sich in Braunschweig erhalten hat, noch einmal groß die Königinmutter und Frau des ersten Königs zu malen, ein sehr merkwürdiges Portrait in der Mode der Zeit um 1770 und in der romantischen Landschaftsauffassung formuliert aus modernem Landschaftsgefühl und historischem Kostüm, ein sehr liebenswertes Bild, das nun doch der Frau den Rang zurückgibt, den sie beanspruchen durfte.
Was war ihr Fehler? Es gibt drei Versionen, jede hat einige Wahrscheinlichkeit, zwei haben sehr wenig für sich. Daß sie in eine Herzensbindung hineingeraten ist, die auch nicht ohne äußere Folgen blieb, ist sicher. Schon über die Person des Liebhabers gibt es ganz widersprechende Gerüchte. Daß der Erbprinz, als er von der Sache erfuhr, erregt war, daß er entrüstet war, daß er in seinem Selbstgefühl verletzt war, ist verständlich. Friedrich war, bei aller Fülle nach außen, bei aller gespielten Robustheit, Härte und Stärke, ein sehr sensibler Mensch. Daß er sich gegen die Untreue seiner Frau wehrte, ist verständlich, aber das hätte nicht dieses grausame Ende bedeuten müssen.
Im Hause Preußen gibt es damals zwei, im Hause Wittelsbach einen dieser Fälle. Die Affäre Struensee in Dänemark war noch in aller Munde und vor aller Augen. Die dänische Königin, die Cousine zweiten Grades unserer schönen Auguste von Braunschweig, hat ja ein vor der ganzen Welt offen eingestandenes Verhältnis mit ihrem Leibarzt gehabt, aus dem bis heute größte Familien Europas stammen. Das hat man nie beschwichtigt oder beschönigt. Die Schwester der letzten preußisch-deutschen Kaiserin, Auguste Viktoria, hat, als die Frage auf ihre Abstammung von Mathilde und dem Arzt Struensee kam, gesagt, sie stamme viel lieber von einem gescheiten Arzt als von einem vertrottelten König ab.
So hat man das damals in andern Familien geregelt. Warum mußte dann diese Frau so brutal behandelt werden? In Württemberg hat man später, als

man Material gegen den ersten König suchte, als man ihn von allen Richtungen, von allen Seiten schlecht machen wollte, ihm den Tod seiner ersten Frau angelastet. Das ist bis heute in Württemberg in vielen populären und unkritischen Darstellungen weitergetratscht worden. Ich glaube nicht, daß es der König war. Er war, wie auch sonst immer, ein Ehrenmann, und er hätte eine persönliche Verletzung seines Wertgefühls auch anders überwinden können.

Man hat im Hause Preußen die Thronfolgerin, die sich in viel schwererer Weise vergangen hat als unsere junge Auguste, für Jahrzehnte auf die Festung Küstrin gesetzt und die Ehe getrennt. Das hätte man hier auch machen können. Die zweite kolportagehafte und unwahrscheinliche Version ist, der Liebhaber habe die junge Frau umgebracht. Was sollte er davon haben? Das ist ganz unwahrscheinlich, zumal man ja über die Person dieses Liebhabers gar nichts sagen kann.

Die arme, junge Frau, dieses Geschöpf, das man nicht ohne das tiefste Mitleid ansieht, hat wahrscheinlich in ihrer Arglosigkeit etwas nicht bemerkt oder nicht bedacht, was wirklich ihren Tod herbeigeführt hat. Sie glaubte sich von der Zarin, mit der sie ja über das Haus Zerbst verwandt und durch eine Freundschaft verbunden war, beschützt und bestärkt, und es besteht kein Zweifel daran, daß die Zarin Katharina eine Zeitlang diese Liaison der jungen Verwandten begünstigt hat. Es scheint, und das ist wohl die glaubwürdigste Lösung der Tragödie, daß Auguste, vielleicht ohne es zu wissen, einen Liebhaber hatte, den auch die Zarin zumindest nicht ungern sah.

Es wurde später einmal in den Memoiren einer preußischen Aristokratin vereinfacht so dargestellt, als habe die junge Auguste der Zarin einen Liebhaber ausgespannt. Wenn dem so war, so ist es sehr unwahrscheinlich, daß sie es bewußt getan hat, dazu war sie zu klug. Aber es ist bei den vielen, wechselnden Liebschaften der Zarin durchaus möglich, daß Auguste ganz ahnungslos einem Mann ihr Herz geschenkt hat, der vielleicht damals auch mit der Zarin liiert war, oder auf den die Zarin mindestens Ansprüche zu haben glaubte.

Und nun war Katharina natürlich nicht die Frau, die so etwas einfach hinnahm. Eine alternde Liebhaberin – auch wenn sie eine genial begabte und großartige Herrscherin war – hat Angst von jüngeren Frauen ausgestochen zu werden, ihre Liebhaber überhaupt zu verlieren, nicht mehr attraktiv zu sein. Sie war natürlich unglaublich verletzlich und ängstlich und vielleicht

Blick auf das unter Herzog Carl Eugen entstandene und durch König Friedrich mit einer Seenlandschaft umgebene Schloß Monrepos bei Ludwigsburg

war es einfach der Haß und die Angst vor einer Rivalin, die jünger und schöner und liebenswürdiger war. Und so ist es am glaubhaftesten, daß Katharina diesen harten Entschluß gefällt hat. Wer anders hätte das denn in Rußland tun können!

Wenn der eigene Gatte seine Frau zu Tode hätte kommen lassen, dann hätte Katharina als Zarin, dann hätten die Gerichte eingreifen müssen. Und der Liebhaber? Das ist ganz unwahrscheinlich. Katharina ganz allein ist die Frau, die ein solch brutales Ende ersinnen, durchführen lassen und erzwingen konnte. Das erklärt auch den Umstand, daß später nie mehr irgendwie der Sache nachgegangen wurde.

Auguste ist also wohl ein liebenswertes, junges Geschöpf, das arglos in seinen Untergang hineingerissen wird. Wie war die Reaktion später in Württemberg? Man hat die Frau, ich sagte es schon, so verschwiegen, daß selbst

die eigenen Kinder kaum mehr etwas von ihrer Existenz wußten. Friedrich hat, auch als König, das Andenken an seine erste Frau nicht brutal, aber hart totgeschwiegen.
Wilhelm, ihr Sohn, der wußte, was er dieser begabten und schönen Frau verdankte, was er vor allem seinem mütterlichen Großvater Karl von Braunschweig-Wolfenbüttel verdankte, der sich, wie schon gesagt, darum bemühte, daß wenigstens ihr Bild wieder herkam, besaß noch ein zweites Portrait, dieses wunderschöne Jugendbild, das sich dann doch in Braunschweig erhalten hat und später an das Haus Württemberg fiel. Er hat dieses Bild lebenslang hochgeachtet, es hing in seinem Arbeitskabinett, und er hat es wohl immer und immer wieder betrachtet.
Auch die schönen Züge der Auguste sind ja bei manchen Nachkommen im Hause Württemberg ganz unverkennbar deutlich. Er hat nachträglich auch literarisch das Andenken seiner Mutter gepflegt: Der Abstand der Jahrzehnte mag heilend eingegriffen haben.
Wenn diese Frauenporträts neben anderem auch den Sinn haben, verkannte Frauen, verfemte Frauen, denen die Geschichte und die Nachwelt, das Gerede der Nachwelt, Unrecht getan haben, ein wenig in ein menschlicheres und besseres Licht zu rücken, dann ist das bei dieser Frau so besonders nötig.
König Wilhelm II., der letzte württembergische König, der dieses Bild von Auguste immer gegenüber seinem Schreibtisch hängen hatte, sagte einmal: »Ich weiß sehr wohl, daß ich von dieser verfemten Frau zweimal abstamme [sie war auf zwei Wegen seine Urgroßmutter], keine meiner Vorfahrinnen beschäftigt mich so, keine meiner Ahnfrauen bewegt mich so.«

Charlotte Mathilde von England

1766–1828

Es ist ein ganz besonderer Raum nach Art und Charakter, dieses Eckzimmer im Schloß Ludwigsburg, Schreibzimmer der Königin Charlotte Mathilde, der ersten Königin. Es ist ein sogenanntes Trauerzimmer, wie man es in der Empire-Zeit geliebt hat. Man hat sich, wenn man in Familientrauer kam, einen Raum einrichten lassen mit schwarzen Möbeln, ganz schwarz in Ebenholz oder ähnlichem, auch mit einer ursprünglich sehr viel dunkleren Dekoration, in dem man dann vor allem Trauerkorrespondenz erledigte, in dem man las und sich aufhielt. Und die Königin hat ja durch die vielen Trauerfälle in ihrer großen englischen Familie, und auch in der württembergischen, immer viel Anlaß gehabt, dieses Zimmer auch zu benützen.

Die erste württembergische Königin war ja die zweite Frau König Friedrichs. Wir sprachen ja schon von dem traurigen Schicksal seiner ersten Frau, der braunschweigischen Prinzessin Auguste, die auf eine so zu Herzen gehende und traurige Weise in jungen Jahren umkam.

Nach deren Tod 1788 ist der junge Erbprinz zunächst viele Jahre nicht zu bewegen gewesen, wieder zu heiraten. Er hat in vielen Reisen durch Europa versucht, zwischen sich und das Geschehene Abstand zu bringen.

Dann wurde sein Vater, der Herzog Friedrich Eugen, immer schwerer krank und konnte die Regierung in Württemberg selber nicht mehr wahrnehmen. So wurde Friedrich immer stärker an Stuttgart gebunden, mußte immer häufiger seinen Vater vertreten. Ja man sah, daß die Thronfolge bald auf ihn zukommen würde, und die Staatsraison verlangt damals eben für den Regenten eine Frau, und so geht der Herzog, Vater dreier Kinder, 1797 auf Brautschau.

Es ist die Zeit der Kriege gegen die Heere der französischen Revolution, und so wendet sich Friedrich, der ja ein sehr patriotischer Mensch im Sinne des alten Heiligen Römischen Reiches Deutscher Nation war, ans Kaiserhaus in Wien. Und dort wird er darauf hingewiesen, daß eine Heiratsverbindung mit England im Interesse der Alliierten, die sich gegen Frankreich zusammengeschlossen hatten, sehr wünschenswert wäre. Das hört er nicht ungern, denn schließlich ist das englische Königshaus damals ungemein reich und bekannt dafür, daß seine Prinzessinnen eine hohe Apanage und Rente bekommen. Er folgt diesem Wink, geht nach London und wirbt dort um Charlotte Mathilde, die Tochter des englischen Königs Georg III. und der deutschen Prinzessin Charlotte von Mecklenburg-Strelitz.

Schreibzimmer der Königin im Schloß Ludwigsburg (Neues Corps de logis). Die dunklen Möbel wurden nach dem Tod des Königs für die Königin-Witwe gearbeitet.

Merkwürdig ist, daß diese Dame die leibliche Cousine seiner ersten Frau war, denn die Mutter der unglücklichen Auguste von Braunschweig war eine Schwester des englischen Königs.

Und das sollte man in der württembergischen Geschichte mehr berücksichtigen. Wer dem späteren König Friedrich eine Schuld am Tod seiner ersten Frau zuweisen will, der geht darin einfach deswegen fehl, weil, wäre er in irgendeiner Form an diesem Tod schuld oder auch nur mitschuldig gewesen, wäre es ganz undenkbar gewesen, daß er am englischen Hof die Nichte des Königs und die Cousine seiner Frau bekommen hätte. Das hätte der englische Hof mit Sicherheit nicht zugelassen.

Daß der Erbprinz von Württemberg von England aus gesehen eine glanzvolle Partie, daß er sehr erwünscht war, das hat er seinen großen charakterlichen Fähigkeiten zuzuschreiben und auch der Tatsache, daß er ja im politischen Spiel eine gewisse Rolle gegen Frankreich spielte. So kommt die Ehe zustande, sie wird in London am 18. Mai 1797, in Gegenwart beider Eltern, eingegangen.

Der Vater der Braut, König Georg III., war zweifellos ein verkannter, nicht unbegabter Fürst, der auf dem Papier sehr lange, sechzig Jahre lang (von 1760 bis 1820) regiert hat. Allerdings ist er viele Jahre seines Lebens immer wieder in Düsternis gefallen, war schwer depressiv und trotz vieler Qualitäten häufig nicht fähig, die Regierung auszuüben, so daß ihn sein Sohn, der spätere Georg IV., in der Regierung vertreten mußte.

Um so vitaler, quirliger und lebendiger war die englische Königin Charlotte, die mecklenburgische Prinzessin. War der König groß, schwer und stattlich – von ihm hatte Charlotte Mathilde die Figur – so war die Mutter eine kleine, grazile, umtriebige Person, die den englischen Karikaturisten viel Stoff gab, und angeblich, nach der Vorstellung der Londoner, unglaublich interessiert an finanziellen Dingen; was für eine Mutter von 15 Kindern vielleicht gar nicht schlecht war, zumal der König eher dazu neigte, Geld auszugeben. Das Familienleben, der Geschwisterkreis, aus dem die neue württembergische Königin kam, war ausgesprochen sympathisch, sehr fröhlich, sehr abwechslungsreich. Von den 15 Kindern – neun Brüder und sechs Schwestern – sind die meisten am Leben geblieben.

In diesem Geschwisterkreis herrschte ein sehr fröhlicher Ton. Wir kennen die reizenden und entzückenden Kinder durch verschiedene Hofmaler, auch wenn diese vielleicht ein klein wenig nachgeholfen haben. Von den kleinen Buben ist einer hübscher als der andere. Der Prinz Oktavian war lange Zeit das Lieblingsbild in der Stuttgarter Staatsgalerie.

Der Hof von Windsor war fein gebildet, fromm im Sinne des 18. Jahrhunderts, literarisch und musikalisch interessiert. Die Töchter hatten in all dem, was damals eine Prinzeß mitbekommen mußte, eine ausgezeichnete Ausbildung: Klavierspiel, Harfenspiel, ein bißchen Komposition, Französisch natürlich, malen, sticken, aquarellieren. Im Sinne der damaligen Zeit waren sie fein gebildet.

Die Braut war nun allerdings schon weit über die dreißig, hat also eigentlich nicht mehr damit rechnen können, einen Mann zu bekommen, ja sie hatte sich damit abgefunden, eine wohlsituierte alte Jungfer zu werden. Und nun kommt der auch nicht gerade junge Vetter aus Deutschland, und sie gibt ihm das Jawort.

Eine englische Karikatur betreffend die Brautnacht, »The Bridal Night«, des allzu voluminösen Friedrich von Württemberg mit der 1797 geehelichten Charlotte Mathilde von England.

Die Engländer durften damals unglaublich freche Karikaturen malen, und so hat man den Gang ins Brautbett mit dem ganzen Hof im Gefolge karikiert: ein äußerst voluminöser württembergischer Prinz, eine nicht weniger voluminöse englische Königstochter, eine sehr hagere Brautmutter, welche die beiden vollends ins Brautgemach hineinschiebt, und darüber an der Wand ein Stich mit zwei großen, dicken Elefanten, auf denen Amor reitet.

Das war natürlich muckenfrech, man kann's nicht anders sagen. In Württemberg hat man den Stich natürlich nicht aufgekauft, er ist heute sehr selten, in England war er sehr beliebt. Die so feierlich in London geschlossene Ehe geht dann über in die Kriegsjahre. Charlotte Mathilde wird Landesmutter in einem von den schweren Revolutionskriegen, von den napoleonischen Kriegen, von Hunger, Pest, Not und Verarmung gezeichneten Land. Erstaunlich schnell, zudem auf Dauer, wird sie eine ausgezeichnete

Landesmutter. Sie hat sehr viel gesunden Sinn mitgebracht, ist weltoffen erzogen, nicht prüde, wie man das später, etwa im viktorianischen Zeitalter, von einer englischen Königstochter erwarten würde. Sie ist lebensklug, kennt die Verhältnisse und kommt auch mit ihrem außerordentlich schwierigen Mann zurecht.

Das ist überhaupt einer der großen Vorzüge dieser Frau, daß sie aufgeschlossen, ohne Vorurteile war und so in jener Zeit der großen politischen, menschlichen, moralischen Umbrüche mit jedermann und mit wechselnden Verhältnissen ausgezeichnet zurechtkam.

Da waren zuallererst die schwierigen familiären Verhältnisse zu meistern. Der König, zuerst Herzog, dann Kurfürst, dann König von Württemberg, ist ja ein zweifellos hochbegabter Mann mit großen Herrscherqualitäten, aber ohne Geduld und ohne alle Fähigkeit, Menschen verbindlich zu behandeln.

Er kennt, aufgewachsen am preußischen Hof seines Großonkels Friedrichs des Großen, nur den harten Befehl und das rasche Kommando und ist auf das schnelle Ausführen von Kommandos und Befehlen getrimmt. Er kennt nichts anderes. So läßt er einmal mehrere seiner engsten Mitarbeiter zu sich kommen, herkommandieren, um ihnen dann ihre eigene Entlassung in die Feder zu diktieren. Da gehört schon ein starkes Stück Selbstbewußtsein dazu.

Er war ein Mann, der keinen Widerspruch ertrug, der keinen Tadel schlucken konnte, vorsichtige Kritik als Verletzung empfand, der in seinem Selbstwertgefühl nicht sicher war, die Unsicherheit aber mit großer Härte überspielte. Er war sicher kein guter Ehemann, hörte bei sehr rasch wechselnden Einflüssen auf seine Günstlinge, doch ohne Einfluß ist diese nicht mehr junge, nicht schöne, aber sehr kluge und sehr, sehr verbindliche, liebenswürdige und geduldige Frau nicht geblieben.

Sie hat es immer wieder einmal fertiggebracht, Frieden zu stiften zwischen diesem harten König und seinen Untertanen, und das war auch in der eigenen Familie nötig, denn schließlich haben der König und sein ältester Sohn in dauerndem und nie endenden Streit gelebt; ihre Charaktere waren zu verschieden. Der König wollte von seinem eigenen Sohn auch nichts anderes als von jedem andern Untertan, nämlich bedingungslosen Gehorsam, vielleicht vom eigenen Sohn sogar noch einen besonders schnellen Gehorsam.

Umgekehrt hat der spätere König Wilhelm dem Vater den Tod seiner Mutter nicht verziehen. Wilhelm war ja der einzige von den Geschwistern, der noch ein einigermaßen lebendiges Bild der Mutter in sich trug, und gerade weil man vom Tod der Auguste von Braunschweig nicht sprach, hat sich in Wilhelm wohl die Meinung festgesetzt, der Vater habe Mitschuld.

Die Verschiedenheit der Temperamente – Wilhelm klug, abwartend, zurückhaltend, den andern zuerst provozieren und dann erst antworten, der König hingegen sofort zugreifend, befehlend und ohne Reflexion agierend – hatte zur Folge, daß der Vater mit dem Sohn und der Sohn mit dem Vater nicht zurechtkam.

In dieses Dauerzerwürfnis hat sich die Königin mit ebensoviel Takt wie auch Erfolg eingemischt, und wenn immer wieder Perioden des einigermaßen vernünftigen Nebeneinanderlebens von Vater und Sohn vorkamen, waren diese der Königin zu verdanken. Daß die Kinder aus der ersten Ehe, der spätere König Wilhelm, der sehr schwierige Prinz Paul und die spätere Königin Katharina von Westphalen, überhaupt so etwas hatten wie eine Art Heimat, ein Zuhause, in dem sie sich auch behaglich fühlen konnten, auch das verdanken sie ihrer Stiefmutter.

Charlotte Mathilde hat es aber auch verstanden – und das war vielleicht noch viel schwieriger – mit den Günstlingen ihres Mannes auszukommen, ohne sich ihrer Würde irgendwie zu begeben. Bei dem ersten Günstling, der sehr lange nicht nur das Herz des Königs besaß, sondern auch – hervorragende – Politik machte, dem Grafen Zeppelin, war das leicht. Zeppelin war ein Mann von Charakter, der nur – ein Glück für das Land – im allerbesten Sinne Einfluß auf den König nahm.

Sein früher Tod ist zweifellos nicht nur der Königin und dem Hof, auch dem König sehr schwer auf das Gemüt gegangen, ja das Land hat darunter sehr gelitten, denn nun kam die Zeit der wechselnden Günstlinge.

Aber auch mit ihnen, selbst mit dem sehr unwürdigen Grafen Dillen, hat die Königin, soweit das ging – wie es im Choral heißt: »Laß mich mit jedermann, in Fried und Freundschaft leben, soweit es christlich ist« – soweit es christlich war, Frieden gehalten.

Sie ist für viele Menschen so etwas geworden wie eine Anlauf-Person. Sie hat in mehreren Fällen harte Urteile des Königs mildern können. So ist es ganz verständlich und natürlich, daß sie im Lande mehr Resonanz hatte als der König.

Es ist sehr bezeichnend, daß bei den Beamtenfamilien fast nirgends das Bild des Königs hing, wie sich das gehört hätte, sondern das Bild der Königin, gutherzig und freundlich, hing in allen Bürgerstuben, in allen Wirtsstuben, in jedem Pfarrhaus, in jeder Schulstube. Auch ihre Kinder hingen an ihr, und Napoleon, der ja mit andern deutschen Fürstinnen teilweise recht schneidig und schmissig umging, hatte von der Königin von Württemberg eine hohe Meinung. Nun gut, sie war natürlich die Tochter des englischen Königs, das mochte auf Napoleon eine gewisse Wirkung gehabt haben, aber er hat sie vor allem wegen ihrer hervorragenden Charaktereigenschaften geschätzt. Sie hatte auch eine kluge Art der Konversation. Napoleon hat später mit ihr Briefe gewechselt, ihr immer wieder Geschenke zukommen lassen, und vor allem hat er gesehen, in welch guter, ausgezeichneter Weise die Königin die Prinzeß Katharina erzogen hatte. Nicht zuletzt deshalb hat er für seinen Bruder Jérôme Katharina von Württemberg als Frau erbeten, weil sie durch die Königin Charlotte Mathilde zu einer sehr wohlerzogenen und charakterfesten Frau geworden war.
Als König Friedrich 1816 an einer Erkältung stirbt, die er sich bei der Besichtigung einer Ausgrabung von Mammutknochen zugezogen hatte, haben viele im Lande aufgeatmet. Glaubhaft überliefert wird die Geschichte, daß damals im ersten Gasthof Stuttgarts, im »König von England«, eine Tischrunde versammelt war, und als diese dort vom Tod des Königs erfuhr, ein sehr prominenter Beamter aufstand, das Glas erhob und ausrief: Ein Hoch auf die Mammutknochen! Das war Hochverrat, das hätte Gefängnis bedeuten können, aber so haben die Untertanen reagiert.
Sofort mit dem Tod des Königs kommt dann das nicht weniger bestimmte, aber humanere Regiment König Wilhelms I. Und hier hat nun Charlotte Mathilde, die Stiefmutter, gefühlsmäßig aber die Mutter des Königs, einen großen politischen Einfluß auf den Sohn gewonnen. Die Beruhigung, die in Württemberg zweifellos nach 1816 eintritt, geht zurück auf den König, geht aber auch auf den Einfluß der Königin Katharina geborene Prinzessin von Rußland zurück, vor allem aber auch auf Charlotte Mathilde.
Sie ist ja von Haus aus sehr reich, verfügt über große Mittel, hat eine große Erbschaft, aber auch eine sehr große Jahresrente aus England mitbekommen, lebt persönlich sehr sparsam.
Und sie ist es, die nun beispielsweise ihre armen württembergischen Kinder unterstützen kann und darüber hinaus eine große Wohltätigkeit entfal-

König Friedrich von Württemberg mit Gefolge vor Schloß Monrepos

tet, sehr überlegt, mit großer Güte, unbeschränkt, aber nicht einfach nur so hingeben, sondern gezielt, man könnte sagen, für bestimmte Projekte sinnvoll, so daß diese Wohltätigkeit auch Früchte trägt.

Wie viele kinderlose Frauen hat sie sich am Gedeihen fremder Kinder sehr erfreut. Der hochbegabte, illegitime Sohn ihres Stiefsohnes – also gewissermaßen ein Stief-Stief-Enkel, wenn man so will – der Sohn des Königs Wilhelm und der schönen Hofgärtnersfrau Kallee, dieses auffallend schöne Kind ist von ihr verwöhnt und aufgezogen worden. Und dann hat sie im Umkreis ihres Hofes und anderer Familien sehr enge Kontakte gehabt. Ein Beispiel für viele:

In der katholischen Familie des Staatsrates von Walcher, Sohn des berühmten Porzellanmalers Bonaventura Walcher, kommen kurz nach den Befreiungskriegen entzückende Zwillinge zur Welt. Bei diesen Kindern, einem Büble und einem Mädele, wäre die Königin furchtbar gerne Patin geworden, doch sind die Zwillinge, wie ja die ganze Familie – katholisch. Was tun? Immer und immer wieder äußert sie ihren Wunsch, so überzeugend und so zu Herzen gehend, daß schließlich die Familie von Walcher gar nicht mehr anders kann und die Kinder evangelisch taufen läßt, ja schließlich selbst zum Protestantismus übertritt. Und alles nur damit die Königin Patin sein kann. Und die kleine, evangelisch getaufte Hermine Walcher wird dann die Stammutter einer großen württembergischen Nachkommenschaft, der Familie Rieke, die auf diese Weise zu einem katholischen Einsprengsel auf ihrer Ahnentafel kommt. Die Königin hat so bis zu einem gewissen Grade Konfessionspolitik betrieben.

Sehr eingesetzt hat sie sich für die Künste, ja sie hat sie wo sie konnte gefördert. Sie fängt selbst an zu malen, Aquarelle, und unter dem Einfluß der Familie Walcher bemalt sie auch Porzellan; freundliche, ganz ordentliche, für eine Königin gar nicht schlechte Bilder, ein bißchen Höhere-Töchter-Stil, aber doch recht nett. Sie hat selber in Kupfer gestochen, hat sehr viel gestickt, so daß sie im Alter keineswegs untätig war, und sie hat immer gerne Menschen um sich gehabt bei ihren Tätigkeiten. Sie war nicht eremitisch veranlagt, sondern eher ein dem Leben zugewandter und eigentlich fröhlicher Mensch. Und dies, obwohl ihr Alter recht beschwerlich war und sich durch ihre Schwerleibigkeit Lähmungserscheinungen zeigten. Aber sie hat in ihrem Christentum das Leiden auf sich genommen und das Beste daraus gemacht. Sie las außerdem sehr viel, sie war eine ungewöhnlich belesene Frau, auch in der Literatur der Romantik bewandert, ihr Lieblingsdichter war Shakespeare.

König Wilhelm hat es mehrfach betont, er habe keine Stiefmutter gehabt, sondern eine Mutter, sogar eine gute Mutter, und das war zweifellos seine Überzeugung, wie ja das ganze Land diese erste Königin Württembergs in einem sehr guten Andenken behalten hat, und das mit vollem Recht.

Die Wohltätigkeit, aber auch das Ausgleichende, das Volkstümliche im besten Sinne, das hat sie ausgezeichnet und hat ihr weit über ihr Lebensende hinaus mit Recht ein großes Andenken im Lande bewahrt. Sie ist mit zweiundsechzig Jahren am 6. Oktober 1828 in Ludwigsburg gestorben und in der Fürstengruft beigesetzt worden. Noch lange hat sie im Bewußtsein der Ludwigsburger nachgelebt als die Gütige, die so gerne in die Kinderwagen hineingeschaut hat.

Katharina Königin von Westphalen

1783–1835

Katharina von Württemberg, Katharina Kurfürstentochter von Württemberg, Katharina Königstochter von Württemberg, Katharina Bonaparte, Katharina Königin von Westphalen, Katharina vertriebene Gräfin von Harz, Katharina Fürstin Montfort: ein buntes, ein bewegtes Leben, eingespannt zwischen die Pole Petersburg und Paris. In Ludwigsburg eine fröhliche Kindheit, sonst ein Leben in Jammer und Glanz, in äußerer Pracht und innerer Einsamkeit, ein Leben, das eigentlich zum Scheitern verurteilt ist und das nur durch die große menschliche Qualität und durch die mutige Standhaftigkeit dieser Frau doch noch einigermaßen gemeistert wird – ein Leben, dem man Bewunderung nicht versagen kann.

Geboren wurde Katharina 1783 in St. Petersburg. Ihr Vater war der württembergische Erbprinz, der spätere erste König Friedrich, damals am Hofe seiner Schwester, der späteren Zarin Maria Feodorowna, einer geborenen württembergischen Prinzeß. Dem jungen württembergischen Prinzen war es zu Hause zu eng geworden. In Potsdam, bei seinem Großonkel Friedrich dem Großen, behagte ihm der Gamaschendienst nicht so sehr, und deshalb nimmt er das Angebot der großen Katharina, der zweiten Kaiserin von Rußland, gerne an, in ihre Dienste zu treten, sind dort doch seine Schwester und sein Schwager am Hof zweite und dritte Person. So kommt der jung verheiratete Prinz Friedrich von Württemberg an den Petersburger Hof, bringt seine schöne, sehr jugendliche, sehr hilflose, sehr unerfahrene Frau mit, Auguste von Braunschweig, die ihm vier Kinder schenkt. Dann kommt jene Katastrophe, von der wir gesprochen haben: 1788 stirbt Auguste von Braunschweig einsam in Lettland einen Tod, der sich heute nicht mehr aufklären läßt.

Die junge Katharina ist damals fünf Jahre alt, und die große Kette ihrer Vornamen zeigt schon, in welche europäischen Zusammenhänge sie hineingeboren ist: Katharina Friederike Sophie Dorothee – Katharina nach der Zarin von Rußland, der Großtante, Friederike nach dem Großonkel Friedrich dem Großen und Sophie Dorothee nach der Großmutter, Herzogin von Württemberg, der berühmten Schwiegermutter Europas.

Mit dem Tod der Mutter beginnt für den Vater dieses unstete Wanderleben durch Europa, das die Kinder teilen, bis sie dann schließlich nach Ludwigsburg zu ihrer Großmutter gebracht werden. Von der Mutter durfte nie gesprochen werden, eine Wunde im Leben Katharinas wie des ganzen württembergischen Hofs. Man hat diese Frau ja nachgerade verfemt. Der Vater hat immer wieder befürchtet, die Tochter könnte der Mutter nachgeraten. Im Guten ist sie dieser Mutter auch nachgeraten. Dieses liebenswürdige, dieses kluge, auch das menschenverbindliche Temperament ist zweifellos viel mehr Erbe der Braunschweiger Mutter als des harten württembergischen Vaters.

In Ludwigsburg hatte sie eine fröhliche Kindheit, so, wie dies für Fürstenkinder zur Zeit der Französischen Revolution eben möglich war. Aber schon früh bestand die Sorge, »das Dickerle« in der Familie werde keinen Mann bekommen. Vom Vater her – der dicke Friedrich wurde damals ja von Jahr zu Jahr voluminöser – hat sie die Schwerleibigkeit der Brandenburg-Schwedtschen Familie geerbt, und schon als junges Mädchen war sie »die dicke Prinzeß von Württemberg«. Als der Reichsdeputationshauptschluß dem seitherigen Herzog und jetzigen Kurfürsten die große Ländererweiterung in Süddeutschland von Napoleons Gnaden bringt, da wird 1806 aus der Kurfürsten- eine Königstochter.

Aber vorher wächst ihr noch eine ganz andere Würde zu. Ihrem Vater ist aus der großen Ländermasse auch das evangelische Damenstift in Oberstenfeld zugefallen, das mit adligen Insassinnen seit dem Mittelalter besteht und seit der Reformation evangelisch ist. Als nun die letzte Äbtissin stirbt, ist das für den König die Gelegenheit, seiner Tochter eine neue Würde zu geben: Die Kurfürstentochter wird Äbtissin von Oberstenfeld. Sie ist zweiundzwanzig Jahre alt, hat wenig Chancen, noch einen Mann zu bekommen und findet sich damit offenbar ab. Sie läßt sich gerne Äbtissin nennen, ja sie unterschreibt die Briefe an ihren Vater mit »Cathérine, Abbesse de Oberstenfeld«. Die Äbtissin hat dort nicht sehr viele Pflichten. Sie sagt in einem Brief, das werden später einmal ganz gute Rückzugsmöglichkeiten sein, eine »honette retraite«, eine ehrenvolle Rückzugsmöglichkeit für ein altes Mädchen und für eine Äbtissin. Es kommt aber anders.

Napoleons Stern, das Kaisertum, die großen Bündnispläne zwischen Frankreich und den süddeutschen Staaten, den neuen Königreichen von Napoleons Gnaden, verlangen auch von Württemberg ein Opfer. Napoleon will, daß der Kronprinz Wilhelm eine Prinzessin aus seiner Verwandtschaft heiratet. Wilhelm weigert sich standhaft. Aber eine Familienallianz muß hergestellt werden, und so hat der neue König schließlich das Opfer gebracht, wenn nicht den Sohn mit einer napoleonischen Prinzeß, so doch

die Tochter mit einem napoleonischen Prinzen zu verheiraten. Und dieser allein noch heiratsfähige Prinz ist der jüngste Bruder Napoleons, Jérôme. Jérôme, etwas jünger als die in Aussicht genommene Braut, ist in allem ihr Gegenteil: feingliedrig, grazil, lebhaft, flatterhaft, wo die Prinzessin ernst ist, von sehr leichter Lebensführung, wo die Prinzessin tief religiös ist.
Die beiden passen sehr schlecht zusammen, aber man hat keine Wahl. Der französische Gesandte kommt nach Stuttgart: Große Szene im Schloß, er wirbt, obwohl alles längst abgesprochen ist. Ihr wird eröffnet, was sie seit Monaten weiß, und schließlich wird sie gefragt, was sie zu der vom Vater bereits angenommenen Werbung von Frankreich zu sagen hat. »Le voeu du roi mon père détermine naturellement le mien« – Der Wille des Königs, meines Vaters, bestimmt naturgemäß den meinen. So wurden damals Prinzessinnen- und Prinzenehen geschlossen. Die Trauung folgte unmittelbar. Der Bräutigam ist gar nicht da, Jérôme ist in Paris und hat nicht für nötig gefunden, nach Stuttgart zu kommen. So wird nach dem alten Mittel per procurationem getraut, der Kronprinz und künftige König Wilhelm vertritt die Stelle des Bräutigams, kniet zusammen mit seiner Schwester, und der protestantische Oberhofprediger Süskind gibt die beiden zusammen, hält eine schöne, ganz leicht geölte Rede, die der König vorher noch zensiert hat. Katharina bricht auf. Sie weiß, daß sie nun katholisch werden wird, aber das wird sehr gleichmäßig applaniert.
An der Rheinbrücke bei Kehl wird ihr kleines württembergisches Gefolge mit einem ungeheuer pompösen französischen aus Paris konfrontiert. Zuvor gibt es aber noch eine Demütigung, die Napoleon persönlich eingebaut hat: Katharina darf nicht in der Hochzeitskutsche über den Rhein fahren, sie soll aussteigen. Begründet wird dies mit dem schlechten Zustand der Brücke. Katharina weigert sich. Sie ist eine Königstochter und sie ist, wie sich später noch zeigen wird, mit einem ausgeprägten Dickkopf begabt. Sie weigert sich, zu Fuß nach Frankreich zu gehen, und bittet darum, in der Kutsche bleiben zu dürfen. Der Hinweis, auch Napoleon und Joséphine seien ausgestiegen, verfängt bei ihr nicht. Nach einem einstündigen Aufenthalt gibt sie dann aber um des lieben Friedens willen nach.
Erst in Paris sieht sie ihren Gatten zum erstenmal. Wir wissen nichts davon, daß es zu einer spontanen Erklärung von Liebe oder Ähnlichem gekommen ist, aber sie fügt sich in ihr Schicksal mit Würde. Allerdings ist sie bitter auf ihren Vater, denn der württembergische Brautschmuck war zu beschei-

Napoleon mit verbündeten Fürsten und Familienmitgliedern im Jahr 1809: König Jérôme von Westphalen (dritter von links), Königin Katharina von Westphalen (zweite von rechts) und ihr Vater König Friedrich von Württemberg (vierter von links).

den in den Augen der französischen Kaiserfamilie, und so hat Napoleon sie sofort noch einmal neu ausgestattet – vielleicht auch ein kleiner Seitenhieb auf Württemberg.

Es folgen Flitterwochen in Fontainebleau, und dann schließlich wird sie nach Kassel in das neue Königreich ihres Gatten sozusagen »in Marsch gesetzt«, anders kann man es nicht nennen. Sie schreibt pflichtschuldigst Briefe an den Vater. Sie findet Kassel nicht so schön wie Ludwigsburg, Hessen nicht so reich wie Württemberg, aber sie will eine gute Landesmutter sein. Sie schreibt von ihrem Gatten Jérôme nur das Beste, so daß am württembergischen Hof der Eindruck entstehen muß, Katharina sei eigentlich ganz gut verheiratet und ihre Ehe mit Jérôme sei eine der üblichen Fürstenehen. In Wirklichkeit hat Jérôme Katharina vom ersten Augenblick an betrogen, und zwar über das Maß hinaus, das man damals einem Fürsten zubilligte. Man sagte, und das mit Grund, sämtliche Damen ihres Hofstaates seien die Mätressen ihres Gatten. Sie alle haben die arme, junge Königin von Westphalen, die fast ohne jede württembergische Umgebung war, ausspioniert. Franzosen, Hessen und die ganze Hofgesellschaft waren fasziniert von dem blendenden Lebensstil, den Jérôme zu zelebrieren wußte. Wir haben ja in Deutschland den alten für ihn überlieferten Namen »König Lustig« oder »König Immer Lustig«, weil er jeden Abend sagte: »Morgen sind wir wieder lustig.«

Die Regierung lag darnieder. Katharina versucht ein paarmal, sich in die Probleme des Staates Westphalen, dieses Königreichs von Napoleons Gnaden, einzuarbeiten, aber es gelingt ihr nicht, sie wird von den Geschäften ferngehalten. Sie hat auch keine Kinder, und das ist nun der große Kummer. Napoleon verlangt den Neffen von ihr, ihr Vater einen Enkel, Jérôme den Sohn. Auch dadurch entstehen Spannungen bei Hof. Es werden viele, viele Kinder geboren, Jérôme hat eine Fülle begabter Bastarde, aber die Königin wird immer einsamer. Trotzdem schreibt sie ihrem Vater mit einer unglaublichen Treue immer nur das Beste über ihren Mann, beklagt sich nie, beschwert sich nie, so daß, als die Katastrophe über Napoleon und über das Kaiserreich hereinbricht, man allgemein der Ansicht ist, diese Ehe sei gutgegangen.

Vertrieben 1813 aus Westphalen, irren Jérôme und Katharina nun durch Europa. Sie versuchen, in Württemberg anzukommen, aber dort zeigt man ihnen die kalte Schulter. Der König, der ein paar Jahre zuvor das Bündnis mit Frankreich so sehr forciert hatte, ist jetzt peinlich berührt, daß nicht bloß die Tochter heimkommt, sondern auch der Ex-König von Westphalen, den man jetzt nur noch Monsieur Bonaparte nennt, nicht mehr Seine Majestät, und der naturgemäß ein Asyl in Württemberg verlangt. König Friedrich ist nicht bereit, das der Tochter zu geben. Und in diesem Augenblick geschieht etwas sehr Merkwürdiges. Das Ereignis, das Katharina jahrelang erhofft hatte, tritt nun ein: Sie ist schwanger und schreibt in einem sehr würdigen und liebenswürdigen, fast schalkhaften Brief ihrem Vater davon. Der Antwortbrief des Königs Friedrich ist etwas vom Brutalsten, was wohl in der deutschen Literatur geschrieben worden ist. »Das hätte mich vor ein paar Jahren gefreut, aber heute ist das ein sehr unerwünschtes Ereignis, das gar nicht in die Pläne paßt. Madame, Sie können

König Jérôme und Königin Katharina von Westphalen

nach Württemberg kommen, aber bitte ohne Ihren Gatten, und das Beste wäre doch, sich scheiden zu lassen.«

In diesem Augenblick wird Katharina eine große Frau. Viele andere politische Ehen, herüber und hinüber, die unter Napoleon geschlossen wurden, sind damals ohne viel Aufhebens und ohne viel Klage geschieden worden. Marie Luise, die zweite Gattin Napoleons, gibt dafür das beste Beispiel. Auf einen Wink ihres Vaters und Metternichs läßt sie Gatten und Kaiserreich stehen, reist nach Österreich zurück und fällt dort sofort in die Schlingen der raffiniert ausgelegten Metternichschen Politik. Anders Katharina. Als ihr Vater von ihr verlangt, die Ehe, die gegen ihren Willen geschlossen worden und eigentlich gar keine Ehe gewesen sei, die sogar von Jérôme schon einmal versuchsweise einer Trennung zugetrieben worden und deshalb ohne weiteres zu annulieren sei, aufzulösen, da sagt Katharina das berühmte Wort: »Wenn ich nicht seine Gattin war, dann war ich seine Mätresse.« Das ist damals für eine Prinzessin, für eine Königin, ein ganz unmögliches Wort, das sie gar nicht in den Mund nehmen darf. Sie hat mit größter Schärfe und Härte ihrem Vater gegenüber diese Ehe verteidigt, obwohl man inzwischen in Württemberg wußte, daß diese Ehe schlecht gewesen war und daß Katharina in ihren Briefen den Gatten dauernd geschützt hatte, um ihn nicht bloßzustellen. Das alles hatte jetzt keine Gewähr. Jetzt, im Exil, liebt sie den Gatten und hält ihm mit einer ganz ungewöhnlich konsequenten Art die Treue.

König Friedrich will nicht, daß der unerwünschte Bonaparte-Enkel in Württemberg geboren wird. Katharina muß nach Triest ausweichen. Dort kommt 1814 der erste Sohn zur Welt mit dem Namen Jérôme.

Und nun beginnt eine Irrfahrt durch halb Europa. Überall versuchen Katharina und Jérôme, Fuß zu fassen: in Österreich, in Eggenberg bei Graz, im Kirchenstaat, in Oberitalien, in Frankreich, in Spanien, in Württemberg, mal in Göppingen, mal in Ellwangen, mal in Hainburg, wo die verwitwete Königin Murat von Neapel lebte. Aber überall sind sie unerwünscht. Dann kommt das Zwischenspiel der hundert Tage und die Irrfahrt beginnt aufs neue. Schließlich bleibt Katharina mit ihrem Mann in Triest, obwohl ihr das Klima dort gar nicht zusagt. Sie ist nun schwer und füllig, sie ist ja auch keine junge Frau mehr, denn sie geht auf die vierzig zu. 1816 wird sie dann, damit sie endlich einen Namen hat, durch ihren Vater Fürstin Montfort, nach Montfort bei Langenargen am Bodensee. So kommt das alte Tübinger

Montforter Wappen in ihr neues Fürstenwappen hinein. Der Gatte Jérôme wird als Fürst Montfort sozusagen ein Anhängsel der württembergischen Familie – kein Wort mehr von Königtum.

Inzwischen wird eine Tochter Mathilde geboren, 1820, wiederum in Triest, die nach der geliebten Stiefmutter Charlotte Mathilde von Württemberg benannt wird. Sie stirbt nach einem langen Leben 1904 in Paris und war die große Frau am Hofe Napoleons III., ihres Vetters, den sie einmal hätte heiraten sollen. Diese von der Mutter her württembergische Prinzeß ist ja in einer besonderen Weise bekannt und berühmt geworden in der französischen Geschichte und Kunstgeschichte als die Gönnerin der französischen Denkmalpflege, als die Freundin und nicht nur Seelenfreundin von Prosper Merimée, von vielen Architekten, Bildhauern und Künstlern, so daß sie schließlich den Spitznamen »Notre Dame de Beaux Arts« bekam, »Unsere Liebe Frau von den Schönen Künsten«. Das war sie, in der Tat, aber auch eine ganz brillant begabte und für das Regime Napoleons III. hochbedeutende Frau.

Der letzte Sohn kommt dann 1822 zur Welt. Da ist Katharina schon neununddreißig Jahre alt und eine kranke Frau. Auch er wird in Triest geboren, auch er wieder mit ganz programmatischen bonapartischen Namen: Napoléon Jérôme Charles. Er ist der Stammvater der heute noch lebenden Mitglieder des Hauses Bonaparte. Es gibt übrigens heute wieder eine Prinzessin Mathilde und eine Prinzessin Katharina. Die württembergischen Namen leben also im Hause Bonaparte fort.

Schließlich endet das ununterbrochene Umherreisen für Katharina 1835 in Lausanne. Dort ist sie, nach jahrzehntelangem Exil, nach zwanzig Jahren Umherirrens, am 28. November 1835 mit zweiundfünfzig Jahren gestorben. Sie ist dann nach Ludwigsburg gebracht worden. Sie liegt in der Fürstengruft, während ihr Gatte Jérôme, der noch sehr lange lebte und am Hofe seines Neffen Napoleon III. eine große Rolle spielte, 1860 in Paris starb und im Invalidendom begraben liegt.

Katharina ist im Lande sehr stark im Gedächtnis geblieben als die treue Frau, die dem Kaiser Franz von Österreich, dem Metternich, ihrem Vater, allen Fürsten nach dem Sturz Napoleons die Stirn geboten und mutig an einer Ehe festgehalten hat, die vorher, von seiten des Mannes, nie eine gute war, die aber durch den Mut, die Standfestigkeit, man kann auch sagen, die Starrköpfigkeit dieser klugen Frau zu einer guten Ehe geworden ist.

Charlotte von Bayern

1792–1873

Der Charlottenplatz in Stuttgart: Jeder Stuttgarter kennt ihn, jeder ist hundertmal hier umgestiegen. Es ist der am meisten befahrene, der lauteste Platz der Stadt. Aber nach wem heißt er? Ich habe mich einmal hier aufgestellt und Passanten gefragt. Die Antworten waren außerordentlich kärglich: »Weiß net«, »Ach, irgendwer.« Eine alte Dame sagte: »Das war die letzte Königin von Württemberg.« Das ist zwar in der Tat eine Charlotte gewesen, aber nicht die, nach welcher der Platz heißt. Benannt ist er vielmehr nach der Prinzessin Charlotte von Bayern, die 1808 als sehr jung angetraute Frau des württembergischen Kronprinzen aus München eingeholt wurde.
Charlotte von Bayern als württembergische Kronprinzessin, als mögliche spätere württembergische Königin, das war eine Hilfskonstruktion, um nicht zu sagen: es war eine Notlösung. Um zu verstehen, wie es dazu kam, muß man zunächst zwei andere Frauen ins Bild bringen.
Der württembergische Kronprinz Wilhelm, ein hochbegabter, mit seinem Vater überworfener, nach einer schwierigen Jugend zweifellos sehr profilierter, kluger und heroischer Mann, ist vergleichsweise lange ohne Frau geblieben. Nun kommen die großen napoleonischen Umwälzungen in Europa und nun soll er mit einer napoleonischen Prinzessin oder wenigstens einer Verwandten des Hauses Napoleon verheiratet werden. Aber er war schon eine heimliche Herzensbindung mit einer Württembergerin eingegangen, die aus einer sehr vornehmen Familie stammte, aber im Sinne des 18. Jahrhunderts nicht standesgemäß war.
Die württembergischen Stände haben damals einen eigenen Gesandten in Paris, Konradin Abel, einen bedeutenden Politiker, der zu den führenden Familien Württembergs gehört. Seine Frau, Luise Elisabeth von Stockmayer, zählt gleichfalls zur damaligen Führungsschicht in Württemberg. Der Gesandte und Resident hat eine schöne Tochter, Therese, und diese junge und rasante Frau, sehr ehrgeizig, fast gleichaltrig wie der Kronprinz, hat diesen vielleicht eingefangen. Es kommt jedenfalls zu einer sehr, sehr leidenschaftlichen Bindung, die dann, das ist umstritten bis heute, vielleicht sogar durch einen heimlichen Eheschluß durch den schwedischen evangelischen Gesandtschaftspfarrer legitimiert wurde. 1803 hat Therese Abel, die mutmaßliche Frau des Kronprinzen, in Saarburg Zwillinge geboren, die jedoch früh starben.
Sowohl Napoleon als auch der württembergische Vater sind wütend über

diese Verbindung, obwohl sie gar nicht so abwegig war in einer Zeit, in der Leute wie Napoleon und die Bernadottes aus unteren Schichten zu den allerhöchsten europäischen Rängen aufsteigen konnten. Warum sollte da nicht der Kronprinz sozusagen eine Versöhnungsehe mit den Landständen eingehen und die Tochter des bedeutendsten Kopfes der Landstände heiraten?

Therese Abel hat übrigens später, nachdem diese Ehe, wenn es eine war, wieder getrennt wurde, in Stuttgart ganz in der Nähe des Charlottenplatzes gelebt, sehr bescheiden und zurückgezogen, merkwürdigerweise von den streng pietistischen Stuttgartern hoch geehrt. In unserer Familie wird erzählt – und das ist sehr glaubwürdig –, daß bei einem Spaziergang der Familie Decker mein Urgroßvater als junger Gymnasiast, 1817, als Therese Abel vorbeiging, zu seinen Eltern sagte: »Do lauft dem Keenig sei Kebsweib«, worauf er von seinem Vater eine Ohrfeige bezog, weil man von dieser hochgeachteten, hochgeschätzten Frau doch in Stuttgart nicht als von »dem Kebsweib« – ein schöner pietistischer Ausdruck! – sprechen konnte.

Der Bund mit Therese Abel, die eine großartige Gemäldesammlung besaß, hat übrigens bei Wilhelm eine große Vorliebe für die Bildende Kunst hinterlassen.

Zurück zu Napoleon, der zur Verstärkung der Allianz mit Württemberg will, daß nicht nur die Prinzeß Katharina seinen Bruder Jérôme heiratet, sondern vor allem, daß die künftige Königin von Württemberg eine Napoleonidin ist. Aber es gibt im Hause Napoleon keine Prinzessinnen mehr, nur noch ein ziemliches Mauerblümchen, weder mit dem Kaiser Napoleon noch mit der Kaiserin Joséphine verwandt, sondern eine Nichte des früheren Gatten der Kaiserin Joséphine, also des Vicomte de Beauharnais, eine Stéphanie Beauharnais. Sie trat erst in das Blickfeld Napoleons, als Joséphine einmal beiläufig erwähnte, sie habe von ihrem ersten Mann noch eine ferne Nichte. Napoleon nimmt die junge Dame sofort in den Kreis seiner Heiratsprojekte herein: Sie soll Königin von Württemberg werden.

Das ist nun sowohl für den König von Württemberg als auch für den Kronprinzen unzumutbar. Man will die Dame nicht, sie ist nicht ebenbürtig. Da wäre Therese Abel eine sehr viel bessere Partie gewesen. Außerdem ist sie arm, sie ist nicht ansehnlich. Als der Kronprinz dies Napoleon vorträgt, will der französische Kaiser dies mit einem einfachen Federstrich lösen und sagt, wenn sie als Fräulein Beauharnais nicht vornehm genug ist, »eh bien, je l'adopte« – na ja, das tut doch nichts, ich adoptiere sie. Da kommt es zu jener berühmten, stolzen württembergischen Antwort. Vor dem ganzen Napoleonischen Hof sagt Wilhelm, und das ist tollkühn und ist endgültig: »Je ne veux pas une femme de votre pagerie«, ich heirate doch niemanden aus Ihrem Personal.

»De votre pagerie« ist natürlich ein sehr böses Wortspiel, denn Joséphine war eine geborene de la Pagerie, ein armer französischer Kleinadel. Und diese Anspielung »de votre pagerie« – von Eurer Frau und von Eurem Personal – ist das Äußerste, was ein junger Prinz von Napoleons Gnaden damals sagen kann. Damit war der Bruch unheilbar, und das hat Wilhelm ja auch gewollt. Nun muß er sofort aus Paris abreisen und signalisiert seinem Vater: Jede deutsche Prinzeß, egal wie sie aussieht, wo sie herkommt, wenn sie nur schnell heiratbar ist, ist erwünscht.

Die Wahl fiel auf Charlotte, die Tochter des gerade König gewordenen bayrischen Herrschers Max I. Josef. In Mannheim als Karoline geboren, keinesfalls mit Aussicht auf einen Thron, auch nicht an einem Hof erzogen, war sie ein einfaches, auch vom Gemüt her recht schlicht angelegtes Mädchen, unkompliziert, nicht sehr gebildet, aber sehr fromm und häuslich, und ein bißchen kleinkariert, wenn man das bei einer Prinzessin sagen darf. Aber sie ist immerhin die Tochter des neuen bayrischen Königs, und so wird sie also nun vom Kronprinzen in München geheiratet und in Stuttgart feierlich eingeholt; nicht allzu üppig, denn König Friedrich der Dicke wollte nicht zuviel ausgeben für diese Prinzessin.

Charlotte hatte vom Vater her eher etwas Derbes und Schweres geerbt. Max I. Josef war ja nie zum Herrscher erzogen worden. Er war Troupier, Truppen-Oberst, in französischen Diensten und hat lebenslang die derbe, ja sehr grobe Ausdrucksweise eines Soldaten beibehalten. Er war jedoch geschickt in der Wahl seiner Mitarbeiter. Nicht durch ihn, aber unter ihm, ist Bayern zu einem bedeutenden Königreich geworden, vor allem durch seinen großartigen Minister Montgelas. Der König selber war ein bis zu einem gewissen Grade volkstümlicher, sehr schlichter Typ, der sich ohne jeden Prunk gerierte, keinen Hof hielt im alten Sinn, sondern fast wie ein Großbürger lebte, wenig las, aber gesunden Menschenverstand besaß.

Die Kinder sind nach Wildwuchsart aufgewachsen. Der Lieblingsbruder der jungen Kronprinzessin Charlotte von Württemberg war Ludwig von Bayern, der später berühmte, große König, der München, der Bayern groß-

Jugendbildnis König Wilhelms I. von Württemberg (1781–1864), der sich 1814 von Charlotte trennte.

gemacht hat und der dann mit dem Lola-Skandal von der historischen Bühne abtreten mußte. Dieser Kreis mit vielen fröhlichen Geschwistern ist eigentlich das einzige gewesen, was Charlotte in ihrem Leben wirklich genossen hat. In Württemberg hatte sie keine glückliche Zeit. Sie hat auch nur sechs Jahre lang, von 1808 bis 1814, sagen wir vorsichtig: an der Seite des Kronprinzen gelebt. Dann kommt der Napoleonische Zusammenbruch und damit sind die Bindungen, die seinerzeit unter dem Druck Napoleons eingegangen worden waren, plötzlich nicht mehr erwünscht.
Der Kronprinz ist dieser Frau müde. Und nun ergeben sich auf dem Wiener Kongreß großartige Möglichkeiten neuer politischer Verbindungen. Vor allem könnte der Kronprinz seine Cousine Katharina von Rußland heiraten – wenn er eben nicht verheiratet wäre. Aus der Ehe sind keine Kinder hervorgegangen. Charlotte war in den sechs Jahren unfruchtbar, und so war es ein leichtes, dem Papst und den Kardinälen gegenüber zu behaupten, die Ehe sei nie vollzogen worden. Gatte und Gattin haben das beschworen, wer will dagegen sprechen? Alle haben es geglaubt. Charlotte konnte geschieden werden, und der Kronprinz konnte seine so viel intelligentere, so

viel rasantere, aber auch so viel problematischere Cousine Katharina von Rußland heiraten.

Für Charlotte scheint sich nun das Schicksal eines Mauerblümchens aus königlichem Hause aufzutun. Sie lebt in München, ist nicht mehr ganz jung, ansehnlich war sie nie, und fügt sich mit Geduld und mit einem gewissen Humor in die Situation. Da kommt das Schicksal in Form des recht alten und abgetakelten Kaisers des Heiligen Römischen Reiches, Franz I. von Österreich. Er hat bereits drei Ehen hinter sich, er ist nicht mehr gesund, er braucht vor allem eine Pflegerin. Und Charlotte ist ganz glücklich, daß sie, nachdem sie zuerst einmal unglückliche Kronprinzessin von Württemberg war, nun, 1816, den Kaiser Franz von Österreich heiraten darf. Allerdings: Charlotte möchte sie nicht mehr heißen, das erinnert sie zu sehr an die traurigen Jahre in Württemberg. Aus Charlotte wird daher wieder Karoline Auguste. Auch besinnt sie sich noch auf ihren anderen Namen, sie heißt nun Karolina Augusta und ist die Kaiserin von Österreich. Ein hoher württembergischer Würdenträger hat damals zum königlichen Leibarzt in Anlehnung an die Redensart, man kaufe ein Haus auf Abbruch, gesagt: »Unsere frühere Kronprinzessin hat den Kaiser auf Abbruch geheiratet.« So etwa war es auch. Sie war ihm von 1816 bis zu seinem Tode 1835 eine rührende Krankenpflegerin.

Merkwürdigerweise ist diese Frau, die vorher so wenig bedeutet hat, in Österreich eine ganz ausgezeichnete Familienstiefgroßmutter geworden für die vielen Nachkommen des Kaisers Franz. Sie widmet sich ihren Neffen und Nichten, Großneffen und Großnichten, vor allem aber den vielen Enkeln, die Kaiser Franz mit der Zeit bekommt. Besonders gekümmert hat sie sich um den Sohn Napoleons und Marie Luisens, den Herzog von Reichstadt, und dann vor allem um den heißersehnten ersten Enkel im österreichischen Mannesstamm, um Franz Josef, den späteren Kaiser. Für ihn ist sie eine rührend gute Großmutter. Man sieht sie immer mit ihm zusammen, sie spielt mit ihm, sie unterhält ihn, sie führt ihn zu den Werken der Barmherzigkeit, der Wohltätigkeit, der Gottesfurcht, und das wird natürlich von den österreichischen Hofmalern gerne im Bilde festgehalten, beispielsweise jene berühmte Szene, wo sie dem kleinen Franz Josef sagt, er solle dem Posten am Schloß in Laxenburg, der dort in der Hitze steht, doch einen Gulden in die Tasche stecken. Der alte Großpapa-Kaiser nimmt den künftigen Kaiser hoch, die Großmama freut sich darüber, und dahinter

steht unsere Schwäbin, die den Franz Josef erzogen hat, die Baronin Sturmfeder aus Oppenweiler, von Franz Josef heiß geliebt – seine Ill, diesen Namen hat er für sie gefunden –, die als Hofdame der geschiedenen Charlotte von Württemberg mit nach Österreich gekommen war.
Und so sehen wir Charlotte beziehungsweise Karolina Augusta noch häufig. Als der Kaiser wieder einmal, wie so oft, krank ist und sie um sein Leben bangt, da nimmt sie den kleinen Franz Josef zu sich, und beide knien am Bett des Kaisers und beten. Dieser Stich mit der schönen Unterschrift »Gott erhalte sie beide« ist in Österreich weit verbreitet gewesen.
1835 wird Charlotte Witwe. Sie hat dann ihren Kaiser von Österreich um Jahrzehnte überlebt und ist erst 1873, einen Tag nach ihrem 81. Geburtstag, gestorben, hochverehrt in Österreich als eine große Wohltäterin. Vor allem aber hat sie den Frieden in der sehr diffizilen Familie Habsburg immer wieder gewahrt. Bezeichnenderweise belegte man sie mit dem Spitznamen »das Seelenschmalz« – die gutherzige, sehr warmherzige Frau, die allen Leuten sozusagen ein bißchen Öl ins knirschende Getriebe brachte. Beigesetzt ist sie in der Kapuzinergruft in Wien neben ihrem Gatten Franz.
An die unglücklichen Jahre in Stuttgart hat sie sich später immer wieder erinnert, sie waren übrigens auch ein Grund dafür, weshalb der württembergische König Wilhelm I., der einmal sechs Jahre lang ihr Gatte gewesen war, so ungern nach Wien reiste. Er mußte ja immer gewärtig sein, seiner Verflossenen zu begegnen. Der gleiche Grund hat ihn auch Baden meiden lassen, wo Stéphanie, seine verschmähte Braut, lebte. Bei Begegnungen mit der in Stuttgart wohnenden Therese Abel indessen, Wilhelms großer, feuriger, erster Leidenschaft, so erzählten es sich die Stuttgarter, habe er, wenn er sie durch Zufall auf der Straße von ferne sah, einen Blick auf sie geworfen und sich dann langsam in eine andere Richtung gewandt, während Therese Abel im nächstbesten Bürgerhaus verschwunden sei.

Katharina von Rußland

1788–1819

Im Schloß in Ludwigsburg hängt ein romantisches Landschaftsbild vom Anfang des vorigen Jahrhunderts: der Neckar, das Neckartal, die grüne Neckaraue, die heute völlig zugebaut ist, rechts der Hügel mit dem Kirchlein von Berg am Neckar, und links, den Hintergrund beherrschend, die Stammburg Württemberg, so, wie sie noch am Anfang des vorigen Jahrhunderts aufrecht stand, die mittelalterliche Großburg, die Wiege des Königshauses, ein Lieblingsbild für alle Württemberger. Wenn man heute heraufkommt auf den Württemberg, so bietet sich ein vollkommen anderes Bild. Die Burg ist niedergelegt, das Plateau ist geräumt, der Hügel ist begradigt, und es erhebt sich hier die Grabkapelle für die Königin von Württemberg, die vielgeliebte Königin Katharina von Rußland, Großfürstin von Rußland, zweite Frau des zweiten württembergischen Königs Wilhelm I.

Als sie 1819 starb, ging durch ganz Württemberg eine Welle echten Schmerzes und tiefsten Mitgefühls mit dem König. Das ganze Land, quer durch alle Bevölkerungsschichten, hatte das Gefühl, eine Frau verloren zu haben, die in den drei kurzen Jahren ihrer württembergischen Ehe ungeheuer viel für das Land getan hat. Und der Tod der Frühvollendeten, wie man damals sagte, hat die Untertanen wirklich zutiefst erschüttert.

Katharina ist zunächst provisorisch in der Stuttgarter Stiftskirche beigesetzt worden, doch der König, getragen vom Mitgefühl, getragen auch von Spenden aus allen Kreisen der Bevölkerung, hat sofort begonnen, der Verewigten eine würdige Ruhestatt hier oben zu bereiten. Man fand keinen besseren Platz als den Hügel der Stammburg. Wir heute würden uns ja vielleicht wünschen, daß man den Württemberg erhalten hätte und daß man die Grabkapelle auf einen anderen der schönen Rebenhügel hier in der weiteren Umgebung gesetzt hätte. Aber gerade Katharina hat eben diesen Platz so geliebt, und so schien es eine besondere Huldigung an sie, wenn man hier ihre Grabkapelle errichtete, die Reste der Stammburg opferte. Auch die Bevölkerung damals hat das voll mitgetragen, fand das sehr schön im romantischen Sinn, daß nun die große Wohltäterin des Landes hier auf dem Württemberg, auf der Stammburg, begraben liegt.

Das Leben dieser ganz außergewöhnlichen Frau ist in Württemberg viel geschildert worden. Sie ist ja so etwas wie eine protestantische Hausheilige geworden und wird immer wieder und wieder zitiert, wenn man von dem persönlichen Engagement dieses Menschen im sozialen Verhalten, in der

Blick auf die von König Wilhelm I. für seine zweite Gemahlin Katharina nach ihrem frühen Tod errichtete Grabkapelle auf dem Rotenberg.

Hilfe für den Nächsten, etwas berichten will. Die kleine Großfürstin von Rußland ist zunächst gar nicht so geboren worden, daß man von ihr hätte erwarten können, daß große soziale Impulse von ihr ausgehen würden, ganz im Gegenteil, war sie doch in den orientalischen Prunk und Reichtum des Zarenhofes hineingeboren, als Enkelin der großen Monarchin und sittenlosen Lebenskünstlerin Katharina II., Katharina der Großen. Die kleine Katharina, nach der Großmutter benannt, war die Tochter des Zarewitsch, des gräßlichen Prinzen und späteren Zaren Paul I., eines schauerlich gebildeten Menschen mit häßlichen Gesichtszügen, dem seine Mutter die damals schönste Frau in Europa ausgesucht hat: eine württembergische Prinzeß, Sophie Dorothee von Württemberg, die dann als Zarin später den Namen Maria Feodorowna annahm.

Von diesem abstoßenden russischen Vater und dieser engelsschönen württembergischen Mutter stammte eine Anzahl von Kindern, die alle in diesen Spannungsbogen zwischen Vater und Mutter hineingestellt waren, den heimtückischen, den verschlagenen, den geisteskranken Vater und diese unendlich geduldige, gelassene, weltkluge, zarte, schöne Erscheinung der Mutter. Die Kinder haben die Großmutter, die Zarin, noch erlebt, auch Katharina hat zu ihr ein persönlich enges Verhältnis gehabt. Später hat sie manches von ihr gelernt, etwa ihr Interesse für Mädchenbildung ist zweifellos von Katharina der Großen vorgebildet gewesen.

Aber die junge Prinzeß, 1788 in Zarskoje Selo geboren, ist erst ein achtjähriges Mädchen, als die Zarin stirbt. Nun also, 1796, beginnt der schreckliche Vater seine eigene Regierung, soweit man das Regierung nennen darf, und die Kinder erleben, wie sich das Wesen des Vaters zusehends verdüstert. Er wird von Ängsten umgetrieben, von Obsessionen, von Verfolgungswahn. So verdüstert sich auch das Leben der Kinder immer mehr, und ohne die ausgleichende und liebenswürdige württembergische Mutter hätten sie die Jugend wohl gar nicht durchgestanden. Diese Kinder waren natürlich sehr stark aufeinander angewiesen. In diesem Geschwisterkreis gibt es sehr enge Freundschaften, und ganz besonders eng hat sich unsere Katharina an ihren älteren Bruder, den Zaren Alexander, angeschlossen. 1801 ist die Bedrohung der Familie so groß, daß alle aufatmen, als ein Komplott, das dann zum Staatsstreich wird, den tückischen Vater wegfegt und den Zar ermordet.

Der Zarewitsch Alexander, der älteste der Brüder, wird selber Zar, und nun beginnt, eigentlich zum erstenmal im Leben der jungen Katharina, ein Abschnitt, in dem sie ohne Angst leben kann. Hier nun wächst in Katharina ihre staunende Bewunderung für ihren Bruder Alexander. Der Vater, schon vom Äußeren her ein häßlicher Typ, war für die Kinder keinesfalls ein Vaterbild, mit dem sie zurechtkommen konnten. Stattdessen wird nun der schöne Bruder – mindestens in den Augen Katharinas ist er fast ein Engel – immer mehr jungmädchenhaft übersteigert, er ist ihr Idol, er ist ihr Briefpartner, er ist ihr großer Freund. Auch wenn wir die starken Ausdrücke einer hymnischen Freundschaft um 1800, 1810, respektieren und einrechnen, auch wenn wir die Hyperbeln des damaligen Stils goutieren, so müssen wir doch sagen, in diesen Briefen ist eine unerhörte Hitze der Seelentemperaturen: »mein anbetungswürdiger Engel«, »mein rasender Engel«. Für Katharina wird der Bruder immer mehr zum Engel Gottes, zum Befreier vom Alptraum des Vaters, zum Befreier überhaupt, zum Befreier der Menschheit, und am Schluß ist für sie ihr Bruder fast so etwas wie ein Messias. In Wirklichkeit war der Zar Alexander ja ein durchaus mittelmäßiger Mensch, aber in dieser Geschwisterzuneigung steckt ein gutes Zeugnis für ihn: Er hat die unstete, sehr sprunghafte und auch erblich stark belastete junge Prinzeß zu einer gewissen Ruhe geführt.

In dieses Familienidyll am Hof von Petersburg platzt nun die Werbung Napoleons. 1808, 1809 beginnt Napoleon sich von Joséphine zu trennen, nachdem er über ihr wirkliches Alter aufgeklärt war. Er braucht ja einen Erben und möchte nun unbedingt eine Fürstin, eine Fürstentochter, am liebsten eine Kaisertochter, und wirbt um die Schwester des Zaren. Das große französisch-russische Bündnis erscheint als Möglichkeit am Horizont, Katharina soll das Opfer sein. Der Zar war nicht von Anfang an gegen dieses Projekt, aber die Zarenmutter, Maria Feodorowna, Sophie Dorothee von Württemberg, erklärt, mit allen Mitteln gegen diese Heirat vorgehen zu wollen. Sie kann es mit ihrem Stolz keinesfalls vereinbaren, eine Tochter, und gerade eine so schöne, geistreiche und begabte Tochter, an Napoleon zu geben. Auch die junge Katharina selber ist der Ansicht, der Korse sei keine Partie. Sie sagt einmal: »Lieber einen Ofenheizer in Zarskoje.« Ein andermal sagt sie, sie wäre lieber Popenfrau, eine Pfarrersfrau, in Sibirien als Kaiserin von Frankreich.

Nun besteht aber die Schwierigkeit, daß man damals schon jahrelang an europäischen Höfen für Katharina einen Mann gesucht hatte. Auch ihr Vetter Wilhelm von Württemberg war schon erwogen worden, den sie später dann ja heiraten sollte, aber den hat sie abgelehnt. Er war ihr nicht »rein« genug, was immer »rein« sein soll für eine junge Zarentochter. Sie hat ihn gemessen am Wesen ihres Bruders Alexander, und da hat allerdings Wilhelm, der ein »homme aux femmes« war und schon einige Erfahrungen mit Frauen gesammelt hatte, nicht mithalten können. So hat man dann verschiedene andere Partien überlegt.

Im Augenblick, als Napoleons Werbung kommt, ist jedoch für Katharina keine einzige Partie möglich und man ist in großer Verlegenheit. Die Zarenmutter, die württembergische Prinzeß, kommt auf den rettenden Gedanken, den zufällig am Hofe anwesenden anderen Vetter Georg von Oldenburg, auch Sohn einer württembergischen Prinzeß, zum Bräutigam zu erklären. Kein Mensch wußte bis dahin davon. Man hat aber schnell deklariert, das sei eine geheime Neigung, die Katharina immer schon gehegt habe, es sei ein schon lang bestehendes, heimliches Verlöbnis. Das wurde also über Nacht dem Georg mitgeteilt, der sagte ja, Katharina hat pflichtschuldigst auch gesagt, sie liebe den Vetter, und so ging die Verlobung über die Bühne, eine rein politische Ausflucht, um Napoleon nicht noch mehr zu erbittern.

Das Merkwürdige ist: Diese rein von der Politik geschlossene Ehe wird überraschenderweise gut. Georg von Oldenburg hat einen ausgeglichenen, ruhigen, gelassenen Charakter. Er ist ein tätiger, ein reifer Mann, der nun dieser ewig umgetriebenen, unsteten, hochbegabten, kapriziösen Frau etwas gibt, was sie bisher nicht kannte: Ruhe und Halt und Arbeit. Georg wird Gouverneur in der russischen Provinz, in Twer, und dort hat der Oldenburger hervorragende Leistungen vollbracht, Straßen und Spitäler, Schulen gebaut, hat sich sogar schon mit der Frage der Leibeigenenbefreiung beschäftigt. Und an allem nimmt Katharina nun Anteil, an der Sorge für Schulen und Arme, für Krankenhäuser, auch für die Verbesserung der Anbaustrukturen in der russischen Landwirtschaft – kurzum, Georg von Oldenburg reißt seine Frau zur Tätigkeit mit, sie lernt bei ihm, sie verehrt ihn, und als er sich 1812 in einem Typhusspital ansteckt und in wenigen Tagen stirbt, ist sie vollkommen gebrochen.

Es ist die berühmte Szene, die oft geschildert wurde: Im Augenblick des letzten Atemzuges des Prinzen Georg von Oldenburg bricht Katharina an einem ihrer gefürchteten kataleptischen Anfälle zusammen, schlägt längelang neben dem Totenbett nieder und ist von da an für Jahre eine unstete und umgetriebene Frau, eine junge Witwe, die sich in Europa wieder einen Mann suchen will. In den nächsten Jahren sprechen scharfsichtige Beobachter von einer geradezu manischen Reisewut, von der die junge oldenburgische Witwe befallen sei. Sie reist nach England, angeblich zum Besuch von Verwandten, in Wirklichkeit stecken Heiratspläne dahinter. Aber gerade in England findet sie sehr viel Ablehnung, man spricht von ihrem Kalmückengesicht, von ihrer unsteten Art. Dann setzt der Wiener Kongreß mit dem großen Heiratskarussell ein. Der endgültige Sturz Napoleons bringt die europäischen Ehekontrakte wieder durcheinander. Es kommt zu einer großen Umorganisierung des nachnapoleonischen Europa, auch durch Heiratsbündnisse. Und da ist natürlich auch die Schwester des siegreichen Zaren Alexander ein wichtiger Posten.

Sie selber hat sich sterblich in den anderen Sieger über Napoleon verliebt. Als den ersten betrachtet sie nach wie vor ihren Bruder Alexander, aber der zweite große Sieger, Erzherzog Karl von Österreich, soll nun ihr Gatte werden. Sie denkt sich das romantisch aus: Sie ist die Schwester des einen der beiden Sieger über Napoleon und die Gattin des andern. Aber ihre Mutter, protestantisch erzogen, dann zur Orthodoxie übergetreten, die Zaren-Witwe Maria Feodorowna, ist ganz energisch dagegen, wegen Bestimmungen der orthodoxen Kirche, die solche Ehen nicht zulassen. Völlig willenlos, völlig klaglos ergibt sich Katharina in diesen mütterlichen Willen.

Und so kommt wieder ein früher schon einmal erwogener Kandidat ins Spiel, nämlich eben der Vetter Wilhelm von Württemberg. Jetzt hat die reifer gewordene Katharina anscheinend ihre Vorbehalte gegen diesen Vetter zurückgestellt, und umgekehrt ist für Wilhelm die Verbindung mit Rußland politisch ganz außerordentlich wichtig. Württemberg war ja sehr eng mit Napoleon liiert gewesen. Jetzt, auf dem Kongreß der Sieger über Napoleon, ist das hinderlich für den Bestand des jungen Königreichs, und so ist der Rückhalt, den man durch eine Ehe mit einer russischen Zarentochter an Rußland, am Zaren Alexander gewinnen kann, politisch für Württemberg entscheidend.

Der Kronprinz Wilhelm, weniger aus Liebe als aus Kalkül, entscheidet sich für Katharina, und Katharina verliebt sich nun wirklich in den Mann, den sie Jahre zuvor zurückgewiesen hatte. Was von der einen Seite Kalkül und von der anderen Leidenschaft war, wird merkwürdigerweise zu einer guten Ehe. 1816 erfolgt in Petersburg die Heirat, dann der Einzug in Stuttgart. Das Volk jubelt: Eine junge Kronprinzessin. Ein halbes Jahr später stirbt der dicke Friedrich, und damit ist nun der gar nicht mehr so ganz junge Kronprinz Wilhelm König und Katharina Königin. Knapp drei Jahre hat die Ehe gedauert, knapp zweieinhalb Jahre war Katharina Königin von Württemberg.

Es ist nun geradezu fesselnd zu sehen, was diese Frau in dieser ganz kurzen Zeit alles fertiggebracht hat, und zwar nicht so, daß sie nur Befehle gab. Vielmehr hat sie sich in alles und jedes persönlich hineingekniet, hat alles persönlich durchgedacht, hat aus ihrem reichen russischen Vermögen auch persönlich große Opfer gebracht. Jetzt fängt das also an: Schulen gründen, nicht nur das Katharinenstift, sondern auch viele andere Schulen im Lande erfahren ihre Förderung. Moderne Lehrpläne: Turnunterricht – damals! – für Mädchen. Dann das Katharinenhospital, das ja bis heute ihren Namen nachhaltig ins Gedächtnis ruft, und andere Spitalbauten im Lande. In den großen Hungerjahren gründet sie die erste württembergische Sparkasse, mit sehr stark sozialem Impetus. Sie baut und läßt bauen die Katharinenpflege, Kinderanstalten, Suppenanstalten, Speiseanstalten. Alles ist von einer atemberaubenden Vielseitigkeit, von einem großen Tempo, das Tempo ist hektisch, aber es sind keine unüberlegten Aktionen. Das Ganze bringt für Jahre, für Jahrzehnte kann man sagen, dem Lande eine Sozialstruktur, die anderwärts so nicht vorhanden war. Manchmal will es uns fast unmöglich erscheinen, daß sie neben so viel Tätigkeit noch eine große Korrespondenz abwickelt, zwei gesunde Kinder zur Welt bringt und als Königin repräsentiert, was ihr sehr lag und was sie schon früh mit sehr großer Treue wahrnimmt. Kurz und gut, es ist ein ununterbrochen tätiges Leben, wie es niemand anderes durchstehen würde.

Das Merkwürdige ist nun das Lebensende, für das wir keine Erklärung haben. Plötzlich im Winter 1818/19, kurz nach Weihnachten, wird sie von einer Krise überfallen. Sie verliert den Mut am Leben. Man hat geahnt, daß eine Nachricht dahinterstand, die sie sehr erschüttert haben muß. Sie reist im offenen Wagen von Ludwigsburg nach Scharnhausen aufs Gestüt hinauf, im Schnee- und Eisregen eines Januartags, ohne Mantel, kommt völlig durchnäßt in Scharnhausen an, geht noch zwei Stunden inspizierend auf dem Gestüt herum und legt sich dann nieder mit einer Grippe. Daraus wird eine Gürtelrose, und nach wenigen Tagen stirbt sie, ohne Widerstandswil-

len, ohne Kräfte. Abgrundtief ist das Leid in der Bevölkerung, groß auch der Schmerz des Gatten. Den Grund, warum ein Lebenswille so jäh und so vollkommen erlosch, kennen wir nicht.
Bald nach dem Tod der Königin Katharina ließ König Wilhelm das Plateau der ehemaligen Stammburg vollends planieren und begann rasch mit dem Bau dieser Grabkapelle für die Verewigte. Er gewann dafür den italienischen Architekten Giovanni Salucci aus Mantua, dessen kühler und nobler Klassizismus dem König sehr lag. Zu einer Zeit, als man eigentlich schon romantisch baute, hat Wilhelm diese distanzierte Rückerinnerung an das Pantheon in Rom mit Kuppel und Säulenumgang sehr gefallen. Es war allerdings für den Architekten eine außerordentlich schwierige Aufgabe, in den reinen Zentralbau antiker Prägung eine russische Kirche einzubauen, die ja unbedingt einen Chor und eine Bilderwand, eine Ikonostasis, braucht. Salucci hat das auf eine sehr kluge Weise gelöst, indem er den Säulenumgang durch Pfeilerwände durchbrach und so diesen Chor aussparte, hinter dem die drei Hauptaltäre der Kirche stehen.

Marmorsarkophag König Wilhelms I. und seiner zweiten Gemahlin Katharina von Rußland in der Grabkapelle auf dem Württemberg

Dadurch, daß er den Zentralraum auf diese Weise lockerte, war es auch möglich, ein Gedächtnisstück einzubauen, das an die alte Burg erinnerte. Hier nämlich ist der berühmte Weihestein aus der alten Burgkapelle der Stammburg Württemberg eingefügt. Dieser Stein war schon bei den Zerstörungen im Spätmittelalter, in der Frühen Neuzeit, geborsten. Er war dann wieder eingemauert worden über einer Stalltür, war zugestrichen und ist erst nach einem schweren Unwetter mit Hagelschlag Ende des 18. Jahrhunderts wieder zutage getreten, nun erkannt als die große Grundurkunde der Landesgeschichte Württemberg und der Dynastiegeschichte Württemberg. Ins Deutsche frei übersetzt lautet seine lateinische Inschrift: »Im Jahre der Fleischwerdung des Herrn 1083, im sechsten Jahre der Steuerperiode, am 7. Februar, ist diese Kapelle geweiht worden von Adalbert, dem Bischof der Wormser Kirche, zu Ehren des Heiligen Nikolaus.« Dieses ehrwürdigste Stück in der württembergischen Geschichte fand also hier seinen Platz.

Ein Stockwerk tiefer befindet sich die Gruft, in der die Särge, der Katharinas 1824 und die ihrer Angehörigen später, beigesetzt worden sind. Nach fünf Jahren Bauzeit war die Gruftkapelle fertig, und der Leichnam Katharinens wurde aus der Stuttgarter Stiftskirche hier herauf überführt. Das war nun erneut ein Anlaß für die Bevölkerung, sich an die Verewigte zu erinnern. Es sind noch einmal die Trauermusiken von 1819 aufgeführt worden, neue Gedichte kamen hinzu. Man merkte, wie sehr in den Jahren zwischen Tod und Beisetzung das Gedächtnis an diese Frau in der Bevölkerung eingewurzelt war, wie stark die Reaktion auf sie war und immer stärker wurde.

Uhland hat das berühmt gewordene Gedicht auf Katharina geschrieben, mit dem er sich eigentlich mit dem König, mit dem er politisch ja sehr stark differierte, ausgesöhnt hat. Hier, am Sarg der verewigten Königin, gab der König Uhland die Hand und sagte: »Wir sind verschiedener Ansichten, aber dies eint uns.« Und damals ist auch jene etwas gefühlsselige Trauerkantate wieder aufgeführt worden, die mein Ururgroßvater Johann Theophil Hauff zum Hintritt der verewigten Königin von Württemberg gedichtet hatte:

Gottes Engel setzte seinen Fuß,
Ach, für selige Augenblicke nur
Auf die arme, ausgedörrte Flur.
Unauslöschlich aber bleibt die Spur,
Unversiegbar quillt der Segensfluß.

Das war damals tatsächlich die Überzeugung der Untertanen, denn jetzt zeigte sich ja, was die Tote in den kurzen drei Jahren ihres Hierseins in Württemberg, wirklich wie der Engel Gottes in der dürren Wüste, geschaffen hatte. Es blühte jetzt alles auf, man sah jetzt nachträglich mit Staunen, welche unerhörte Aktivität in dieser Frau gelegen hatte. Es ist kein Zufall, daß die Girlande, die am Sarkophag hängt, nicht aus Blüten gebildet ist, sondern aus Früchten, und daß neben dem russischen Adler die Eule der Athene an ihrem Sarge unter ihrem Namen angebracht ist: die große Gründerin des Katharinenstiftes, die Förderin der Mädchenbildung – einer sehr modernen Mädchenbildung – in Württemberg. All ihre vielen, großen Guttaten kamen nun zur Wirkung. Man erinnerte sich an ihre persönlichen Aktivitäten und an ihre phantasievollen Einfälle, so etwa an jenen berühmten Schraubtaler aus der Hungersnot, den sie hat prägen lassen und auf dem die Jammerzeiten der Hungerjahre von 1817/18 abgebildet sind: die hungern-

Vorder- und Rückseite des von Königin Katharina angeregten Schraubtalers aus der Zeit der Hungersnot von 1817

den Untertanen, das Grab der bereits Verhungerten, die weinenden Hinterbliebenen und die Umschrift: »Groß ist die Not! O Herr, erbarme dich!« Und dann der Revers der Medaille: das Glück, als wieder die Erntewagen eingebracht wurden, mit den dankbar gerührten Bauersleuten vor der reichgesegneten Flur, mit dem Engel, der eine Ähre hält, und der Inschrift: »Erkenne, daß ein Gott ist!« Diese Taler konnte man aufschrauben, sie enthielten kleine Papiertäfelchen mit der Schilderung der Notzeit und der göttlichen Abhilfe. Die Schraubtaler – sehr einfallsreich: gleich neben der zarten Seele und der frommen Herrscherin lebt eine sehr praktische Finanzfrau – wurden an die wenigen noch Reichen im Lande verkauft, die mußten damit ein Opfer geben, um die Hungersnot zu bannen.
All das war Königin Katharina, das alles lebte fort: die Sparkassen, die Schulen, die sozialen Einrichtungen, die für damals alle so ungewöhnlich modern waren und die sie zum großen Teil aus ihrer immensen russischen Mitgift bezahlt hatte. Der württembergische Lieblingsspruch für manche Regentin »Das Gedächtnis der Gerechten bleibt im Segen« ist auch für Katharina immer und immer wieder zitiert worden.

Pauline von Württemberg

1800–1873

Pauline Luise Therese war die dritte Königin von Württemberg. Geboren wurde sie in Riga – damals war ihr Vater als russischer Gouverneur dort angesiedelt – am 4. September 1800 als Tochter des Herzogs »Louis« von Württemberg, des Herzogs Ludwig, und der schönen, sehr humorvollen und fröhlichen Henriette von Nassau-Weilburg. Der Geschwisterkreis in dem sie aufwuchs, war ein außerordentlich munterer, belebter, bewegter, von schönen Töchtern und einem gescheiten Sohn, und als besonders schön galt unsere spätere Königin. Aber sie hat nicht den gleichen geistvollen Elan gehabt wie ihre älteren und jüngeren Geschwister. Sie in der Mitte hatte das Schicksal des Kindes, das sich nach oben und nach unten durchsetzen muß, und das ist ihr nicht so gut gelungen. Sie erlebt eine bewegte Jugend in den Garnisonen ihres Vaters in Rußland, kommt dann 1806, als das Königreich errichtet wird, nach Württemberg und lebt teils am Stuttgarter Hof, teils in Kirchheim unter Teck.
Als 1819 Katharina von Rußland, die so sehr geliebte Gattin des Königs Wilhelm I., stirbt, da ist der Witwer so zerschmettert, daß er beschließt, nicht mehr zu heiraten. Er ist ja auch kein junger Mann mehr. Er hat viele Frauenerlebnisse und zwei Ehen hinter sich, eine gescheiterte und eine sehr glückliche, und will jetzt nicht mehr heiraten. Anders die Stände. Das württembergische Land verlangte sozusagen vom König den Sohn, der noch nicht geboren war. Die erste Ehe mit der bayrischen Prinzessin Charlotte war kinderlos, die zweite mit Katharina von Rußland hatte nur Töchter gebracht. So verlangen die Stände vom König einen Sohn, haben ihn immer wieder nachdrücklich gebeten zu heiraten, denn der zur Thronfolge heranstehende nächste Bruder des Königs, Prinz Paul von Württemberg, war nicht besonders geschätzt.
So hat schließlich der König – das war sicher keine glückliche Wahl – eine Cousine seiner verstorbenen Frau gewählt, weil sie der Verstorbenen ähnlich sah. Sie war auch seine eigene Cousine ersten Grades, und er war um sehr vieles, fast um zwanzig Jahre, älter als seine dritte Frau. Wilhelm hat allem nach von Anfang an keine besondere Zuneigung empfunden. Er hat ihr die üblichen Brautgeschenke gegeben, aber es war von seiner Seite keine überschäumende Ehe, während sie, romantisch und im Stil der Zeit, nun von der großen Liebe ihres Lebens träumte. Jedenfalls war es für Pauline sicher nicht leicht, nach einer so genialen Königin, wie Katharina von Rußland sie gewesen war, nun ihrerseits mit der Verewigten, mit der sie vom König,

König Wilhelm I. von Württemberg

vom Hof, von der Bevölkerung dauernd verglichen wurde, gleichzuziehen, mit ihr Schritt zu halten. Es hat etwas Rührendes, wenn auch Hilfloses, wenn man sieht, wie sie dauernd alles, was Katharina getan hat, ihrerseits nun kopiert: Paulinenstift – Katharinenstift, Paulinenspital – Katharinenspital. Alles, was die geniale Russin angefangen hat, fängt sie nun auch an, aber der große Unterschied war eben der: Katharina von Rußland war immens reich, unermeßlich reich, und sie hat mit vollen Händen Mildtätigkeit geübt, indem sie große Vermögenswerte dafür hingegeben hat.
Pauline dagegen war arm. Diese jüngere Nebenlinie Württemberg hatte kein großes Vermögen, und die Privatschatulle der Königin war gleichfalls nicht groß. Das heißt, daß alle die Werke der Barmherzigkeit, die Pauline begann, im Grunde klein und – schwäbisch gesagt – »bschnotte« geblieben sind, etwas klein zurechtgeschnitten. Das hat sie natürlich auch bemerkt, die Bevölkerung hat es bemerkt, und dem König ging diese Betriebsamkeit

sehr auf die Nerven. Wie überhaupt diese Frau sehr bald ihren Mann mehr genervt hat als eigentlich erfreut.
Es kam nach einem Jahr die erste Tochter. Der König war sehr betrübt, daß es kein Sohn war. Das war Katharina, eine freundliche, liebe Prinzeß, später die Mutter des letzten württembergischen Königs. Und dann kam 1823 im März der heißersehnte Thronerbe, das Königskind, das künftig regieren sollte als König Karl. Er wurde mit einem unwahrscheinlichen Enthusiasmus der Württemberger begrüßt: Freudenfeuer, Illuminationen, Huldigungen, Dankadressen, fromme Spenden, alles was es gab, und natürlich eine Fülle von Gedichten, bessere und schlechtere. Ein besonders gut gemeintes darf man zitieren, ein »Schwäbisches Wiegenlied«:

Schlaf Kindlein süß,
Deine Mutter ist gewiß
Eine Frau, so treu, so brav und gut,
Von echtem Württemberger Blut.
Schlaf Kindlein süß.

Schlaf Kindlein warm
In deiner Mutter Arm,
Und trink an ihrer teutschen Brust
Zum Guten und zum Edlen Lust.
Schlaf Kindlein warm.

So patriotisch war man damals. Nun, an der »teutschen« Brust hat er vor allem später die Gottesfurcht in reichem Maße eingesogen. Karl war kein gewandter, kein lebenskluger König: zwar sehr gebildet, aber ein fast schreckhaft ängstlicher Mensch, vom Vater verschreckt und von der Mutter nicht glücklich erzogen. Als die Ehe der Eltern immer mehr ins Kriseln und ins Scheitern hineinkam, war das sensible Kind zwischen die Eltern gestellt. Vor dem Vater hatte er Furcht, von der Mutter wurde er überängstlich gegängelt.
1826 ist noch die Prinzeß Augusta geboren worden, und dann wurde die Ehe nicht mehr fortgesetzt. Die Königin hat sich später immer wieder gegrämt und an dem Problem herumgewälzt, warum die Ehe scheitern mußte. Sie suchte die bösen Einflüsse außerhalb und fand sie in der Freundin

des Königs, in der Schauspielerin am Hoftheater Amalie von Stubenrauch. Diese schöne, geistvolle und gewandte Frau, eine große Heroine, hatte das Herz des Königs schon vor der Ehe mit Pauline gefangengenommen. Die Königin hat in der Rivalin so ungefähr die Verkörperung alles Bösen gesehen. Diese besaß auch alle die Eigenschaften, die man in Württemberg nicht haben darf: Erstens: »A Schauschpielere, do isch also koi Sege drauf!« Dann natürlich eine Ausländerin, eine Bayrin, und dann noch eine Adlige! Wäre sie wenigstens ein Bürgerstöchterlein aus Württemberg gewesen, die Dekanstochter von Neuenbürg als Heroine, das wäre gegangen, aber eine bayrische Offizierstochter, adelig und katholisch. So sprach die Königin sehr bald in ihrem konfessionell recht einseitigen Weltbild immer bloß von der »Jesuitischen«. Die »Jesuitische« stand hinter allem, was die Königin beeinträchtigte.

Der König hatte aus der Verbindung mit Amalie von Stubenrauch eine bildschöne und hochbegabte Tochter, an der er sehr hing, so wie auch an den Töchtern der russischen Ehe, während ihn die Töchter der Pauline immer wieder enttäuscht haben. Zweifellos seine Schuld war, daß er es nicht verstand, die Kinder gleich zu behandeln. Er hat immer die beiden Gruppen, die russischen Kinder und die Kinder der Pauline, gegeneinander ausgespielt. Die russischen Kinder, das waren Marie, die spätere Gräfin Neipperg, und Sophie, die große Königin von Holland, beides blitzgescheite, unglaublich lebenskluge Frauen, beide mit einem sehr schweren Schicksal. Diese Kinder hat er sehr geliebt, hat sie zweifellos bevorzugt. Außerdem waren das ja die Kinder, die von dem Riesenvermögen ihrer Mutter die alleinige Nutznießung hatten, während die Kinder der Pauline, also König Karl und seine Schwestern, ausgesprochen arm waren. Das hat der König nicht ausgeglichen.

Nun, es gab noch einmal ein großes Fest im Leben der Königin, bei dem sie nach außen sehr glücklich auftrat. Das war das fünfundzwanzigjährige Regierungsjubiläum des Königs Wilhelm 1841: Ungeheure Feierlichkeiten für die damalige Zeit, die großen Szenen in Stuttgart und dazu auch ein offizielles Festgemälde. Die Königin wünschte, daß die ganze Familie einheitlich gemalt werden sollte, der König winkte ab. So mußte der Lithograph zu der Notlösung einer – modern gesagt – Collage greifen: Er hat die Portraits des Königs, der Königin und der Kinder zueinandergepackt. Der König blickt etwas desinteressiert, die Königin schmachtend und leicht betrübt,

Die Familie König Wilhelms I. auf einem Erinnerungsblatt, erschienen anläßlich des 25jährigen Regierungsjubiläums 1841.

der Kronprinz ein junger, unfertiger Mann, dann die beiden Kinder der russischen Ehe, Sophie von Holland und Marie von Neipperg, sowie schließlich die beiden lieben, gutherzigen und etwas beschränkten Prinzeßlein Auguste und Katharina.
Sehr bezeichnend war: Die Königin konnte ihre Stieftöchter nicht leiden, sie hat zu ihnen nie ein gutes Verhältnis bekommen. Da war sie vielleicht einfach überfordert. Vor allem Sophie von Holland war ihr Alptraum. Das war eine brillant begabte Frau, die das Herz des Vaters, des Königs, ganz hatte, von ihm in alle politischen Vorgänge eingeweiht wurde, mit einem wachen Verstand, die sich an der europäischen Politik beteiligt hat, ein großes Wissen besaß und in gewissem Sinne sogar eine Ratgeberin ihres Vaters war. Auf sie war Pauline, die politisch Unbedeutende, furchtbar eifersüchtig. Sie schreibt immer wieder: »Wenn nur Sophie endlich vom Hof wäre.« Sie wollte sie förmlich wegdrängen.
Auch Marie von Neipperg war ihr im Wege. Mein Urgroßvater hat einmal niedergeschrieben, er habe nie in seinem Leben eine Frau wie Marie von Neipperg wieder getroffen, von einem so absolut unbestechlichen und scharfen, klaren Verstand. Diese beiden Damen waren ihrer Stiefmutter einfach, schwäbisch gesagt, »Spitzgras«. Den Ausdruck hat sie selber einmal verwendet, und als später die Ehen dieser schönen russischen Töchter scheitern – Marie von Neipperg war von Anfang an unglücklich verheiratet, Sophie von Holland bald in sehr großes Elend geraten, ganz ohne Schuld –, sagte die Königin: »Do hot onser Heiland rechtzeitig gschtroft.«
Die eigenen Kinder der Pauline machten dem Vater nicht die Freude, die er erhofft hatte. Er hatte schon einen genial begabten Sohn von der schönen Hofgärtnersfrau Kallee in Ludwigsburg. Dieser Eduard von Kallee war ein ungemein vielseitiger, gescheiter und tüchtiger Mensch, Stammvater einer noch heute in Württemberg blühenden und bedeutenden Familie. Diesen Sohn hat der König sehr geliebt und bevorzugt. Er hat eine glänzende Karriere gemacht, aber er verdankte sie seinen eigenen Gaben. Die Bevorzugung dieses Sohnes und der Plan des Königs, den illegitimen Sohn mit dem legitimen zusammenzubringen, damit der glänzende Sohn auf den zögernden abfärbe, hat die Königin unendlich geplagt, und sie hat den Plan hintertrieben.
Ihr Verhältnis zum König wird immer schlechter, und das Familienbild von 1841 ist eigentlich nur noch eine mühsam aufrechterhaltene Kulisse. War-

um mußte die Ehe scheitern? Die Königin sah ja der verstorbenen Vorgängerin auffallend ähnlich. Das war übrigens kein Glück, sondern eher ein Unglück, weil der König natürlich immer bei den schönen Zügen den Geist der früheren Frau vermißt hat. Die Königin war fromm erzogen, aber nicht in der weltoffenen und fröhlichen Frömmigkeit ihrer Mutter Henriette von Nassau-Weilburg, sondern in einer etwas ängstlichen und dann auch kleinlichen Frömmigkeit. Sie war auch in künstlerischen Dingen furchtbar prüde. Die Geschichte, die der Hofmaler Stieler in seinen Memoiren überliefert hat, ist sehr typisch. Sie sollte einmal mit ihrer ältesten Tochter Katharina gemalt werden, und Stieler schlägt vor, sie als Maria mit dem Jesuskind zu malen und ihr die kleine Prinzessin nackt in die Arme zu geben, worauf sie entrüstet erklärt: »Erschtens send mir net katholisch ond zweitens geht des net, daß des Kend nackich zeigt wird.« Und greift in ihrem Entsetzen nach einem Schal, wickelt ihn schnell um das Kind herum und läßt sich dann so portraitieren. Stieler hat sie dann, ironisch genug, als Madonna mit einem ganz leicht törichten Blick gemalt, sehr schön, aber eben doch töricht.

Sie hat, geradezu kleinlich, Sittenzensuren ausgeübt. Als der König im Alter bei württembergischen Bildhauern, die er in Rom auf seine Kosten ausbilden ließ, großartige Kopien der besten römischen antiken Statuen bestellte und diese Statuen dann auch im Privatgarten des Königs aufgestellt waren – Venus von Medici oder Apoll von Belvedere –, da nahm die Königin daran Anstoß, daß sie »nacked« waren: Das ist natürlich heidnisch und geht überhaupt nicht! Da die Statuen im Privatgarten des Königs standen, der nicht öffentlich zugänglich war, haben sie in Stuttgart zunächst niemanden bewegt. Aber die Königin nahm Anstoß, war aber nicht mutig genug, das dem König selber zu sagen. Sie wäre auch sicher abgeblitzt. So hat sie dem König eine Delegation von Pietisten in die Stube gesandt, die dann vorbringen mußten, das schicke sich nicht, daß der König »nackede Weiber« in seinem Garten habe, der König antwortete, er sei alt genug, um bei Marmorfiguren der antiken Kunst zwischen dem Kunstwert und anderen Überlegungen trennen und unterscheiden zu können. Darauf hatte diese Delegation die Stirn, dem König zu sagen, allein schon, daß sie stünden, auch wenn niemand sie sehe, sei ein Ärgernis, das Gott nicht ungestraft lassen werde.

Nun, dahinter steckten die Königin und der Hofprediger von Grüneisen, an sich ein gescheiter Mann. Er gehört in meine nächste Verwandtschaft, also ich darf über ihn lästern. Grüneisen war, nebst vielem anderen, fein gebildet und ein glänzender Redner, aber er war ein geradezu unerträglicher Seelenführer. Er wollte den König politisch beeinflussen. Das hat später seinen Sturz hervorgerufen. Grüneisen spielte die preußische Karte, und er hat auch mit seinen geistlichen Organen die Königin in ihrem Widerstand gegen den König bestärkt, ganz im Gegensatz zu seinem Nachfolger, dem sehr feinen Oberhofprediger Karl von Gerok, dem Prälaten und Dichter, der in der königlichen Familie sehr ausgleichend gewirkt hat.

Wie eng die Königin übrigens dachte, ist an einer kleinen Geschichte nachzuzeichnen. Als Königin Olga, die russische Zarentochter, an den Stuttgarter Hof kam, zunächst als Kronprinzessin, dann als Königin, hat sie eine russische Sitte in Stuttgart eingeführt: die Kinderbälle. Die kinderlose Königin freute sich, wenn die kleinen Söhne und Töchter der Hofbeamten zu Kinderfesten ins Schloß kamen. Der Name »Ball« war eigentlich gar nicht typisch, das war ein russischer Name. Aber die Königin, die Großmutter des letzten Königs, nahm daran Anstoß, daß der Thronfolger, ihr Enkel, an diesen Kinderbällen teilnehmen sollte. Sie fürchtete um sein Seelenheil. Meine Großmutter hat solche Kinderbälle noch mitgemacht und hat mir erzählt, daß es sehr bescheiden zuging. Es gab pro Kind zwei russische Brezele, die man als Delikatesse nahm, und etwas Kakao oder Schokolade, und dann wurde gesungen, gespielt, gelegentlich getanzt und es wurden Scharaden gestellt. Aber das war schon Schauspiel und »dient au net zom ewige Heil«. Kurzum, die Königin hat versucht, über den sehr ängstlichen und etwas kleinlichen Hofkaplan Günther dem kleinen Königsenkel und künftigen König die Freude zu verderben. Ausgerechnet der, der dabei doch sich in der Welt zu bewegen lernen sollte, durfte nicht auf diese Feste gehen.

Im Alter wird die Königin immer unduldsamer, sagen wir besser: immer ängstlicher. Sie fürchtet ununterbrochen, daß der Katholizismus im Lande gestärkt werde. Sie war streng protestantisch und hat eigentlich ihre größte Lebensaufgabe noch darin gesehen, ihren Schwager, den Erzherzog Josef, den Palatin von Ungarn, der mit ihrer protestantisch gebliebenen Schwester verheiratet war, zum Protestantismus zu bekehren. Sie wollte Proselyten machen. So hat sie etwa auch die Pläne für den Abschluß eines Konkordats mißbilligt. Als der König ihr auseinandersetzt, daß ein Drittel der württembergischen Untertanen ja doch Katholiken seien und deren Ver-

hältnis durch ein Konkordat geregelt würde, sah sie nur das Evangelium wanken. Als der König einmal ganz nebenbei sagte, es sei doch in Bayern gut, daß bei so viel protestantischen Untertanen in einem katholischen Königreich der König Katholik, aber die Königin immer Protestantin sein müsse, sah sie darin nur eine Aufforderung, katholisch zu werden und hat dann sofort ausgestreut, die »Jesuitische«, Frau von Stubenrauch, habe dem König beigebracht, sie, Pauline, solle katholisch werden.
Nun, die Ehe, oder sagen wir das Nebeneinander der beiden Herrscher, war nach außen immer korrekt. Da hat sowohl der König als die Königin versucht und verstanden, Fassade zu machen und das Dekorum zu wahren. Aber eine Gemeinschaft war nicht mehr da. Als der König schon alt und kränklich war, hat die Königin sich in den Kopf gesetzt, noch eine Familienszene aufzuführen, eine Versöhnung am Krankenbett, bei der das Abendmahl genommen werden sollte. Der König, auch religiös auf eigenen Füßen stehend, hat diese Frömmigkeit der Königin nicht geschätzt und wollte das Ganze verhindern mit der Begründung: »Ich führe doch nicht mit Ihrer Majestät zusammen eine Pietistenkomödie auf.« Das war ein hartes Wort. Als die Königin weiter darauf beharrte, hat er erklärt, er könne keine Zischlaute mehr hören, kein s, kein sch, kein z usw., worauf Hofprediger von Grüneisen sich in fliegender Hast hinsetzt und eine Predigt, eine religiöse Ansprache, entwirft, in der keiner der inkriminierten Buchstaben vorkommt. Es hieß also nicht: »die seligmachende Gnade unseres Herrn«, sondern »die Gnade von oben«. Es wurden alle Zischlaute vermieden, aber die Arbeit, zusammen mit dem Hofprediger von Gerok, der ja ein großer sprachlicher Könner war, war umsonst. Der König hat sich geweigert. Er ist unversöhnt mit seiner Familie gestorben, in hohem Alter, ein Mann, der im Grunde sehr einsam war und der an dieser langen, letzten Ehe wenig Freude hatte. Daran war er jedoch selber zu einem großen Teil mitschuldig.
Es gibt ein merkwürdiges Wort über die fünf Frauen, die den König in seinem Leben begleitet haben, von einem Manne, der sie alle fünf gekannt hat. Der Beobachter sagte: »Therese von Abel war eine steile Fontäne des Ehrgeizes, bengalisch beleuchtet. Charlotte von Bayern war ein flacher, lieber bayrischer See mit Schilfufer. Katharina von Rußland war eine breit dahinfließende Wassermasse eines majestätischen Stromes. Amalie von Stubenrauch war die süße und liebenswürdige Landschaft eines deutschen Stroms und die Königin Pauline war ein schlichter württembergischer

Altersfoto der Königin Pauline von Württemberg

Dorfbach, hinfließend zwischen Pfarrhaus und Schafhaus.« Das ist bitter, das ist böse.

Nach dem Tode ihres Mannes ist die Königin fast vollends vereinsamt, nur die Liebe ihrer Töchter hat sie noch begleitet. 1873 ist sie, dreiundsiebzig Jahre alt, gestorben, eigentlich nur von ihren Nächsten betrauert. Eine Frau, die als »Dulderin unter den Dornen« viel Unglück im Leben hatte und der es nicht gegeben war, aus ihrer hohen Stellung das zu machen, was eine andere, etwa Katharina von Rußland, bei längerem Leben hätte machen können.

Königin Olga

1822–1892

Die Königin Olga von Württemberg, die Zarentochter, hat in ihrer Kindheit *einen* sehr starken, prägenden architektonischen Eindruck erlebt: Ihr Vater, Zar Nikolaus, schenkt ihrer Mutter Alexandra, einer preußischen Königstochter, auf der Krim den Ort Livadia, und Schinkel wird gebeten, Bauentwürfe anzufertigen. Er entwirft einen griechischen Tempel, der völlig unbewohnbar war. Aber eine zweite Villa ist damals auf der Krim entstanden, und dieses Heim der Zarenfamilie für den Sommer ist für die junge Olga, die Zarentochter, zeitlebens architektonisch prägend geblieben. So ließ sie sich, als das Schicksal sie nach Württemberg – man muß schon sagen – verschlug, auf einem Hügel über dem Neckar, heute mitten im Stadtbild, damals am Rande der Stadt, eine Villa erbauen, die ihre ganzen architektonischen Pläne verwirklichte. Der vorher häßliche Berg hieß »der Höllische Bühl«, heute sitzt in der »Villa Berg« das Fernsehen und der Funk.

Die Jugend dieser Zarentochter war vielleicht die glanzvollste, die eine württembergische Herrscherin je erlebt hat, in unerhörtem Reichtum, in Luxus, in der selbstverständlichen Sicherheit des Zarenhofes, aufgewachsen in einem lebhaften Geschwisterkreis. Olga ist 1822 in Petersburg in einem der Sommerschlösser geboren. Sie war wunderschön, die Lieblingstochter ihres Vaters, des Zaren Nikolaus I., und sie war ein entsprechend verwöhntes, nicht verzogenes, aber sehr verwöhntes Kind. Sie hat diesen Vater ihr Leben lang auch abgöttisch geliebt, er war für sie die eigentlich prägende Figur.

Es ist schwer, über Olga zu berichten, nicht weil zu wenig, sondern weil viel zuviel Material über sie da ist, sehr widersprüchliches übrigens: reiche Nachlässe, ihr geheimer Briefwechsel mit dem russischen Staatskanzler Gortschakow im Stuttgarter Hauptstaatsarchiv, wenige, aber sehr entschlüsselnde Privatbriefe in meinem Besitz, die Memoiren. Sie hat als einzige der württembergischen Regentinnen ein größeres Buch geschrieben, höchst interessante Memoiren in französischer Sprache, leider nicht gut ediert, schlecht übersetzt und mit vielen Fehlern herausgebracht, sehr stark gekürzt und zensiert, aber immerhin. Die Urschrift dieser Memoiren ist eine unerhörte Quelle. Wobei wir nun gleich bei dem Problem sind: Wenn eine Königin im Alter, verbittert, traurig, krank, Memoiren ihrer Jugend schreibt, ist es natürlich, daß sie vergoldet und verschönt, harmonisiert, und ihre eigene Rolle ganz unbewußt freundlicher darstellt. Aber das Buch

Olga Nicolajewna, Großfürstin von Rußland, die spätere Königin Olga von Württemberg, mit ihrer Schwester Maria.

ist doch durchzogen von der Liebe zu ihrem Vater und überhaupt von diesem entzückenden Geschwisterkreis. Sie hatte schöne Schwestern und begabte Brüder. Nicht mit allen kam sie gleich gut aus. Ihre ältere Schwester war ihre Kontrastfigur und Reizfigur. Das war die sehr begabte, aber auch sehr eigenwillige Maria von Rußland, Mary genannt, die später eine vergleichsweise sehr bescheidene Heirat einging mit dem Herzog von Leuchtenberg, keinem regierenden Fürsten. Das war dann auch der Grund dafür, daß Olgas Jugend über mehr als ein Jahrzehnt überschattet war, möchte man sagen, von ununterbrochen wechselnden Heiratsplänen.
Die sehr schöne und sehr begabte, sprachbegabte Frau, literarisch glänzend geschult – sie hat sich ausgezeichnet ausgedrückt, schrieb einen hervorragenden französischen und einen guten deutschen Stil, war sehr belesen –, diese Frau sollte nun nach dem Willen des Vaters eine ganz große Heirat machen. Die älteste Schwester Maria hat in das Schicksal der jungen Za-

rewna dadurch eingegriffen, daß sie erklärte, sie werde nie außerhalb Rußlands heiraten, ihr Gatte müsse nach Rußland kommen, sie wolle keinen regierenden europäischen Fürsten heiraten. Das russische Volk und vor allem der russische Hochadel hat die nicht standesgemäße Verbindung der Mary mit dem Napoleonprinzen Max von Leuchtenberg sehr schwer genommen, und so kam der Wunsch auf, Olga auf eine ganz besonders prominente Weise zu verheiraten. Das war auch im Sinne ihres Vaters. Und nun beginnt eine Art von Heiratskarussell, welches das späte Biedermeier in Atem gehalten hat: Fast kein europäischer Prinz von Rang, der nicht einmal für die schöne Olga als Gatte in Aussicht genommen war. Olga selber hat zunächst davon wenig gewußt, diese ganze politische Bewegung ging an ihr vorbei. Sie hat fast naiv und jedenfalls sehr unbeschwert ihre Jugend genossen, und daß so viele Prinzen ins Gespräch kamen, hat sie eigentlich gefreut.

Ihre Memoiren, nachträglich und im Alter geschrieben, sind natürlich kein Geschichtswerk erster Ordnung. *Der* Mann, den sie zweifellos in ihrem Leben am meisten geliebt hat und den sie nicht bekam, erscheint in diesem Buch ein einziges Mal in einem Nebensatz, völlig bedeutungslos. Der österreichische Historiker Cesare Conte Corti hat die wahren Hintergründe aufgehellt, vielleicht etwas romanhaft, vielleicht etwas zu literarisch aufgeputzt, aber im Kern richtig: Olga sollte einen großen Habsburger heiraten, der sogar Thronaussichten hatte, den Sohn des Palatins von Ungarn, den Erzherzog Stephan, einen bildschönen und sehr begabten jungen Mann, der ihr von der Politik immer mal wieder zugedacht und dann wieder weggenommen wurde. Es war ein dauerndes Katz- und Mausspiel zwischen den Höfen von Petersburg und Wien. Metternich und die bigotte vierte Gattin des verstorbenen Kaisers Franz, die ja einmal württembergische Kronprinzessin war, und andere mischten hier mit, und der Zar wurde es langsam leid, daß die Tochter dabei immer älter wurde. Ihre Schwestern waren schon verheiratet, nur sie saß noch immer sozusagen im goldenen Käfig und wurde nicht abgeholt.

Olga selber behauptet in ihren Memoiren, sie habe sich sieben Jahre lang als die Verlobte des Erzherzogs Stephan gefühlt und ihm schwärmerische Gefühle entgegengebracht. Das ist eine nachträgliche Erzählung. Wir wissen, daß sie in einer tiefen Neigung, wenn wir es einmal so ausdrücken wollen, mit ihrem Schwager Alexander von Hessen verbunden war. Der

aber hatte überhaupt keine Aussicht auf einen Thron, er war der nachgeborene Sohn des Großherzogs von Darmstadt, lebte in Petersburg am Hofe seiner Schwester, der Maria von Darmstadt, Olgas Schwägerin, die den Zaren Sascha, Alexander, geheiratet hatte.
Der Zar aber, der schon wegen der Heirat der Tochter Maria mit dem Herzog von Leuchtenberg Schwierigkeiten in Rußland hatte, wollte nicht noch einmal eine Tochter mit einem nachgeborenen Prinzen verheiraten. Olga mußte einen Herrscher bekommen. So hat man ihre Lebensliebe, den Prinzen Alexander, von ihr entfernt. Das ist die große Wunde ihres Lebens. Man hat dann dem Prinzen von Hessen eine merkwürdige Frau zugespielt, eine schöne polnische Gräfin deutscher Abstammung, die Gräfin Julia Haucke, und aus dieser nicht standesgemäßen Verbindung stammt bis heute das Haus Battenberg mit allen seinen großen Nachkommen ab.
Man trennte also Fürstenkinder, die sich liebten, und hat nun für die nicht mehr ganz junge Olga verzweifelt einen König oder mindestens einen Königssohn mit Thronaussicht gesucht. Nacheinander zerschlagen sich alle möglichen Projekte. Olga wird tatsächlich auch nervös, das spürt man, gerade weil sie immer wieder so sehr betont, sie sei die Braut des Erzherzogs, den sie übrigens damals nie gesehen hat. Erst als lange verheiratete Frau hat

Die Memoiren der Königin Olga von Württemberg

sie ihn einmal kennengelernt. So hat man schließlich im Kreise herumgesucht, bis die Wahl auf den Königssohn von Württemberg fiel, den Sohn König Wilhelms I., den späteren König Karl.
Karl war ein schüchterner Mensch. Er war jünger als seine Frau, und er war ihr an Geistesgaben keineswegs gewachsen oder gar überlegen. Karl war nicht unbegabt. Ich besitze Briefe von ihm, die zeigen, daß er ein humanistisch fein gebildeter Mann war, musikalisch ein sehr gutes Empfinden hatte, überhaupt kein unangenehmer Typ, aber in seiner Jugend in einer völlig zerstrittenen Ehe von Vater und Mutter so unglücklich erzogen, daß er lebenslang ängstlich und unsicher blieb. Er war auch kein sportlicher Mensch, er war – vielleicht kann man sagen – äußerlich träge, er wollte seine Ruhe haben.
Es gab dafür ein bezeichnendes Lied. Man hat Karl in einem Zeitalter, das sehr heldisch war, im Siebzigerkrieg, natürlich dauernd an den militärischen Taten der großen Heerführer dieses Krieges gemessen und hat ihn dann immer als einen stillen, zurückhaltenden, fein gebildeten Menschen empfunden. Mein Vater erzählte noch aus seiner Kindheit, als König Karl noch lebte, daß man zu Königs Geburtstag in den württembergischen Kirchen einen Königs-Geburtstags-Choral sang auf die Melodie »Wer nur den lieben Gott läßt walten«:

Wenn wir uns König Karl betrachten,
So sitzt er still auf seinem Thron.
Er tat sich nicht hervor in Schlachten
Wie Kaiser Wilhelm und sein Sohn.
Jedoch erkennen wir dabei,
Daß er ein Mann des Friedens sei.

Das war keine Parodie, das wurde in den württembergischen Kirchen ernst gemeint gesungen.
Also dieser später still auf seinem Thron Sitzende, damals noch stille Kronprinz, wird nun der Bräutigam der Olga. Die Verlobung fand in Palermo in einer herrlichen Umgebung statt. Olga sagt später, es sei das Glück ihres Lebens gewesen – Liebe auf den ersten Blick. Das sind höfische Einkleidungsformeln. Immerhin war das Verhältnis am Anfang passabel, allerdings schon von vornherein dadurch vorbelastet, daß es eine arrangierte

König Karl von Württemberg (1823–1891) als Kronprinz

Sache gewesen war. Olgas Mutter, die Tochter der Königin Luise von Preußen, die Zarin Alexandra Feodorowna, hatte diese Verbindung eingefädelt und geknüpft. Und es war sicher unglücklich, daß der König von Württemberg, Wilhelm I., damals schon ein alter Mann, kein Freund des ihm so nahe verwandten Zarenhauses, von der Verbindung zunächst nichts oder nichts Sicheres gewußt hat. Sie war, fast möchte man sagen: hinter seinem Rücken oder doch ohne sein Wissen geschlossen worden. Das hat den persönlich sehr bedeutenden König gekränkt. Er fühlte auch eine Intrige seiner Frau dahinter. Er hatte ja ein sehr schlechtes Verhältnis zu dem Sohn. Vater und Sohn haben sich nie verstanden, der schnittige König und der etwas läßliche, träge, gutherzige, gemütliche Kronprinz. Und nun noch eine Verbindung mit einer damals schon in ganz Europa als extravagant geltenden, schönen, geistvollen, gescheiten, selbstsicheren Prinzeß! Der König Wilhelm hatte sich eine andere Schwiegertochter gewünscht und war nun sehr betroffen und betreten.

So ist die erste Begegnung zwischen dem König Wilhelm und der Königin Pauline von Württemberg mit der Zarin und der künftigen Schwiegertochter nach Salzburg verlegt worden, auf der Rückreise von Palermo, wo Karl und Olga sich gefunden hatten, man möchte sagen: sich haben finden müssen. Als sie nun, mit gespieltem oder echtem Glück, in Salzburg eintreffen, kommen der König und die Königin auch dorthin. Es muß eine entsetzlich frostige Szene gewesen sein. Selbst in Olgas höfischem Ton ist das noch durchzuspüren. Der König spricht überhaupt nichts oder nur ganz Belangloses, er ist verbittert und vergrämt, die Königin eingeschüchtert. Olga hat ihre Schwiegermutter sehr geschätzt, aber in ihren bitteren und scharfen Urteilen sagt sie später, sie war eine unbedeutende Frau und sie hatte dauernd Angst vor ihrem Mann. So war überhaupt keine Unterhaltung möglich. Das muß ein frustrierendes Erlebnis gewesen sein.

Doch zunächst kam noch die Rückkehr nach Rußland und die große, feierliche Hochzeit 1846 in Petersburg mit allem Pomp, der einer Zarentochter zukommt, und dem großen Jubel des russischen Volkes: Endlich hat eine Zarentochter einen Königssohn und künftigen König geheiratet. Alles scheint in Glück und Heiterkeit münden zu sollen. Interessant ist, daß die Memoiren der Königin Olga genau mit diesen Hochzeitsfeierlichkeiten abbrechen und auch nicht zur Fortsetzung bestimmt waren. Nach der Schilderung der Hochzeitsfeier bis zum abendlichen Tanz lautet der nächste

Die auf Anregung von Königin Olga von Württemberg entstandene Villa Berg in Stuttgart

Satz: »Hier enden meine Jugenderinnerungen. Nach der Heirat beginnt ein andersartiges Leben, ein Leben, dem viele bittere Erinnerungen beigemengt sind.« Es folgt ein langes Nachwort an die Töchter ihrer adoptierten Nichte Wera, die sie, die Kinderlose, als Enkeltöchter betrachtet und denen sie als »Großmama« diese Memoiren schreibt. Letzter Satz: »Die Niederschrift dieser Erinnerungen an meine Jugendzeit war eine wohltätige und wohltuende Zerstreuung für mich; sie half mir, zwei Jahre zu durchleben, die die schmerzlichsten meines Lebens waren.«

Die Ehe war nie glücklich. Karl war vielleicht für eine so gescheite, so brillante, so politisch engagierte Frau gar nicht geschaffen. Der Altersunterschied hat sich störend ausgewirkt. Karl fühlte sich später immer mehr von fremdem Willen geheiratet als eigentlich persönlich nach seiner Entscheidung gefragt. Es kam dazu, daß Olgas Verhältnis zum Schwiegervater, zu König Wilhelm, nie gut wurde, obwohl gerade die beiden blitzgescheiten Personen einander hätten verstehen müssen – auf Schwäbisch gesagt: »Sie hettet es mitnander könne missa.« Aber das ging eben nicht.

Der erste Anlaß des Zerwürfnisses war die Villa Berg. Olga hat – ich sprach von den Erinnerungen an ihre Kindheit auf der Krim, an ihre Sommerzeit –

für die südliche Bauweise sehr viel übrig gehabt und wollte sich hier ein Traumhaus bauen, ein Schloß, neben der Residenz Stuttgart und neben der Residenz Cannstatt. Dieser Bau stand von Anfang an unter einem unglücklichen Stern, und zwar deshalb: Olga war sehr modern, Olga war ungewöhnlich kunstbegabt und sie hat den etwas – soll man sagen? – müden, konventionellen Klassizismus abgelehnt, dem ihr Schwiegervater als Kind des 18. Jahrhunderts lebenslang treu blieb. Schlösser wie Rosenstein, eine schöne Schöpfung ihres Schwiegervaters, hat sie abgelehnt und den Wilhelmspalast von Salucci hat sie auch nicht geliebt. Sie hatte – merkwürdig: heute erkennt man das erst richtig – eine gewisse Vorliebe für historische Stile, zu einer Zeit, als das noch nicht »in« war. Heute kann man die Villa Berg, den Bau von Leins und seinen Gefährten, als den ersten Bau des beginnenden Historismus auf deutschem Boden interpretieren, als die erste bewußte Anlehnung nicht an die klassische Antike, nicht an den Klassizismus des späten 18. Jahrhunderts, sondern als den vollen Rückgriff auf Bauformen der Renaissance, des Manierismus und frühen Barock.
Das war in den Augen von Wilhelm, dem Schwiegervater, geradezu eine Geschmacksverirrung, eine Sünde wider den guten Geschmack, eine Bizarrerie, und er hat je länger je mehr diesen Bau mit scheelen Augen angesehen, vor allem auch den ungeheuren Aufwand, der mit ihm getrieben wurde. Er war immer der Ansicht, es sei ein Geschenk des Zaren an seine Tochter und er müsse das nicht bezahlen. Er sagte einmal: »Wenn die Frau Kronprinzessin einen schlechten Geschmack hat, so zahlt sie es ja selbst.« Aber als alles fertig war, war Wilhelm baß erstaunt, die gesamten riesenhaften Abrechnungen zugeschrieben zu bekommen. Der Zar, die russische Familie, Olga mit ihrem großen Vermögen – sie haben keinen Pfennig an der Villa Berg bezahlt, und der sparsame und nicht reiche König mußte nun aus dem württembergischen Staatssäckel den ganzen Bau nachträglich finanzieren. Das hat ihn furchtbar geärgert, vor allem eben wegen des, wie er meinte, schlechten Geschmacks.
Olga als Königin war, man kann sagen, eine einzige Tragödie. Sie hat wohl den schönen Erzherzog Stephan nicht vergessen, auch wenn sie nicht so offiziell und endgültig mit ihm verlobt gewesen war, wie sie es in den Memoiren darstellt. Sie hat die große Liebe, Alexander von Hessen, zwar offiziell verdrängt, aber sicher nicht vergessen: Die Männer, die später ihr Vertrauen haben, von denen wir ja Portraits besitzen, sehen vom Typ her alle

Erzherzog Stephan von Österreich (1817–1867)

aus wie Alexander von Hessen-Battenberg. Sie hat den König Karl geachtet. Die Ehe war bald sehr kühl. Es fehlte der Kindersegen, auf den man so sehr hoffte. Sie hat an ihren lieben, braven Schwägerinnen Augusta und Katharina, den Töchtern der Königin Pauline, zwar brave, treue Seelen um sich gehabt, aber keinen geistigen Ansporn. Der Freundeskreis ihres Mannes war ihr aus vielen Gründen zuwider.
Die Liebe zu Rußland kam bei ihr dann immer stärker durch. Es kam die Anlehnung an ihren geliebten Bruder, den Zaren Alexander II., und es kam eine gewisse Vereinsamung, die für die sehr politische Frau schwierig wurde. Olga schreibt in ihren Memoiren immer wieder von politischen Frauen, die sie sehr bewundert. Sie selber war politisch hochbegabt, sie war eine brillante Analytikerin der europäischen Lage. Ihre Geheimkorrespondenz mit dem russischen Kanzler Gortschakow im Hauptstaatsarchiv ist eine Quelle von politischen Informationen. Auch ihre Memoiren, scharfzüngig und scharf beobachtend, sind voll von politisch guten Urteilen.
Karl dagegen suchte die Ruhe. Ihm war alles Schimmernde, Wehr und alles Militärische zuwider. Darin traf er sich mit seiner Frau: in der Abneigung gegen Preußen. Obwohl Olga eine preußische Königsenkelin war, hat sie Kaiser Wilhelm, und dann vor allem Kaiser Wilhelm II., geradezu verabscheut. Sie hat den preußischen Einfluß nicht gutgeheißen, sich dafür um so enger an Napoleon angelehnt. Das große Kaisertreffen in Stuttgart mit dem Kaiser Napoleon III. und dem Zaren von Rußland war ihr Werk. Aber in all diesen Dingen ist sie eigentlich politisch nicht durchgedrungen, sie hat auch nicht die Rolle gespielt, die sie hätte spielen können und sicher auch hat spielen wollen.
So kommt sie im Alter immer stärker auf das Wohltun, und zwar nun wieder im großen Stil. Mit dem großen Zuschnitt, den Katharina zwei Generationen vorher besaß, hat sie nun wiederum als Königin seit 1864 – sie war ja insgesamt sechsundvierzig Jahre in Württemberg – mit großen Mitteln und sehr überlegt vieles ins Leben gerufen. Jedes Kind aus Württemberg oder zumindest jedes Stuttgarter Kind ist einmal im »Olgäle« gelegen, dem Olga-Kinderspital. Das Olga-Krankenhaus, die Karl-Olga-Schwestern, vieles, was unter den gemeinsamen Namen Karl und Olga lief, ist in Wirklichkeit Olgas eigenes geistiges Werk. Sie hat dazu gescheite und geschickte Männer herangezogen.
Sie war im Lande, trotz aller Kühle, sehr beliebt. Denn wenn der König, dem

das Regieren keine große Freude machte, sich in seine Villen an der Riviera zurückzog und dort Klavier spielte und Musik hörte, blieb Olga eisern auf dem Posten: Pflichterfüllung – das ist das preußische Erbe ihrer Mutter –, die Repräsentation wahrnehmen, die dem König zuwider war. Aber dadurch sind die Gatten natürlich immer weiter auseinander gekommen. Da blieb fast kein gemeinsamer Nenner.
Sie hat sich dann immer mehr an ihre Nichte Wera angeschlossen und an deren Töchter, ihre quasi adoptierten Enkelinnen. Sie hat den Tod des Königs erlebt, Karl stirbt 1891. Und im Alter ist sie schließlich noch nach Friedrichshafen gezogen, auf den Witwensitz der Königinnen, ist dort ein Jahr nach ihrem Gatten gestorben und in Stuttgart beigesetzt worden.
Aus den nachgelassenen Papieren meines Urgroßvaters weiß ich, welchen merkwürdigen Leichentext sich die Königin schon als junges Mädchen ausgesucht hat. In der Zeit, als sie in ganz Europa herumgeboten wurde und selber oft entschlußlos war, hat sie sich als ein Lieblingswort den Satz aus dem Römerbrief, Kapitel 8, ausgewählt und als Sterbetext bestimmt: »Der Geist hilft unserer Schwachheit auf. Denn wir wissen nicht, was wir bitten sollen, wie sich's gebührt, sondern der Geist selbst vertritt uns aufs beste mit unaussprechlichem Seufzen.« Als Olga begraben wurde, fand man diesen Text nicht königlich genug. Mit Rücksicht auf den zu erwartenden Gast, Kaiser Wilhelm II., von dem man fürchtete, er würde an diesem demütigen Text Anstoß nehmen, hat man einen sehr konventionellen, mehr höfischen Text genommen. Aber Olga hat dieses Wort, das ihr sehr viel Halt gab, lebenslang immer wieder zitiert, in Briefen, im Tagebuch, gegenüber Freunden, und aus ihrem Sterbebericht wissen wir, daß sie an ihrem letzten Tag, nach Anhören der Bach-Motette »Der Geist hilft unserer Schwachheit auf«, die von ein paar Sängern für sie musiziert wurde, nicht gerade als letztes Wort, aber als ein Wort ihrer letzten Stunden, immer wieder dieses merkwürdige Wort von der Selbstunfähigkeit und der Hilfe von oben zitiert, und eines der letzten Worte, das mein Urgroßvater hörte, war: »Mit unaussprechlichem Seufzen.«

Marie von Waldeck *Pauline zu Wied*

1857–1882 *1877–1965*

Nelken waren die Lieblingsblumen des letzten württembergischen Königs. Wilhelm II. hat für die Nelkenzucht im Lande ja sehr viel getan, er hat sie eigentlich ins Leben gerufen. Das wirkt bis heute nach. Und er hat diese Liebe zur Nelke von seiner ersten Frau sozusagen geschenkt bekommen, von Prinzeß Marie von Waldeck, die, obwohl sie seit mehr als hundert Jahren tot ist, heute noch, und nicht nur bei den älteren Leuten im Lande, in durchaus lebendiger Erinnerung ist.

Wir stehen hier in Ludwigsburg am Königsgrab, nicht in einer Königsgruft, nicht in einer großen Kapelle. Das hat vor hundert Jahren die Menschen sehr berührt: Ein König, der sich mitten zwischen seinen Untertanen begraben lassen will, der sich sein Grab bewußt wählt zwischen dem Hausmeister einer königlichen Dienststelle und dem Gastwirt von Ludwigsburg. Der Kaiser Wilhelm hat erklärt, das ist würdelos, so läßt sich ein König nicht begraben, worauf der König Wilhelm von Württemberg sagte, er wisse keinen besseren Platz als so an der Friedhofsmauer, an der belebten Straße, mitten zwischen seinem Volke. Das ist damals im Land sehr wohl verstanden worden, und es ist bezeichnend, daß heute, wenige Tage nach dem Geburtstag des Königs und über sechzig Jahre nach seinem Todestag, nicht nur die Kränze der Offiziersvereinigungen und private Kränze in seinen Farben hier liegen, sondern auch die Nelken, die einfach zum König gehört haben, von irgendwelchen – ja ich hätte beinahe gesagt: treuen Württembergern, von Untertanen hier niedergelegt. Diese schlichte, um nicht zu sagen puritanisch einfache Grabstätte ist im Volke bis heute beliebt, nicht zuletzt wegen dieser ersten Frau, die nie Königin geworden ist, die vorher starb, ehe ihr Mann die Regierung angetreten hat, die als die Prinzeß Wilhelm noch in jedermanns Munde ist: die Prinzessin Marie von Waldeck und Pyrmont.

Dem künftigen König wurden glanzvolle Partien angeboten. Er wollte aber weder in die russische Verwandtschaft heiraten, einmal mehr, noch in die preußische, noch in die englische. Er hat sich ganz bewußt nur von seinem Herzen leiten lassen und hat sich dabei eine der liebenswürdigsten und, man muß heute im Rückblick sagen, rührendsten Gestalten unter den deutschen Fürstentöchtern des vorigen Jahrhunderts »angelacht«, wenn man das sagen darf, »angelächelt«, eine bildschöne Frau, die sehr schlicht erzogen war. Darin paßte sie zu dem einfachen Sinn des Königs.

Das Haus Waldeck gehörte zwar zu den regierenden Fürstenhäusern Deutschlands bis 1918, aber es war ein sehr kleines Land mit der Residenz Arolsen. Ein bescheidener, ländlicher Zuschnitt herrschte in der Familie, ein außerordentlich fröhliches Familienleben. Die Güte dieser jungen Frau, die übrigens auch bezaubernd in ihrem Charme war, kommt übrigens auch wieder – Sie werden sagen: ja natürlich, muß ja! – aus dem Hause Württemberg. Der König hat seine Nichte, eine Tochter seiner Cousine, geheiratet. Die Mutter der jungen Waldecker Prinzeß war Helene von Nassau und deren Mutter war Pauline von Württemberg. Also es kommt hier wieder das Württemberger Blut zusammen. Auch die Bescheidenheit, diese Gemütslage des Umgehenkönnens mit allen Untertanen, dieses, was man im alten Württembergischen »nieder-trächtig« nannte, das heißt »hinunter sich lassen«, nicht huldvoll aus der Kutsche lächeln, sondern ganz spontan mit den Untertanen sprechen von Mensch zu Mensch, das hat den König und das hat seine erste Gattin sehr ausgezeichnet.

Die Wahl war zweifellos eine ungemein glückliche. Die kurze Ehe war, wie der König selber später in einem Brief sagt, eine einzige Kette von Glück. Deswegen hat ihn der Tod dieser jungen Frau, die keine vierundzwanzig Jahre alt geworden ist, auch so schwer erschüttert. Sie hat ein Jahr nach der Hochzeit, die bewußt nicht in Stuttgart groß gefeiert wurde, sondern sehr bescheiden in Arolsen, die erste Tochter geboren, Pauline, von der wir nachher noch handeln werden.

Und dann kam jener Sohn zur Welt, von dem bis heute in Württemberg, so und so, noch immer gesprochen wird und für den hier in Ludwigsburg zuerst dieses Grab angelegt wurde, dieser strahlend schöne kleine Junge, den wir alle noch von den Fotos kennen, die in unseren Elternhäusern hingen, der auf den ganz programmatischen Namen Ulrich getauft wurde. Der künftige König, der damalige Prinz Wilhelm, wollte, daß einmal, so konnte man den Lauf der Geschichte etwa voraussehen, ein König über Württemberg herrschen soll, der Ulrich heißt. Das ist nun ganz ungewöhnlich, denn man verbindet eigentlich mit dem Namen ja eher das Gedächtnis an den wirren und chaotischen Herzog Ulrich. Mein Großvater fragte den König, ob er dabei nicht an den Stammvater der Dynastie, Graf Ulrich den Stifter, gedacht habe, worauf der König ganz bewußt sagte, nein, er denke an den Herzog Ulrich. Die Reformation war ihm als Geschehen so wichtig, daß er nach dem Reformationsherzog, auch wenn dieser Charakterfehler hatte, seinen Sohn nennen wollte. Das wird noch deutlicher, wenn wir, nicht wie jetzt im Winter, wo das Grab verschalt ist, das Kreuz offen sehen und auch die anderen Namen dieses kleinen Prinzen lesen können: er hieß neben Ulrich, dem künftigen Rufnamen, Christoph und Ludwig. Das ist also ganz deutlich die Tradition der ersten drei protestantischen Herzöge, denen das Land, jedem auf seine Art, am meisten ja Christoph, so viel zu danken hat. Das war dem König wohl auch deswegen wichtig, weil er sein Amt als Summus Episcopus der württembergischen Landeskirche sehr ernst nahm. Zu diesem Kind müssen wir an dieser Stelle, auch wenn es ein heißes Eisen und schwierig anzufassen ist, ein paar Sätze sagen. Dieser kleine Junge, der blühend und gesund war, ist mit fünf Monaten gestorben, und nur ein gutes Jahr danach schon stirbt seine Mutter, die schöne Marie Waldeck, an einem Kind, das sie tot zur Welt bringt. Nach ganz kurzer Ehe bleibt dem König also nur die Tochter Pauline. Er hat, völlig verwundet, völlig abgestürzt, im ersten Schock Äußerungen getan, die später weitergetragen worden sind, als sei es beim Tode des kleinen Ulrich nicht mit rechten Dingen zugegangen.

Wenn in der Familie Müller oder Schmid ein kleines Kind stirbt, so ist das bedrückend, doch kein Mensch wird staatsrechtlich irgendwelche Folgen daran knüpfen. Aber später, als ganz andere Ereignisse eingetreten sind, hat man in Württemberg, im protestantischen Alt-Württemberg, eine Art von Verschwörung konstruiert, und es kam diese komische Vorstellung auf: »Dees waret die Katholike, des Kend hot sterbe müsse.« Das war eine vollkommene Fehlinterpretation. Die Leute haben nicht weit gedacht, sie haben kriminalistisch gedacht, nicht staatsrechtlich. Hätte man damals wirklich einer bestimmten Linie der Familie zugute die protestantische Herrscherlinie auslöschen wollen, hätte man ganz anders vorgehen müssen, denn ein junger König, der seine Frau verliert, kann ja noch zehn Söhne zeugen. Und da hätte dann jedesmal die katholische Kirche eingreifen müssen und nochmals ein Kind ermorden? Das ist so undenkbar, so bizarr, daß es heute überhaupt keine Diskussion mehr darüber geben kann. Aber es ist ganz merkwürdig, das Thema ist in Württemberg nicht ausgerottet und dem kleinen Buben, der ein so liebenswürdiges Kind gewesen sein muß, ist heute noch das Interesse von vielen Leuten sicher.

Nun zu Marie von Waldeck. Sie war eine Frau, die eine ganz unglaubliche Herzwärme gehabt haben muß. Das ist vielleicht verständlich, wenn wir einen Blick auf ihre Schwester werfen, die im Gegensatz zu ihr ein sehr, sehr langes Leben gehabt hat: die Königin Emma der Niederlande, gleichfalls eine Prinzessin Waldeck, die als junges Prinzeßlein nach Holland kam und von den Niederländern sofort dank ihres rührenden Charmes, auch einer gewissen rührenden Hilflosigkeit, so absolut akzeptiert wurde wie ihre Schwester Marie in Württemberg. Diese Geschwister hatten etwas – das kam von Mutter und Großmutter her –, was ihnen die Herzen im Flug gewann.

Alte Leute, die viele Schicksalsschläge gemeistert haben, sind, sofern sie die Marie von Waldeck noch gekannt haben, in Tränen aufgelöst gewesen, wenn man von ihr sprach. Es ist ganz merkwürdig, wie diese Frau, die ja nur fünf Jahre in Württemberg lebte, die Herzen gewann, nicht mit irgendwelchem künstlichen Getue, sondern einfach mit der Freundlichkeit, mit der Güte, und vor allem auch mit dieser engelsgleichen Schönheit. Sie war einer der Menschen, von denen man zu sagen pflegt, so jemand kann gar nicht alt werden. Der König hat den Verlust nie verwunden. Diese Frau hat ihn sozusagen immer begleitet, und das hat auch zum schweren Schicksal der zweiten Ehe nicht wenig beigetragen.

Das einzige, was dem späteren König aus dieser kurzen, glücklichen Ehe blieb, war die Tochter Pauline, die er nun ganz besonders ins Herz schloß, und der er im Schloß Marienwahl bei Ludwigsburg eine heitere und unbeschwerte Kindheit ermöglichte. Das Schloß, eigentlich mehr ein nobles Landhaus, war vom alten König Wilhelm in seinem Geschmack errichtet worden, bescheiden, ein Herrenhof, und hier hat Wilhelm II. auch noch als König sehr gerne gewohnt. Auf den weiten Wiesen und Weiden von Marienwahl ist die junge Prinzessin geritten, ist schon als Kind leidenschaftlich mit Pferden aufgewachsen. Sie hat dann später Marienwahl auch zu einem Gestüt gemacht, das für den Pferdekenner durchaus ein Begriff ist.

Der König hat über Jahre den Tod der ersten Frau nicht verwunden und ist nur auf den Druck der Landstände dazu bewegt worden, noch einmal zu heiraten. Er hat sich in den ersten Jahren nach dem Tod der Marie von Waldeck mit sehr düsteren Gedanken getragen, war der Ansicht, daß er das Kind nicht lange werde im Leben begleiten können, und so hat er ein sehr merkwürdiges Dokument hinterlassen. Bei den Studien und Vorarbeiten für diese Sendung bin ich auf ein Dokument gestoßen, das sich im Besitz des Sohnes von jenem Notar und Rechtsanwalt befindet, dem der König seine privaten Angelegenheiten anvertraut hatte. Er hat für sein Staatstestament einen Zusatz geschaffen, der sich mit dem Schicksal Paulines, der kleinen Tochter, beschäftigte. Darin hat er, ganz ungewöhnlich für die Zeit vor hundert Jahren, bestimmt, daß die Königstochter in keinem Falle in der Wahl ihres künftigen Ehepartners beschränkt werden dürfe. Er hat zwei seiner vertrauten Freunde, einen Prinzen Hohenlohe und einen Fürsten Waldeck, zu Vormündern bestimmt, welche die Ehesache der künftigen Prinzessin regeln sollen. Dabei wird festgelegt, sie könne jeden heiraten, den sie liebt. Dabei sei es nicht nötig, daß es sich um einen Fürsten oder ein Mitglied eines regierenden Hauses handelt; ein Graf, ein Freiherr, ein einfacher Adliger sei dem König genauso lieb für das Glück seines Kindes, ja, und das ist sehr ungewöhnlich, er würde die Ehe mit einem Bürgerlichen durchaus begrüßen, wenn sie das Glück der Prinzessin begründen könne. Der Bürgerliche möge ein Künstler oder ein Akademiker sein, es wird nur abhängig gemacht von der Zuneigung der Prinzeß und der Zustimmung der beiden Vormünder.

Und nun kommt eine Passage, die sehr merkwürdig ist: auf jeden Fall verbietet der König eine Verbindung seiner Tochter mit dem Hause Romanow, also mit dem russischen Zarenhaus. Ich war sehr überrascht. Man fragt sich, wer soll das sein. Man nimmt dann die Stammtafeln her, man überlegt sich, wen kann der König überhaupt meinen zum Zeitpunkt der Abfassung des Testaments. Und dann wird es ganz deutlich: es gibt nur einen, den er gemeint haben kann und den wahrscheinlich die Königin Olga und die Herzogin Wera sehr protegiert haben – vom Alter her gesehen sollte Pauline wohl den letzten Zaren heiraten.

Halten wir einen Moment lang inne. Zar Nikolaus II., lebensfremd, ängstlich, unsicher, dann später die Frau, die er bekam, Alice von Hessen, die ihn noch mehr in die Lebensangst und die Unsicherheit hineingerissen hat. Außerdem die Schwerkranke Alice, die Konduktorin der Bluterkrankheit – der letzte Zarewitsch ist doch dadurch zu einer Belastung des ganzen russischen Reiches geworden, daß man um sein schweres Schicksal wußte. Und nun stelle man sich einen Augenblick lang vor, unsere schwäbische, tüchtige, gesunde, kräftige, fröhliche, man darf ruhig sagen: robuste Pauline, »'s Keenigs Päule«, als Zarin von Rußland – wie anders hätte die Geschichte des Zarenhauses, die Weltgeschichte verlaufen können, wenn der Zar eine mitreißend fröhliche und volkstümliche Frau bekommen hätte,

die natürlich bei ihrer Sprachgewandtheit auch rasch mit den Russen Kontakt gehabt und vielleicht einen gesunden Zarewitsch geboren hätte. Daß der König die Tochter vor einer russischen Heirat geradezu bewahren wollte – das einzige, was er regelrecht verbietet –, ist höchst merkwürdig. Seine Vorstellung von russischen Verwandten muß eine ganz präzise gewesen sein.
Pauline hat dann tatsächlich den Mann ihres Herzens geheiratet, einen Fürsten zu Wied, aus einer nicht mehr souveränen Familie. Das war durchaus im Sinn des Testaments des Königs. Er hat diese Ehe dann, die er ja noch erlebte, sehr begrüßt. Der Fürst zu Wied war im württembergischen Volk sehr beliebt durch seine spontane und volkstümliche Art. Es gab ein Königslied zur Hochzeit 1898, das haben wir als Kinder in meinem Heimatdorf Oberjettingen – wir haben es von den alten Leuten gehört – noch beim Hopfenzopfen gesungen. Der Refrain lautete:

Älles ond älles goht Schtuagert zua,
'S Keenigs Päule hot Hauchzich.

»'S Keenigs Päule« – das ist ein Begriff, mit dem wir Älteren noch durchaus eine Vorstellung verbunden haben, und viele von uns haben Pauline zwar nicht mehr in der Grazie ihrer jungen Jahre, aber bei allen möglichen Pferdeveranstaltungen als eine sehr robuste Reiterin und kühne Lenkerin von Wagen erlebt. Auf den Koppeln von Marienwahl hat sie dann bis in ihr hohes Alter Pferde gezüchtet. Sie hat ihrer ganzen Verwandtschaft diese Tierliebe beizubringen verstanden.
Ihre Söhne aus der Ehe mit dem Fürsten zu Wied haben übrigens staatsrechtlich in Württemberg noch eine gewisse Rolle gespielt. Die gleichen Württemberger, die sich über den Tod des Prinzen Ulrich so erregt haben, wollten nun die Thronfolge der jüngsten Linie verhindern, und so kamen staatsrechtlich geschulte Leute auf den Gedanken, man könne bei dem voraussehbaren Aussterben des Mannesstamms des Königshauses die Thronfolge dem Hause Wied zuwenden, und zwar in der Form, daß man sagt, das Königtum kann nur den Nachkommen des ersten Königs vorbehalten bleiben. Stirbt der Mannesstamm aus, so wird der erste Weibesstamm an seine Stelle gesetzt. Man hat also nicht dem Schwiegersohn, sondern dem ersten Enkel des Königs, dem Prinz Hermann zu Wied, eine Thronfolge als

König Wilhelm II. (1891–1918) mit seinen Enkeln Prinz Hermann und Prinz Dietrich zu Wied auf einem Ausritt.

König von Württemberg zugedacht. In der Zweiten Kammer wäre diese Lösung vielleicht durchgegangen, in der Ersten Kammer aber war sie wohl nicht durchsetzbar, und der König, sehr loyal, hat ja dann auch erklärt, er werde das Recht der jüngsten Linie nicht beschneiden. Das war sehr bezeichnend für diesen so sehr rechtlich denkenden, so sehr von moralischen, von ethischen Überlegungen motivierten König.
Aus der Zeit, als die Thronfolge des Prinzen Hermann zu Wied in Württemberg im geheimen, im kleinen Kreis diskutiert wurde, gibt es ein sehr sprechendes Foto: der König mit den beiden Enkeln beim Ausritt. Ganz bezeichnend ist, daß der alte Herr, der ja immer in Zivil, von seinen Spitzern begleitet, durch Stuttgart ging, auch hier nicht in schimmernder Uniform, sondern in einem Bürgerrock ausreitet, die beiden kleinen Enkel, an denen

er so sehr hing, neben ihm, von uns aus gesehen links von ihm der Erbprinz Wied, der hätte König werden sollen, und rechts der jüngere Enkel Dietrich zu Wied.

Pauline, die ein ausgesprochenes Naturkind war und mit ihrem Vater zum Beispiel gerne in dem damals berühmten Weinlokal »Die Kiste«, einem schmalen, engen Haus in der Stuttgarter Altstadt, verkehrte, wo Straßenbahner und Landgerichtspräsidenten brüderlich vereint ihren Stuttgarter Wein schlürften, diese Pauline ist den Stuttgartern, bis heute kann man sagen, ans Herz gewachsen. Wer von uns hat sie nicht gesehen, wie sie zu Pferd noch als alte Dame eine glänzende Figur machte? Den Rest ihres Lebens nach dem Zweiten Weltkrieg hat sie in Marienwahl verbracht. Dieses bescheidene Landhaus unmittelbar in der Nähe des großen Ludwigsburger Königsschlosses war für sie vor allem ein Gestüt, und so kommt es zu einer merkwürdigen Arabeske zum Schluß: Sie hat sich gewünscht, auf der Koppel ihrer Pferde bestattet zu werden, etwas, was nach unseren Ordnungen gar nicht geht. Friedrich der Große wollte auch in dem großen Rosenparterre von Sanssouci zusammen mit seinen Pferden und Hunden begraben sein. Das hat der Anstand nicht zugelassen und er mußte in der verhaßten Fürstengruft neben seinem Vater beigesetzt werden. Pauline dagegen hat dank der Großzügigkeit der Stadtverwaltung von Ludwigsburg erreicht, daß sie auf der Koppel, auf der die Pferde liefen, ein sehr schlichtes Grab mit einem sehr schlichten Stein gefunden hat, in der Marienwahl, dem ländlichen Haus, das den letzten Generationen des württembergischen Königshauses die ländliche und geliebte Heimat war.

Grab der Pauline Fürstin zu Wied, der Tochter König Wilhelms II., auf der Pferdekoppel bei Marienwahl.

Königin Charlotte

1864–1946

Als Marie von Waldeck, die erste, geliebte Frau des späteren württembergischen Königs Wilhelm II. 1882 starb, war kein Sohn zur Sicherung der Thronfolge im Königshause vorhanden. Deswegen hat Regierung und Volk sehr nachhaltig darauf gedrängt, daß sich der damalige Kronprinz noch einmal verheiraten möge. Da war auch ein konfessioneller Gesichtspunkt dabei. Ganz unbegründeterweise fürchtete sich das württembergische Volk vor der katholischen Herzogslinie, die dann, beim Aussterben des Königshauses, zur Thronfolge berufen gewesen wäre. Diese Furcht war ganz und gar ungerechtfertigt. Der Herzog Albrecht, der dann Thronfolger wurde, wäre mit Sicherheit ein gerechter, kluger und sehr bedeutender König geworden. Aber es gab nun einmal dieses konfessionelle Vorurteil. Wilhelm mußte, gegen seinen Willen, noch einmal heiraten.

Er hat es sich lange überlegt. Die Wahl fiel auf eine Prinzessin aus dem Hause Schaumburg-Lippe, aus einer vergleichsweise nachgeordneten Familie, die keinem regierenden Hause, sondern einer nicht sehr bedeutenden Nebenlinie angehörte und in Nordböhmen, im Schlosse Nachod, saß. Warum diese 1864 geborene Prinzeß Charlotte gewählt wurde, können wir heute so genau gar nicht mehr rekonstruieren. Es waren verschiedene Gründe. Sie galt als eine sportliche, gesunde Frau, als eine muntere, lebhafte, sehr stolze und hochgemute Dame, und der spätere König glaubte sich gut beraten mit dieser seiner Wahl. 1886 ist die Ehe geschlossen worden. Sie ist nicht unbedingt, zumindest nicht von Anfang an, glücklich gewesen.

Aber hier muß man gerechterweise sagen: Kaum je hat eine Frau eine schwerere Aufgabe angetreten. Es ist ganz merkwürdig, wie sich hier etwas wiederholt, was sich schon unter König Wilhelm I. nach dem Tod der schönen Katharina von Rußland abspielte, nämlich die Heirat mit einer weniger bedeutenden Frau, verglichen mit der Liebenswürdigkeit, dem Charme, der Größe der ersten Frau. Das hat sich nun wiederholt. So, wie Pauline es unendlich schwer hatte, gegen das Erinnerungsbild der verstorbenen Katharina anzukämpfen, so hat es Charlotte von Schaumburg-Lippe fast noch schwerer gehabt. Marie von Waldeck war in aller Herzen. Das war die unvergessene, die schöne, die charmante, die so ungemein gütige Frau. Und jetzt kam eine jüngere, aber eher kühle, herbe, sehr verstandesmäßige, würdige, stolze, selbstbewußte Frau, die so gar nichts mit der ersten gemein hatte, mit der sie dauernd verglichen wurde.

Zum zweiten war Charlottes Situation noch schwieriger geworden, als sie den Sohn, auf den das Land oder ein Teil der Bevölkerung so dringend wartete, Jahr um Jahr nicht dem Lande geben konnte. Das hat enttäuscht, das hat manche überzeugten Protestanten auch ängstlich gemacht, und alle ihre Vorzüge, ihre Tätigkeit, auch ihr soziales Engagement, ihre Kühnheit als Reiterin – das alles konnte nicht ausgleichen, was ihr einfach nicht gegeben war: Herzwärme, wie sie die erste Frau so natürlich und so spontan ausströmte.

Das dritte, was man der Königin ungerechterweise nicht nachsah, war ihre Geburt, das nachgeordnete Haus, jüngere Linie, Secundogenitur, wenig begütert. Sie ist die meiste Zeit in einem Familienschloß, Nachod, in Nordböhmen aufgewachsen. Das alles hat die Württemberger gestört. Sie hätten gerne eine stolzere Partie gehabt. Das spricht übrigens sehr für den Charakter des Königs, der ja nicht nach Rang und Namen, schon in seiner ersten Ehe nicht, geheiratet hat, sondern nach Vorzügen des Herzens, Vorzügen der – fast möchte man sagen – behaglichen Heimat in einem sicheren Familienkreis. Er suchte ja auch eine Stiefmutter, eine gute Mutter für die einzige, geliebte Tochter.

Das alles hat nun Charlotte so nicht bringen können. Nicht, daß sie eine schlechte Mutter, Stiefmutter, gewesen wäre, aber sie war einfach kühl und auch in ihren jungen Jahren sehr kontaktarm, so daß sie zwar sehr stark die Würde der Königin repräsentierte, als der König 1891 zur Regierung kam, aber dieses Ausströmende und Verbindliche war ihr einfach nicht gegeben. Dafür haben die Stuttgarter einmal sehr ihren sportlichen Mut und auch ihre körperliche Kraft bewundert. Auf der Straße war ein Bierfuhrwerk mit vier Pferden durchgegangen, der Kutscher aus Angst abgesprungen. Dieses Fuhrwerk ist von der Königin – die Geschichte ist unglaublich, aber wahr – zum Stehen gebracht worden, indem sie das vorderste Pferd ergriffen hat. Das war eine Bravourleistung, aber auch das hat ihr eigentlich nicht die Herzen gewinnen können.

Die Ansicht, die Ehe sei nicht ganz standesgemäß für einen König gewesen, ist nicht richtig. Die Ahnentafel der Königin setzte sich natürlich genauso aus den norddeutschen Standesherren und vormals regierenden Fürsten zusammen wie die vieler anderer. Charlotte war völlig ebenbürtig, es gab also keine rechtliche Minderung. Aber es hatte doch – Sie kennen den schwäbischen Ausdruck – »a Gschmäckle«: »Also mer hätt sich au a besse-

re Keenigin wünsche könne.« Das war ungerecht, das muß man immer wieder betonen.
Charlotte hat sich auf vielen Gebieten sehr engagiert, nachdem sich die Kinderlosigkeit als dauernd erwiesen hatte und nachdem im Lande auch Stimmen laut geworden waren, der König solle diese Ehe wegen der Kinderlosigkeit trennen, was er mit einem würdigen Wort abgelehnt hat. Er sagte nur: »Ihre Majestät ist Ihre Majestät.« Damit war der ganze Plan, der ausgeheckt worden war, um eine dritte Ehe des Königs zu ermöglichen, abgetan. Charlotte hat etwa für die Schulbildung, als gerade das Mädchenstudium im Aufkommen war, viel getan: Sie hat das nach ihr benannte Charlotte-Gymnasium, heute Hölderlingymnasium, das erste humanistische Mädchengymnasium im Lande, gegründet und hat sich auch später um diese Schule sehr gekümmert, sie hat ihr wirklich Fürsorge zugewandt. Sie hat auch andere Aktivitäten entwickelt, aber auch da konnte sie es den Stuttgartern eigentlich nicht recht machen. Es kam nie so weit, daß die Württemberger ein wirklich herzliches Verhältnis zu ihr gehabt hätten.
Eine kleine Episode ist dafür sehr bezeichnend. Im Sommer in Friedrichshafen war es irgendwann üblich geworden, daß junge Patrioten, treue Königsanhänger, Schulkinder Ruderboote mieteten und vor das Schloß in Friedrichshafen hinaus auf den See ruderten und dort »Preisend mit viel schönen Reden« anstimmten. Darauf kam der König, wie der Kuckuck aus der Uhr, auf den Balkon und winkte den Schülern, den jungen Leuten, den alten Leuten, den Männergesangvereinen zu. Das hat sich natürlich in das Herz der Leute eingeprägt. Aber wenn das acht- und neun- und zehnmal am Tag passierte, war der König mitunter doch auch betroffen, ging aber pflichtgetreu jedesmal hinaus. Die Königin sagte einmal: »Ach! Dieses ewige patriotische Gesinge« und wollte nicht mehr auf dem Balkon erscheinen, worauf der König sagte: »Auch wenn es das achte Mal heute ist, wir gehen hinaus.« Daraufhin sagte sie: »Nein, sieben ist genug.« Worauf der König nur sagte: »Charlotte, für die draußen ist es das erste Mal!«
Noch lieber als in Stuttgart oder in Friedrichshafen war der König in Bebenhausen, dem Jagdschloß, seit hundert Jahren als solches eingerichtet, inmitten des wildreichen Schönbuchs, ideal gelegen, still, abgeschieden, bescheiden, ein Refugium nicht nur für den Dichter Mörike, auch für die Königsfamilie. Die Könige haben Bebenhausen besonders geschätzt wegen der Nähe zu Stuttgart, auch wegen der weiten Klosterräume. Beben-

Das Jagdschloß in Bebenhausen hatte Charlotte als dauernden Witwensitz gewählt, dort ist sie 1946 verschieden.

hausen war ja ursprünglich eine Zisterze, eine Gründung der Pfalzgrafen von Tübingen, deren Grablege, bei der Verarmung der Pfalzgrafen an Württemberg verkauft, nach der Reformation eine berühmte Klosterschule, dann vom ersten König, von Friedrich I., mit einem Federstrich aufgehoben und zum Jagdschloß umgebaut. Allerdings hat man es damals in den Napoleonischen Kriegen sehr sparsam adaptiert. Eigentlich ließ man die mittelalterliche Anlage bestehen, und so ist dieses Jagdschloß – Lieblingsschloß und schließlich Exilaufenthalt des Königs und sein Sterbeplatz in einem – im Grunde noch das mittelalterliche Kloster in Bebenhausen geblieben. In den weitläufigen Innenräumen des alten Klosters war auch genügend Platz, um die große und berühmte Geweihsammlung des Hauses Württemberg aufzuhängen. König und Königin waren ja beide passionierte Jäger, die Königin eine sehr ausdauernde Reiterin und treffsichere Schützin. Darin fand sie sich mit ihrem Gatten zusammen. Und so ist diese Jagdtrophäensammlung eine wahrhafte Berühmtheit geworden, die bis heute in Bebenhausen fast museal bewahrt wird.
Bebenhausen hatte viele Vorzüge. Es kam vor allem dem Sinn des Königs für Häuslichkeit sehr entgegen, und wenn die Königin zunächst vielleicht vielen Menschen, vielen Untertanen, fremd und ferne und stolz erscheinen mochte, so ist sie im Landleben doch allmählich mit der Bevölkerung zusammengewachsen. Es gibt viele bezeichnende kleine Geschichten, die zeigen, wie der König seine Frau auch an das herzliche Verhältnis eines Herrschers zu seinen Untertanen gewöhnt hat, so wie es ihm selbstverständlich war. Es ist die oft erzählte Geschichte: Die Königin hielt sehr auf ihre Figur, aß sehr wenig, und der König hat sowieso nur wenig zu sich genommen, so daß die Majestäten sehr rasch gegessen hatten. Es war aber an der Hoftafel Sitte, Usus, Brauch, Gesetz, daß, wenn die Majestäten zu essen aufhörten, die ganze Tafelgesellschaft zu essen aufzuhören hatte. Oft war am unteren Ende der Tafel noch gar nicht serviert, als die beiden schon das Essen beendeten. So ist mancher junge Leutnant, der unten saß, nicht satt geworden. Als man das dem König, der etwas kurzsichtig war und die Tafel nicht ganz überblicken konnte, einmal gesagt hat, führte er ein, daß grundsätzlich ein Stück Fleisch auf seinem Teller liegen blieb und er mit der Gabel spielte. Einmal sagte er ganz leise zu seinem Nebenmann: »Send d'Leitnant satt?« Das hat auch auf die Königin abgefärbt, so daß man an der Hoftafel wirklich wieder satt werden konnte.

Dieses Hineinwachsen einer landfremden Frau, die sich vielleicht zunächst auch gar nicht sehr viel Mühe gab, ist ihr dann doch erleichtert worden. Im Alter oder im Älterwerden traten ihre harten Züge zurück und die Freundlichkeit, die ihr doch auch gegeben war, kam mehr auch in der Bevölkerung an. Man hatte sich nun auch daran gewöhnt, daß nicht eine liebreizende und charmante junge Frau, sondern eine sehr würdebewußte Königin hier war. Bei der Silberhochzeit wurde eine berühmte Medaille geprägt, die König und Königin vereint zeigt und deren viel verbreitetes Doppelprofil eine Art Zeichen der Anhänglichkeit an das Königshaus wurde. Viele alte Damen haben sie an einer Kette um den Hals getragen. Das galt dann nicht nur dem König, die Königin war inzwischen sozusagen mit hineingenommen worden vom württembergischen Volk.

Das hat sich dann noch stärker gezeigt im Ersten Weltkrieg, wo die Königin sich nun wirklich mit ganzer Energie für Krankenpflege und Spitäler eingesetzt hat, wo sie auch – übrigens als einzige Königin im Hause Württemberg – einen Orden gestiftet hat. Das ist das berühmte Charlottenkreuz, das damals zunächst für Ärzte, Krankenschwestern und Krankenpflegerinnen, überhaupt für Dienste an Kranken und Verwundeten, dann aber auch für Verdienste in der Heimat an unzählige Lehrer und Pfarrer verliehen wurde, die damals in den Dörfern Nahrungsmittel einsammelten für die Verwundeten, für die Lazarette, für die württembergischen Truppen, aber auch schon in einer sehr brüderlichen Geste zur Versorgung des Ruhrgebie-

Das für besondere Dienste an Kranken und Verwundeten während des Ersten Weltkriegs von Königin Charlotte gestiftete Charlottenkreuz

tes. Diese entsagungsvolle und mühselige Arbeit – »Eierkisten nageln« für das Vaterland, das man bedroht wußte, hieß es damals – hat die Königin dazu veranlaßt, diesen Orden vielfach zu vergeben. Respektlos hat man später, wegen der merkwürdigen Enden seiner Kreuzbalken und weil es fürs Eierkistennageln verliehen wurde, das Charlottenkreuz nur noch das »Eierkreuz« genannt. In den württembergischen Staatshandbüchern lebte es noch fort: Im katholischen Schematismus der Diözese Rottenburg oder im evangelischen Magisterbuch stand oft hinter den Personalien: CHKR 1917 – Charlottenkreuz 1917.

Die letzten Jahre der Charlotte als Königin waren überschattet von dem – man kann schon sagen – Vorbehalt, den der König gegenüber der Kriegsführung des Kaisers hatte, die ja ganz besonders württembergische Truppen opferte und an die gefährlichen Frontabschnitte stellte. Es kam zu einer berühmten Besprechung zwischen König Wilhelm und Kaiser Wilhelm II., die jedoch nichts fruchtete. An ihr hat die Königin wesentlichen Anteil genommen. Dann brach die Revolution aus, und Bebenhausen ist die letzte Station auf dem Weg des Königs gewesen. Hier ist er 1921 gestorben, von einem inzwischen wieder sehr viel größeren Teil der Bevölkerung ehrlich betrauert, nicht so sehr als großer oder glanzvoller Monarch, sondern als der große und der gütige Mensch, dem aus einer breiten Fülle der früheren Untertanen nun nicht mehr königlich-loyale Zustimmung und Dankbarkeit entgegengebracht wurde, sondern die ganz persönlich menschliche. Das hat die letzten Jahre auch für ihn in etwas erleichtert.

Charlotte hat dann Bebenhausen als dauernden Witwensitz genommen und hat hier noch lange gelebt. Man muß erwähnen, wie mutig sie sich während des Dritten Reichs eingesetzt hat. Sie tat das mit der Unabhängigkeit einer alten Frau. Wir hatten in Tübingen als Kreisleiter ein besonders trübes Exemplar. Ich erinnere mich an einen Gottesdienst in der Tübinger Stiftskirche, den der Kreisleiter schließen lassen wollte mit der Begründung, die Kirche sei polizeilich nicht mehr vertretbar überfüllt. Die Königin kam aus Bebenhausen an. Der Kreisleiter wollte ihr den Zugang verwehren mit dem Hinweis auf die baupolizeiliche Gefährdung. Da sagte sie: »So viel verstehe ich von mittelalterlicher Architektur, daß sie den Zugang einer alten Frau und einiger hundert weiterer Leute noch aushält.« Und ging einfach an ihm vorbei. Das hat uns damals als jungen Studenten ungeheuer imponiert.

König Wilhelm II. und Königin Charlotte

Charlotte hat das ruhige Alter einer kinderlosen, aber nicht einsamen Frau in Bebenhausen leidlich genossen. Die Mitglieder des Hauses Württemberg haben sie treu umgeben, auch die Kinder und Enkel der angetretenen Stieftochter. Man kann von ihrem Alter sagen, daß es ein freundliches war. Fromm erzogen, nicht in der pietistischen Herzwärme Alt-Württembergs, aber in einem strengen Luthertum, hat sie hier im Alter sich sehr viel der Lektüre und der Wohltätigkeit hingegeben, allerdings nun, wie es in dem berühmten Aufruf des Königs von 1918 heißt, nicht mehr in dem bisher möglichen Umfang. Aber sie gab, wo sie konnte. Sie hat schließlich den ganzen Zweiten Weltkrieg noch überlebt, ohne eigene unmittelbare Drangsal, auch den Zusammenbruch und die Besatzungszeit. 1946, mit fast zweiundachtzig Jahren, ist sie in Bebenhausen gestorben.

Es ist merkwürdig, daß eine Frau, die zunächst vom Lande nicht geschätzt und von den Untertanen vielfach abgelehnt worden ist, je länger je mehr doch auch den Württembergern ans Herz gewachsen ist, zwar nie in dem intensiven Maß wie der letzte König, sondern in einer ganz anderen Art. Die Achtung vor ihr ist sehr gestiegen. Es gab ein Gedicht, das damals umlief:

Fremdher bist Du gekommen
Und lang uns fremd geblieben.
Jetzt, in den Tagen der Not,
Sprechen die Herzen für Dich.

Erzherzogin Rosa
von Österreich-Toskana

1906–1983

Das Schloß Altshausen, mitten im hügeligen Oberland und seinen schönen Moränen der Eiszeit gelegen, von Wäldern umgeben, zwischen Donau und Bodensee, gehörte schon im Mittelalter als Burg Grafen von Altshausen, die übrigens durch Töchternachkommen Vorfahren der Württemberger geworden sind. Aber dann ist Altshausen über Jahrhunderte einer der wichtigen Sitze des Deutschen Ordens. Hier residierte der Komtur für die Ballei Elsaß-Burgund, und unter Schloß Altshausen standen viele Deutschordensniederlassungen in Süddeutschland, in der heutigen Schweiz, im Elsaß, bis hinunter vor die Tore von Besançon. Hier war die zentrale Verwaltung des Ordens, hier stand auch eine Mutterkirche, der heiligen Maria, der Ordensheiligen geweiht. Dieser ganzen Ordensherrlichkeit ist dann am Anfang des vorigen Jahrhunderts durch Napoleon gewaltsam ein Ende bereitet worden: Der Deutsche Orden wurde mediatisiert, aufgelöst, die Güter kamen an das neue Königreich Württemberg von Napoleons Gnaden, und das leergeräumte Schloß und die leergeräumten Barockbauten sind dem württembergischen König und der württembergischen Hofkammer zugefallen.
Glücklicherweise ist Altshausen wenig verändert worden. Es gab zwar in der Barockzeit einmal einen großen Plan, alles grandios aufzufrischen im Sinne des Hoch-Barocks, die alten gotischen und romanischen Teile niederzureißen. Die Säkularisation hat das jedoch verhindert, und auf diese Weise haben wir hier das reizvolle Gegeneinander von der Romanik und der frühen Gotik bis zum späten Rokoko. Für mehr als ein Jahrhundert war dann Altshausen nicht viel mehr als ein Schloß, das gelegentlich zu Jagden aufgesucht oder in dem Nachtlager gehalten wurde, wenn der Hof von Stuttgart nach Friedrichshafen zur Sommerresidenz überwechselte. Erst nach der Revolution von 1918 ist dann Altshausen für die jüngste und die einzig überlebende Linie des Hauses Württemberg, die den Chef des Hauses heute stellt, eingerichtet worden.
Die Verlegung der Hofhaltung nach Altshausen war nötig geworden, da der bisherige Wohnsitz des Kronprinzen und seiner Familie, das Kronprinzenpalais in Stuttgart, nicht mehr zur Verfügung stand. Da der Kronprinz, mit feinem politischem Gespür, nicht in Stuttgart wohnen bleiben wollte, so wurde Altshausen, das leerstand, zur Dauer- und Hauptresidenz der Hauptlinie Württemberg. Und diese wundervollen Bauten, Gärten, Pavillons, die Reithalle und das ganze geräumige Areal für die Deutschritter und

Das ehemalige Deutschordensschloß Altshausen ist seit 1918 Sitz des Hauses Württemberg.

ihre Komturen und Ritterherren, das war nun so geeignet, daß jetzt seit mehr als sechzig, fast siebzig Jahren Altshausen Sitz des Hauses geworden ist.
Aber zunächst: Diese jüngste Linie Württemberg in Altshausen, heute die Hauptlinie, ist dadurch entstanden, daß einer der vielen Brüder des ersten Königs, des sogenannten dicken Friedrich, der Herzog Alexander, der keine Aussicht auf die Thronfolge hatte, eine schöne und in den Freiheitskriegen stark hervorgetretene Frau bekam, die Prinzessin Antoinette von Sachsen-Coburg, auf die Ernst Moritz Arndt Gedichte machte. Sein Sohn hat dann die Tochter des Königs Louis Philippe von Frankreich, des Bürgerkönigs, geheiratet, und diese Prinzeß Marie von Württemberg war eine große Künstlerin. Ein französischer Kunsthistoriker – die Damen wollen es bitte

entschuldigen – hat von ihren plastischen Werken gesagt, sie seien von beinahe männlicher Kraft, was immer er sich dabei gedacht hat. Ihr Sohn war der spätere Stammhalter Herzog Philipp von Württemberg, der eine Erzherzogin von Österreich heiratete. Deren beider Sohn war der den Älteren von uns noch geläufige Heerführer aus dem Ersten Weltkrieg, der Herzog Albrecht von Württemberg, der eine ausgesprochen militärische Begabung hatte. Diese württembergische Linie ist erst durch die Söhnelosigkeit des letzten württembergischen Königs stärker in das politische Bewußtsein des Volkes gerückt. Dort gab es ja die schon in früheren Sendungen angesprochene latente Spannung: die jüngste Linie war seit der Heirat Bourbon-Orléans katholisch, und das überwiegend protestantische oder zumindest in seinem Selbstverständnis, in seiner Geschichte protestantische Württemberg hätte nun einen katholischen König bekommen sollen. Davor hatte man, unbegründeterweise, in manchen württembergischen Landesteilen große Angst.

Es ist erst vor kurzem einmal gesagt worden, daß sich Herzog Albrecht als König, um Hamlet und Shakespeare zu zitieren, »höchst königlich bewährt« hätte. Wer ihn noch gekannt hat, der weiß, was für ein gerechter, was für ein ausgleichender Mann er war. Er hat die schwierige Aufgabe gemeistert, das Haus nach der Revolution von 1918 in den – wenn Sie gestatten – Privatstand überzuführen. Herzog Albrecht hat, sich politisch sehr zurückhaltend, den neuen Staat bejaht; der Offizier, der seinen Dienst tut, war sehr stark in ihm. Seither lebt das Haus in der ruhigen und würdigen Zurückgezogenheit, ohne politische Ambitionen, aber mit starkem, wachem politischem Interesse an dem Geschehen und einer, wie sollte das anders sein, Verbundenheit mit dem Ergehen des Landes. »Es ist ja schließlich doch unser Land gewesen«, hat mir jemand aus dem Hause einmal gesagt, als ich mich über ein bestimmtes Engagement sehr erfreut gezeigt habe.

In einem Punkt allerdings war die ganze herzogliche Familie, ohne jede Ausnahme, konsequent und nicht zu brechen: Das war der deutliche und markante Widerstand im Dritten Reich. Da wurde ebenso klug wie fest Widerstand geleistet und »widerstrebt«, wie man im Altwürttembergischen gesagt hätte, eine noble Haltung, die von vielen Seiten beachtet worden ist, bis hin zu den persönlichen Schikanen teilweise sehr schlimmer Art, die das Haus getroffen haben. Als der Herzog Albrecht am Beginn des Zweiten Weltkrieges starb, war der große Heerführer des Ersten Krieges

Herzog Philipp Albrecht (1893–1975) mit seiner zweiten Gemahlin Erzherzogin Rosa von Österreich

ohne irgendeine offizielle Notiz, ohne irgendeine Beteiligung des Staates zur Ruhe gebettet worden.
Sein Sohn, der 1975 verstorbene Herzog Philipp Albrecht, war ganz in der Stille, ganz ohne nach außen aufzufallen, ein sehr großer Wohltäter aller Hochschulen im Lande. Wir haben in Tübingen immer wieder und in sehr nachdrücklicher Weise die helfende Hand dieses feingebildeten Juristen erleben können. Er hat sich auch für die Technische Hochschule Stuttgart sehr eingesetzt, für die Landwirtschaftliche Hochschule Hohenheim und für die Musikhochschule Stuttgart. Alles, was irgendwann einmal vom

Hause Württemberg gegründet worden war, konnte in jedem finanziellen Engpaß auf seine dezente Hilfe rechnen. Und dieses Mit-frischer-Hand-Zupacken und ohne das übliche Publicity-Geraune Gutes tun war auch ein Hauptcharakteristikum der jüngst verstorbenen Herzogin Rosa von Württemberg, Erzherzogin von Österreich-Toskana. Ihr persönlicher Einsatz, etwa für Kinderkrankenhäuser, für die evangelische Martinspflege und Martinshilfe in Altshausen, für die evangelische Diaspora – die fromme Katholikin als die Waisenmutter –, und viele andere derartige Engagements in Ellwangen, in Friedrichshafen, waren kennzeichnend.
Bevor wir jedoch zur Herzogin selber kommen, stellt sich die Frage, was das Haus Toskana war und ist. Man denkt selten daran, daß die Toskana, unser Lieblingsreiseland von Süddeutschland aus, ihren Glanz, ihre unverkennbar bessere Struktur gegenüber dem übrigen Italien – wenn Sie erlauben – deutscher Leistung verdankt. Beim Aussterben der alten Medici waren die Herzöge von Lothringen blutsmäßig ihre nächsten Erben. So ist der Mann der Maria Theresia, Kaiser Franz I., Franz Stephan von Lothringen, durch Erbschaft Großherzog von Toskana geworden und mußte dafür dem französischen Staat sein Erbreich Lothringen, ein Herzogtum des deutschen Reichs, übergeben, überlassen. Seit 1737 haben mehr als 125 Jahre, mehr als fünf Generationen, die Nachkommen Franz Stephans und Maria Theresiens in Toskana regiert. Viermal haben deutsche Kaiser ihre besten Jahre in die Verwaltung von Toskana hineingelegt: das war Franz Stephan, das war auch Kaiser Josef für kurze Zeit, dann aber vor allem der spätere Kaiser Leopold und schließlich noch der letzte Römisch-Deutsche Kaiser, Franz II. oder Franz I., je nachdem, wie man zählen will.
Was alles in Toskana lebt nicht aus der Frucht jener habsburgischen Jahre? Die Forstakademie in Vallombrosa, die Förderung des Hafens von Livorno, die Pietradura-Manufaktur, in Florenz weitergeführt, und und und – man könnte eine Stunde berichten von den Aktivitäten der Lothringer Habsburger in Toskana. Das Haus heißt ja dann auch Habsburg-Lothringen-Toskana. Erst 1859, nach vielen Generationen einer sehr erfolgreichen und sehr segensreichen Tätigkeit der Habsburger in Florenz, ist diese Stadt dann in den italienischen Einigungskriegen gefallen und wurde dann vom Hause Savoyen – man kann nicht anders sagen – annektiert.
1859 haben die Habsburg-Lothringer, die so viel für Toskana getan haben, innerhalb weniger Stunden das Land räumen müssen, durften kaum mehr

als die persönlichste Habe mitnehmen. All das, was ihre Privathabe war, also nicht Staatsbesitz, sondern ihr persönliches Erbe von den Medici her: Palazzo Pitti mit allem Inhalt, Uffizien mit allem Inhalt, Bargello usw. usw., das alles wurde vom Hause Savoyen eingestrichen, und es war nie von einer Entschädigung die Rede. Kaiser Franz Joseph hat diese Regelung nicht als endgültig anerkennen wollen und hat seinen Vettern Toskana in Österreich Sitz und eine Art von Residenz in Salzburg eingeräumt. So ist das Haus Toskana, das im wesentlichen mit anderen deutsch-italienischen Familien zusammengeheiratet hatte, nach Salzburg gekommen. In Salzburg oder vielmehr bei Salzburg ist auch unsere »Heldin«, wenn Sie so erlauben, die Erzherzogin Rosa, geboren.

Nicht weniger als zwölfmal erscheint Maria Theresia auf der Ahnentafel der Erzherzogin Rosa, der Herzogin von Württemberg. Das ist ein ungewöhnliches Phänomen und rührt daher, daß ihre sämtlichen acht Urgroßeltern Nachkommen Maria Theresiens waren, manche sogar zweimal. Und deswegen sind im Speisesaal von Altshausen die Portraits von Kaiser Franz Stephan und Kaiserin Maria Theresia sehr wohl am Platze. Immer und immer wieder erscheinen diese beiden besonders schönen, besonders gesunden Menschen auf der Ahnentafel. Sie sind wie Bausteine, aus denen immer wieder die gesamte Vorfahrenschaft sich zusammensetzt. Diese in Italien im vorigen und vorvorigen Jahrhundert herrschenden Häuser – mit Österreich verbündet, von Österreich zum Teil abstammend, mit Österreich nahe verwandt – haben stark zusammengehalten. Die Herzogin nannte sich selber einmal ein Emigrantenkind, dessen ganze Vorfahren in Italien geherrscht haben und alle durch die Einigungskriege verbannt wurden, vertrieben worden sind. Sie sagte einmal sehr drollig: »Wenn man meine Ahnentafel liest, glaubt man, wir sind lauter dunkelhaarige Italiener: Toskana, Sizilien, Parma, Bourbon-Berry, Sizilien, Österreich-Parma, Österreich-Toskana.« Das ist tatsächlich ganz ungewöhnlich bei diesen blonden, blauäugigen, schlanken, hellhäutigen Personen. Da schlagen eben Franz Stephan, »der schöne Franzerl«, und Maria Theresia deutlich durch.

Die Herzogin Rosa ist 1906 in Parsch bei Salzburg geboren. Ihr Vater, Peter Ferdinand von Toskana, trat nach dem Verlust der Erblande in österreichische Militärdienste. Er war ein sehr tüchtiger Militär, der im Ersten Weltkrieg in den Isonzoschlachten hervorragend gekämpft und nach dem Zusammenbruch Österreichs, den er als den Zusammenbruch seiner Heimat empfand, ins Exil in die Schweiz ging. Die junge Erzherzogin, die in Salzburg und Linz aufgewachsen war und die am Hof ihres Großonkels, des Kaisers Franz Joseph, die glanzvollen Tage der letzten Jahre vor dem Krieg, der letzten Jahre der Belle Époque, erlebt hatte, folgte den Eltern ins Exil in die Schweiz. Dort hat sie früh ihre Tüchtigkeit, ihre Lebenspraxis bewiesen, indem sie kurzerhand mit dem Lieblingsbruder Georg eine kleine Hühnerfarm anfing und umtrieb, so daß sie sich ein Taschengeld hinzuverdienen konnte. Die Fähigkeit, sich den veränderten Umständen anzupassen, hat schon ihre ganze Vorfahrenschaft ausgezeichnet: Leute, die vom Schicksal schwer herumgeworfen worden waren, von den großen Höhen des Glücks heruntergestürzt, so, wie im Mittelalter die Vorstellung vom Glücksrad, das den Menschen erhebt und wieder stürzen läßt.

Die Erzherzogin hat dann durch die Heirat ihrer älteren Schwester mit dem Herzog von Württemberg die schon vorhandenen Beziehungen zum Hause Württemberg vertiefen können, und als diese ältere Schwester im ersten Wochenbett starb, hat sie Jahre später den verwitweten Schwager geheiratet. Die Hochzeit fand in Friedrichshafen, damals dem Domizil der herzoglichen Familie, statt, und Altshausen und Friedrichshafen sind dann die Orte geworden, in denen die Herzogin am meisten gelebt hat, in denen die kleinen Kinder aufgezogen wurden, in denen sie später die Kriegsjahre und die Zerstörung erlebte, immer mit einer ruhigen Weltgelassenheit.

Es war sehr merkwürdig, mit dieser Dame zu sprechen, die bei manchen Leuten als schwierig oder gar – völlig falsch! – als hochmütig galt, die aber einfach diese Prinzessinnen-Erziehung hatte, mit jedem Gesprächspartner über sein Lebensgebiet zu sprechen. Dieses freundliche und nicht gemachte Sich-dem-andern-Zuwenden war ein Grundzug ihres Lebens. Da kann man natürlich sagen: Kunststück, wenn man zwölfmal von der charmantesten Fürstin des 18. Jahrhunderts abstammt, da hat man es leicht, liebenswürdig, graziös und mit feinem Takt mit den Mitmenschen umzugehen.

Es muß hier noch etwas anderes angesprochen werden: die tiefe Verwurzelung in ihrer Religion, die sie die ganzen Wechselschläge des Lebens hat aushalten und überstehen lassen. Immer wieder, wenn man sie traf, war das der erste und eigentlich stärkste Eindruck, diese liebenswürdige Selbstsicherheit, dieses liebenswürdige Gelassensein, eine gewisse Heiterkeit, viel Österreichisches darin. Wenn man selber Österreich liebt und lange in Österreich gelebt hat, hat man das immer fast als heimatlich empfunden.

Schloß Friedrichshafen, bevorzugte Sommerresidenz der königlichen Familie.

Das Heranwachsen der Kinder, von einer Schar von über dreißig Enkeln bot einer wachen Großmutter mit großer Beobachtungsgabe viele Möglichkeiten zum Erzählen. Es gab wenig, was so drollig war, wie die alte Dame von ihren Enkeln erzählen zu hören. Aber sie hat darüber natürlich nicht die Aufgaben, die auch ihr zukamen, vergessen, sondern sie hat sie mit leichter Hand oder mindestens so, daß man nicht spürte, daß es schwerfiel, mit Eleganz gemeistert, den Menschen freundlich entgegenkommend, auch bei der Wohltätigkeit, immer sozusagen, wie in der Bibel, die linke Hand nicht wissen lassend, was die rechte tut.

Das Lebensende war ein schweres, mit großer Tapferkeit ertragenes Leiden und ein ruhiges Ende, fast möchte man sagen: ein österreichisches Ende. In der Gruft, die erst nach der Verlegung der Residenz in Altshausen eingerichtet wurde, der jüngsten aller Fürstengrüfte im Hause Württemberg nach Beutelsbach, der alten Stuttgarter Stiftskirche, dem Tübinger Chor sowie den späteren Grüften in Ludwigsburg, Stuttgart und auf dem Roten Berg, liegt Erzherzogin Rosa, 1983 gestorben, das jüngste Glied des Hauses, sehr stark im Nachleben.

Wer einmal dieser Frau begegnet ist, der behält sie in Erinnerung als ein Muster an Selbstbeherrschung und Liebenswürdigkeit. Darüber hinaus gilt, was Kaiser Franz einmal von seiner vierten Frau gesagt hat: die Mutter der Armen. Als »Mutter der Armen« lebt sie auch hier im Lande fort, und wir von der Universität Tübingen haben ganz besonderen Grund, uns dieser Frau nachhaltig und dankbar zu erinnern.

Das Haus Württemberg im 15. und 16. Jahrhundert

Eberhard III. der Milde
* 1364, reg. 1392–1417
⚭ I 1380 Antonia, nach 1350–1405
T. Barnabas Visconti v. Mailand
⚭ II 1406 Elisabeth, vor 1394–1429
T. d. Burggrafen Johann III. v. Nürnberg

Eberhard IV. der Jüngere
*1388, reg. 1417–1419
⚭ 1397 bzw. 1407 Henriette, vor 1391–1444
T. d. Grafen Heinrich v. Mömpelgard

Elisabeth
† 1460
⚭ 1429 Graf Johann III. v. Werdenberg
† 1465

Uracher Landeshälfte

Ludwig I.
* 1412, reg. 1426–1450
⚭ 1434 Mechthild
1419–1482
T. d. Pfalzgrafen Ludwig II. bei Rhein
Wiedervermählt 1452
mit Erzherzog Albrecht VI. v. Österreich

Ludwig II.
1439–1457
reg. 1453–1457

Mechthild
1444–1495
⚭ 1454
Landgraf Ludwig v. Hessen
1438–1471

Eberhard im Bart
1445–1496
reg. als Graf Eberhard V.
1459–1495, als Herzog
Eberhard I. 1495/96
⚭ 1474 Barbara,
1455–1503
T. d. Markgrafen Ludwig III.
Gonzaga v. Mantua

Stuttgarter Landeshälfte

Ulrich V.
der Vielgeliebte
*um 1413, reg. 1433–1480
⚭ I 1441 Margarete, 1416–1444
T. d. Herzogs Adolf v. Cleve,
⚭ II 1445 Elisabeth, 1419–1451
T. d. Herzogs Heinrich v. Bayern-Landshut
⚭ III 1453 Margarethe, um 1410–1479
T. d. Herzogs Amadeus v. Savoyen

Eberhard II. d. Jüngere
1447–1504
reg. als Graf 1480–1482,
als Herzog 1496–1498
⚭ 1467 Elisabeth
1451–1524
T. d. Markgrafen Albrecht
Achilles v. Brandenburg

Heinrich
1448–1519
Graf v. Mömpelgard
1473–1490
⚭ I 1485 Elisabeth
†1487
T. d. Gfn. Simon v. Zweibrücken-Bitsch
⚭ II 1488 Eva, †1521
T. d. Grafen Johann v. Salm

Ulrich
1487–1550
reg. 1498–1519,
1534–1550
⚭ 1511 Sabine, 1492–1564
T. d. Herzogs Albrecht IV. v. Bayern

Georg
1498–1558
reg. Mömpelgard
1526–1542 u. 1553–1558
⚭ 1555 Barbara, 1536–1597
T. d. Landgrafen Philipp v. Hessen

Anna
1513–1530

Christoph
1515–1568
reg. 1550–1568
⚭ 1544 Anna Maria
1526–1589
T. d. Markgrafen Georg v. Brandenburg-Bayreuth

Friedrich
1557–1608
reg. 1593–1608
⚭ 1581 Sibylla
1564–1614
T. d. Fürsten Joachim Ernst von Anhalt

Ludwig
1554–1593
reg. seit 1568
⚭ I 1575 Dorothee Ursula, 1559–1583
T.d. Markgrafen Karl II. v. Baden-Durlach
⚭ II 1585 Ursula, 1572–1635
T. d. Pfalzgrafen Georg Johann I. v. Veldenz
kinderlos

Johann Friedrich
1582–1628

Fortsetzung nächste Seite

Johann Friedrich
1582, reg. 1608–1628
⚭ 1609 Barbara Sophie
1584–1636
T. d. Kurfürsten Joachim Friedrich v. Brandenburg

Antonia
1613–1679
Die „gelehrte Prinzessin"

Eberhard III.
1614, reg. 1633–1674
⚭ I 1637 Anna Katharina
1614–1655
T. d. Wild- und Rheingrafen
Joh. Kasimir v. Salm-Kyrburg
⚭ II 1656 Maria Dorothea Sophia
1639–1698
T. d. Grafen Joachim Ernst v. Öttingen

Friedrich
1615–1682
reg. Neuenstadt
1649–1682
⚭ 1653 Klara Augusta
1632–1700
T. d. Herzogs August
v. Braunschweig-Wolfenbüttel

Anna Johanna
1619–1679

Sibylla
1620–1707
⚭ 1647 Leopold Friedrich
Herzog von Württemberg-Mömpelgard
1624–1662

Wilhelm Ludwig
1647, reg. 1674–1677
⚭ 1673 Magdalene Sibylle
1652–1712
T. d. Landgrafen Ludwig VI. v. Hessen-Darmstadt

Friedrich Karl
1652–1698 in Winnental
Administrator v. Württ. 1677–1693
⚭ 1682 Eleonore Juliane
1663–1724
T. d. Markgrafen Albrecht v. Brandenburg-Ansbach

Eberhard Ludwig
1676, reg. 1693–1733
⚭ 1697 Johanna Elisabeth
1680–1757
T. d. Markgrafen Friedrich VII. v. Baden-Durlach

Magdalene Wilhelmine
1677–1742
⚭ 1697 Karl III. Wilhelm
Markgraf von Baden-Durlach
1679–1738

Carl Alexander
1684, reg. 1733–1737
⚭ 1727 Maria Augusta
1706–1756
T. d. Fürsten Anselm v. Thurn u. Taxis

Friedrich Ludwig
1698–1731
⚭ 1716 Henriette Marie
1702–1782
T. d. Markgrafen Philipp
Wilhelm von Brandenburg-Schwedt

Carl Eugen
1728, reg. (1737)
1744–1793
⚭ I 1748 Elisabeth Sophie Friederike
1732–1780
T. d. Markgrafen Friedrich v. Brandenburg-Bayreuth
⚭ II 1785 Franziska Therese Gräfin v. Hohenheim
1748–1811
T. Ludwig Wilhelms v. Bernerdin,
Herr v. Sindlingen u. Adelmannsfelden

Friedrich II.
1754–1816
reg. 1797, Kurfürst 1803
König 1806
⚭ I 1780 Auguste
v. Braunschweig-Wolfenbüttel
1764–1788
T. d. Herzogs Karl
⚭ II 1797 Charlotte Mathilde
1766–1828
T. d. Königs Georg III.
v. Großbritannien und Hannover

Ludwig
1756–1817
preuß. u. russ. General
⚭ I 1784 Fürstin Maria Anna
v. Czartorysiki 1768–1854
T. d. Fürsten Adam Kasimir
gesch. 1793
⚭ II 1797 Prinzessin Henriette
v. Nassau-Weilburg
1780–1857
T. d. Fürsten Karl

Fortsetzung nächste Seite

Das Haus Württemberg im 17. und 18. Jahrhundert

Friedrich Ludwig
1690–1734
⚭ 1722 Ursula Katharina von Bockum
1680–1743
T. d. Stolnicke von Litauen,
seit 1700 Fürstin von Teschen

Christiane Charlotte
1694–1729
⚭ 1709 Wilhelm Friedrich
Markgraf von Brandenburg-Ansbach
1685–1723

Ludwig Eugen
1731, reg. 1793–1795
⚭ 1762 Sophie Albertine
1728–1807
T. d. Grafen August v. Beichlingen

Friedrich Eugen
1732, reg. 1795–1797
⚭ 1753 Friederike Sophie Dorothee
1736–1798
T. d. Markgrafen Friedrich Wilhelm
v. Brandenburg-Schwedt

Auguste Elisabeth
1734–1787
⚭ 1753 Karl Anselm
Fürst von Thurn und Taxis
1733–1805

Sophie Dorothee
(Maria Feodorowna)
1759–1828
⚭ 1776
Großfürst Paul von Rußland
1796 Kaiser
1754–1801

Wilhelm
1761–1830
dän. u. württ. General
⚭ 1800 Wilhelmine
v. Tunderfeld-Rhodis
1777–1822
T. d. Karl August Wilhelm

Friederike
1765–1785
⚭ 1781
Herzog Peter Friedrich I.
v. Holstein-Oldenburg
1755-1829

Elisabeth
1767–1790
⚭ 1788
Kaiser Franz I.
v. Österreich
1768–1835

Alexander
1771–1833
russ. Generaldirektor der
Straßen und der Wasserwege
⚭ 1798 Antoinette
v. Sachsen-Coburg-Saalfeld
1779–1824
T. d. Herzogs Franz Friedrich Anton

Alexander
1777–1825
801 Kaiser von Rußland

Katharina
1788–1819
⚭ 1816
König Wilhelm I.
v. Württ

Nikolaus
1796–1855
1826 Kaiser von Rußland

Georg
1784–1812
⚭ Katharina
Großfürstin v. Rußland,
spätere Gemahlin
König Wilhelms I. v. Württ.

Fortsetzung nächste Seite

Friedrich
1754–1816
König 1806

- **Wilhelm I.**
  1781–1864
  König 1816
  ⚭ I 1808 Charlotte v. Bayern
  1792–1873
  gesch. 1814
  ⚭ II 1816 Katharina v. Rußland
  1788–1819
  ⚭ III 1820 Pauline
  1800–1873
  T. d. Herzogs Ludwig v. Württ.
  - **Marie**
    1816–1887
    ⚭ 1840 Alfred
    Graf v. Neipperg
    1807–1865
  - **Sophie**
    1818–1877
    ⚭ 1839 Wilhelm III.
    König der Niederlande
    1817–1890
  - **Katharina**
    1821–1898
    ⚭ 1845 Friedrich
    Prinz v. Württ.
    1808–1870
  - **Karl**
    1823–1891
    König 1864
    ⚭ 1846 Olga
    Großfürstin v. Rußland
    1822–1892
  - **Auguste**
    1826–1898
    ⚭ 1851 Hermann
    Prinz zu Sachsen-Weimar
    1825–1901
- **Katharina**
  1783–1835
  ⚭ 1807 Jérôme Bonaparte
  1784–1860
  König v. Westphalen
  - **Jérôme**
    1814–1847
    Graf von Montfort
  - **Mathilde**
    1820–1904
    ⚭ 1840
    Fürst Anatol Demidoff
    1813–1870
  - **Napoleon**
    Joseph Cha
    1822–189

Alexander
1771–1833

Paul
1785–1852
⚭ 1805 Charlotte
v. Sachsen-Altenburg
1787–1847

Charlotte
1807–1873
⚭ 1824 Michael
Großfürst v. Rußland
1798–1849

Friedrich
1808–1870
⚭ 1845 Katharina
1821–1898
T. d. Königs Wilhelm I. v. Württ.

Wilhelm II.
1848–1921
König 1891, verzichtet 1918
⚭ I 1877 Marie v. Waldeck-Pyrmont
1857–1882
⚭ II 1886 Charlotte v. Schaumburg-Lippe
1864–1946

Pauline
1877–1965
⚭ 1898 Friedrich
Fürst zu Wied
1872–1945

Ulrich
1880
Juli–Dez.

Tochter
totgeboren
1882

Pauline
1810–1856
⚭ 1829 Wilhelm
Herzog v. Nassau-Weilburg
1792–1839

August
1813–1885
⚭ Marie Bethge
1830–1869
seit 1868
»von Wardenberg«

Alexander
1804–1881
⚭ 1837
Prinzessin Marie von Frankreich
1813–1839

Philipp
1838–1917
⚭ 1865
Marie Therese v. Österreich
1845–1927

Albrecht
1865–1939
⚭ 1893 Margarete v. Österreich
1870–1902

Philipp Albrecht
1893–1975
⚭ I 1923 Helene v. Österreich
1903–1924
⚭ II 1928 Rosa,
Schwester der Erzherzogin Helene
1906–1983

Bildnachweis

AKG, Berlin: 49, 55, 67
Bayerische Staatsgemäldesammlungen, München: 59, 135, 137, 145
Bayerische Verwaltung der staatlichen Schlösser, Gärten und Seen, München: 143, 147
Hauptstaatsarchiv Stuttgart: 28, 265 (links)
Erhard Hehl, Tiefenbronn: 21, 36, 51, 53, 79, 85, 87, 91, 93, 95, 99, 105, 118, 122, 141, 165, 169, 171, 172, 175, 177, 181, 196, 201, 287, 293
Herzog August Bibliothek, Wolfenbüttel: 103, 107, 109
Institut für Geschichtliche Landeskunde und Historische Hilfswissenschaften der Universität Tübingen: 39, 57
Kulturamt Tübingen: 229, 279
Landesbildstelle Baden, Karlsruhe: 127, 133
Landesbildstelle Württemberg, Stuttgart: 11, 19, 25, 29, 45, 47, 63 (links), 81, 83, 97, 108, 113, 115, 125 (oben), 187, 213, 275, 283
Peter Lorenz, Stuttgart: 259
Thomas Pfündel, Stuttgart: 41
Privatbesitz: 125 (unten), 199, 215, 255, 257, 285, 289
Schloßverwaltung Ludwigsburg: 71, 75, 155, 157, 164, 179, 189, 191, 207, 209, 223, 239
Toni Schneiders, Lindau/B.: 150, 151
Harald Schukraft, Stuttgart: 31, 35, 235, 273
Staatliche Landesbildstelle Südbayern, München: 61
Universitätsbibliothek Tübingen: 244, 249, 261
Württembergische Landesbibliothek, Stuttgart: 63 (rechts), 76, 253, 241, 265 (rechts), 272
Württembergisches Landesmuseum, Stuttgart: 27, 129, 167, 203, 219, 227, 237, 251, 281

Ein Mann namens Ulrich

Württembergs verehrter und gehaßter Herzog in seiner Zeit. Von Werner Frasch. 288 Seiten mit 60 Abbildungen. Eine mit gründlicher Sachkenntnis und Liebe zum Detail geschriebene Biographie. Die spannende Lektüre für landesgeschichtlich interessierte Leser. Ein historisches Zeitgemälde, das den Aufbruch in ein neues Zeitalter dokumentiert.

Liebesgunst

Mätressen in Württemberg. Von Susanne Dieterich. 176 Seiten mit 33 Abbildungen. Liebesgunst und Liebesneid – Rollenbild und Stellung der Geliebten auf Zeit an Württ. Höfen des 17. u. 18. Jhdts., ihr Einfluß auf Kunst und Politik. Auf die Biographien bekannter Frauen wie Wilhelmine von Grävenitz und Franziska von Hohenheim wird ausführlich eingegangen.

Wege zum Erfolg

Südwestdeutsche Unternehmerfamilien. Hrsg. von Willi A. Boelcke. 288 Seiten mit 56 Abbildungen. 20 Südwestdeutsche Unternehmerfamilien und ihre Firmen, die sich über drei Generationen erfolgreich behauptet haben, werden von namhaften Autoren vorgestellt. Die facettenreichen Porträts von Firmen und Unternehmerpersönlichkeiten zeichnen die unterschiedlichen Wege zum Erfolg nach und versuchen den »Erfolgsgeheimnissen« auf die Spur zu kommen.

Württemberger Wein

Landschaft, Geschichte, Kultur. Von Carlheinz Gräter. 324 Seiten mit 100 Abbildungen. Eine einzigartige Gesamtdarstellung von Weinbau und Weinkultur in Württemberg: Über rund zwei Jahrtausende verfolgt der Autor die Wirkungsgeschichte des »Württembergers« im Hauptteil des Werkes.

Renaissance in Baden-Württemberg

Perspektiven einer Baukunst. Von Erhard Hehl (Fotografie) und Harald Schukraft (Text). 176 S., 222 Farbfotos, 27 doppelseitige Luftbilder. Nach einer prägnanten und interessanten Einführung ins Thema – mit 78 Farbfotos beispielhaft dargestellt – wird im über 100seitigen Hauptteil »Renaissance vor Ort« anhand von 25 Beispielen vorgestellt. Jedem Beispiel (2–8 Seiten umfassend) ist ein doppelseitiges Luftbild vorangestellt.

Sperrige Landsleute
Wilhelm I. und der Weg zum modernen Württemberg. Von Karl Moersch. 272 Seiten mit 50 historischen Abbildungen. Wilhelm I. hat wie kein anderer württembergischer König die Geschichte seines Landes im 19. Jahrhundert geprägt. Der Autor zeichnet Württembergs Weg zum modernen Staat unter der Regie Wilhelms I. facettenreich nach und porträtiert dabei unterhaltsam Wilhelms prominente Mitstreiter und Kontrahenten: sperrige Landsleute allesamt.

Württemberg und Rußland
Geschichte einer Beziehung. Von Susanne Dieterich. 216 Seiten mit 58 Abbildungen, zum Teil in Farbe. Vielgestaltig waren und sind die Verbindungen zwischen Württemberg und Rußland, spannend die Geschichten, die sich dahinter verbergen. Ob fürstliche Heiratspolitik, Tübinger Gelehrtenexport oder Daimlers Rußlandreise: Die Autorin stellt dem Leser ein überraschend buntes Kaleidoskop württembergisch-russischer Beziehungen vor, das angesichts der Entwicklungen und Umwälzungen im Osten neue Aktualität gewinnt.

Der gelernte König
Wilhelm II. von Württemberg. Ein Porträt in Geschichten von Anni Willmann. 160 Seiten, zeitgenössisch illustriert. Ein abwechslungsreiches, kurzweiliges Buch für jeden, der an Zeitgeschichtlichem interessiert ist. Biographisches und Anekdotisches fügt sich zu einem einzigartigen Porträt Wilhelms II. zusammen.

Auf Spurensuche
Der Bauernkrieg in Südwestdeutschland. Von Klaus Herrmann. 220 Seiten mit 77 Fotos und historischen Abbildungen. Die spannende Spurensuche nach Zeugnissen des Bauernaufstandes in Südwestdeutschland. Die Orte der Ereignisse nimmt der Autor als Ausgangspunkt für seine Exkursionen in die Vergangenheit. So werden die Personen und Geschehnisse des Bauernkriegs wieder lebendig, dem Leser eröffnet sich ein denkwürdiges Kapitel Landesgeschichte.

Höhlen der Schwäbischen Alb
Faszinierende Welt unter der Erde. Der große Text- und Bildband über die faszinierende Welt der Alb-Höhlen. Von Hans Binder. Mit Beiträgen von Gerd Albrecht, Klaus Dobat, Joachim Hahn und Thomas Rathgeber. Alles über Höhlen läßt sich hier nachlesen – wie sie entstehen, was man in ihnen findet, was für Tiere und Pflanzen in ihnen leben, was Mensch und Höhle verbindet. Fachkundig geschrieben, leicht und spannend zu lesen, eindrucksvoll bebildert. 160 Seiten mit 173 historischen Abbildungen. Fester Einband.